# Hoe GOD Jou Huwelik Kan en Sal Herstel

*'n Boek vir Vroue*
*Van Iemand wat Daar Was!*

## Erin Thiele

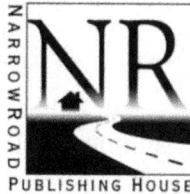

Voorblad konsep deur Dallas Thiele • NarrowRoad Publishing House

# Hoe GOD Jou Huwelik Kan en Sal Herstel

*Van Iemand wat Daar Was!*

Deur Erin Thiele

Gepubliseer deur:
NarrowRoad Publishing House
POB 830
Ozark, MO 65721 U.S.A.

Die materiaal van Restore Ministries was geskryf vir die doel om vroue aan te moedig. Vir meer inligting, neem asseblief 'n oomblik om ons te besoek by:

**UiteindelikHoop.com**
**RestoreMinistries.net**

Tensy anders aangedui, word die meeste Skrifverseë uit die 1953 Vertaling (Ou Vertaling) geneem. Skrifaanhalings gemerk (NV) is geneem uit die 1983 Vertaling van die Bybel. Ons bediening is nie ten gunste van enige spesifieke weergawe van die Bybel nie, maar hou van hulle almal sodat ons elke vrou kan help in enige denominasie wat aanmoediging nodig het en wat 'n begeerte het om meer intimiteit met haar Verlosser te verkry.

Kopiereg © 2019
Library of Congress Control number: 2019902362
ISBN: 1-931800-44-8
ISBN 13: 978-1-931800-44-0

# Inhoudsopgawe

# —————Hoofstuk 1—————

# My Geliefde

*"Ek dank God...wanneer ek onophoudelik*
*nag en dag aan jou in my gebede dink,*
*terwyl ek verlang om jou te sien*
*as ek aan jou trane dink,*
*sodat ek met blydskap vervul kan word."*
—2 Tim 1:3-4

Beste Geliefde Suster in Christus,

Dit is nie per toeval dat jy hierdie boek in jou hande hou nie, dit is deur Goddellike Voorsiening. God het jou roep om hulp gehoor, net soos hy myne gehoor het en Hy het gekom om jou te red. Die bladsye wat volg sal vir jou 'n gids wees, net soos Hy vir my gelei het toe ander gesê het dat my situasie hopeloos was.

Wat Hy van my gevra het was nie maklik nie, en dit sal ook nie vir jou maklik wees nie. Maar as jy 'n wonderwerk in jou lewe wil hê, kan dit gebeur. As jy 'n getuienis wil wees aan ander van God se betroubaarheid, sal dit gebeur. As jy werklik wil hê dat God 'n huwelik sal herstel wat hopeloos is, dan moet jy aanhou lees. God kan en sal jou huwelik herstel, net soos Hy myne herstel het.

Die Bybel sê dat "die HERE—Sy oë deurloop die hele aarde om diegene kragtig te steun wie se hart onverdeeld op Hom gerig is." (2 Kron. 16:9). Hy het jou gesoek om jou te help. Is jy gereed?

Jy sal geesdriftige gehoorsaamheid nodig hê. "Gaan in deur die nou poort, want breed is die poort en wyd is die pad wat na die verderf lei, en daar is baie wat daardeur ingaan. Want die poort is nou en die pad is smal wat na die lewe lei, en daar is min wat dit vind." (Matt. 7:13-14). Dit is jou keuse: Om die nou poort wat na die hemel toe lei te kies of om nou om te draai en weg te stap.

Dit is nou die tyd om te kies. "Ek neem vandag die hemel en die aarde as getuies teen julle; die lewe en die dood, die seën en die vloek het ek jou voorgehou. Kies dan die lewe, dat jy kan lewe, jy en jou nageslag, deur die HERE jou God lief te hê, na sy stem te luister en Hom aan te hang; want dit is jou lewe en die lengte van jou dae..." (Deut. 30:19-20).

As jy nog besig is om te lees, en nog nie hierdie boek weggegooi het nie, dan het jy gekies om voort te gaan. Trane is in my oë as ek dink aan die glorieryke herlewing van jou huwelik en gesin wat op jou wag. Ek bid vir seëninge vir elkeen van julle. Ek jubel dat ons eendag sal ontmoet aan hierdie kant of aan die ander kant "die Hemel", waar daar geen trane is nie.

Geliefde Suster in Jesus Christus, God kan en sal jou huwelik herstel: jy het Sy Woord. "Maar Jesus antwoord en sê vir hulle: Voorwaar Ek sê vir julle, as julle geloof het en nie twyfel nie, sal julle nie alleen doen wat met die vyeboom gebeur het nie; maar al sê julle ook vir hierdie berg: Hef jou op en werp jou in die see—sal dit gebeur." (Matt. 21:21).

Aangesien jy hierdie boek lees, neem ek aan dat jy 'n krisis in jou lewe ondervind met jou huwelik. Het jou eggenoot jou verlaat? Het jy hom verlaat of gevra dat hy jou verlaat? Dalk het jy hierdie boek in die hande gekry voordat enige een van julle hierdie drastiese stap geneem het. Om jou eggenoot te verlaat selfs al het julle oor egskeiding gepraat in 'n argument of selfs al is jy geskei, moet jy glo dat "En ons weet dat vir hulle wat God *liefhet*, alles ten goede [**kan**] meewerk, vir hulle wat na *Sy* **voorneme** geroep is." (Rom. 8:28).

Soos jy deur persoonlike beproewing in jou huwelik gaan, as jy regtig wil hê dat dinge ten goede moet uitwerk, moet jy God eers liefhê en werklik **Sy** doel vir jou lewe begeer.

Op hierdie oomblik is Sy doel om jou nader aan Hom te trek, om jou te herskep om Sy ewebeeld te wees. En hou moed, want God het gesê, "Ek sal jou nooit begewe en jou nooit verlaat." (Heb. 13:5). God sal altyd aan jou sy wees: "Al gaan ek ook in 'n dal van doodskaduwee, ek sal geen onheil vrees nie; want *U is met my*." (Ps. 23:4.)

Ek is seker dat "die donker dieptes" presies beskryf hoe jy oor jou situasie voel, maar God het dit toegelaat vir **jou eie beswil.**

Eers na die beproewing sal jy so suiwer soos goud wees "Daarin verheug julle jul, al word julle nou—as dit nodig is-'n kort tydjie bedroef onder allerhande beproewinge, sodat die beproefdheid van julle geloof, wat baie kosbaarder is as goud (wat vergaan) maar deur vuur gelouter word, bevind mag word tot lof en eer en heerlikheid." (1 Pet. 1:6-7).

Die belangrikste ding wat jy nou moet doen is om "stil te wees en weet Ek is God..." (Ps. 46:10). Dan moet jy God se wil doen. Maak seker dat alles wat jy doen en alles wat jy sê volgens die Bybel is. Doen alles soos dit in die Bybel geskrywe staan.

God het geen begeerte dat jou huwelik vernietig moet wees nie. Daarby het Hy gesê, "Om hierdie rede sal die man sy vader en sy moeder verlaat en sy vrou aankleef, en hulle twee sal een vlees wees; sodat hulle nie meer twee is nie, maar een vlees? Wat God dan saamgevoeg het, mag geen mens skei nie." (Matt. 19:5–6). Die Here God van Israel sê ook "Hy haat egskeiding". 'Neem julle dan in ag ter wille van julle gees...' (Mal. 2:16).

Satan is die een wie wil hê jou huwelik moet vernietig word, nie Jesus nie, nie God nie. Onthou dat "Die dief (satan) kom net om te steel en te slag en te verwoes. Ek het gekom, dat hulle (jy) lewe en oorvloed kan hê." (Joh. 10:10). Moenie satan se leuens glo nie maar "en **elke** gedagte gevange neem tot die gehoorsaamheid aan Christus." (2 Kor. 10:5).

Moet satan nie toelaat om jou eggenoot te steel nie. Moet satan nie toelaat om jou gesin, jou lewe en jou kinders te vernietig nie. Moet satan nie toelaat om jou toekoms te steel nie. Glo my en glo ander wie vir jou uit ondervinding kan vertel dat egskeiding jou kinders se toekoms sal steel, sowel as jou eie.

Volg eerder God se weg. Neem God as jou eggenoot terwyl jy wag vir die herstel van jou huwelik, "Want jou Maker is jou Man ..." (Jes. 54:5). "'Want berge mag wyk en heuwels wankel, maar my goedertierenheid sal van jou nie wyk en my vredeverbond nie wankel nie, sê die HERE, jou Ontfermer." (Jes. 54:10).

Lees die Bybel en laat Hy jou "reinig met die waterbad deur die Woord." (Efe. 5:26). Bid, en glo wat die Bybel sê en moenie glo wat jy sien nie, want "die geloof is 'n vaste vertroue op die dinge wat ons hoop, 'n bewys van die dinge wat ons **nie sien nie**." (Hebr. 11:1). "En sonder geloof is dit onmoontlik om (God) te behaag…" (Heb. 11:6).

Niemand, behalwe God weet waardeur jy nou gaan nie of watter antwoorde jy nou nodig het nie. As jy bid (praat net met God) en luister na Hom (lees Sy Woord, die Bybel), *dan sal Hy jou lei* na die oorwinning wat Hy vir jou het. Moenie kies om te doen wat ander mense sê nie, die mense van die wêreld, vriende in die kerk, pastore, of enige ander raadgewer wat jou iets vertel wat hy gelees of gehoor het nie. As jy bid en God se Woord lees, sal God eerste met jou praat, in jou hart, gedurende die tyd wat jy, jou Bybel lees; dan sal iemand **bevestig** in watter rigting **Hy** jou stuur, wat in lyn met Sy woord sal wees!

Meeste mense, christene of nie, vertel jou van dinge wat goed klink en wat goed voel. Maar as dit nie volg wat die Bybel sê nie, **is dit verkeerd!** Jy gaan agteruitgaan. "Welgeluksalig is die man wat nie wandel in die raad van die goddelose en nie staan op die weg van die sondaars en nie sit in die kring van die spotters nie." (Ps. 1:1). Wanneer dit van God is, klink dit onmoontlik (soos om te glo dat jou huwelik gered kan word wanneer almal vir jou sê "moenie"!) en jy sal altyd die Heilige Gees nodig hê om jou te help om die taak uit te voer.

**Moenie impulsief optree nie.** God sê gewoonlik, "Wag!" Baie kere as jy wag, verander Hy die omstandighede. God sê Hy is die "Wonderbare Raadsman" (sien Jes. 9:6). Wil jy nie die beste hê nie? Wil jy nie 'n berader hê wat weet wat die toekoms inhou nie? Een wie eintlik jou man se hart kan versag? Daar is net Een wie vir jou die regte rigting kan wys. Vertrou God en God alleen! Daar is eintlik **meer** verbrokkelde huwelike in die kerk as in die wêreld, so moenie enige christen, christelike berader of pastoor volg wat vir jou wêreldse raad in plaas van God se raad gee nie.

Dit is so hartseer dat meeste huwelike juis deur christen huweliksberaders vernietig word. Hulle kry 'n paartjie sover om oor die verlede te praat en om dit te sê wat nooit geuiter moes word nie. Wrede aantuigings is slegs leuens van satan of gevoelens van die vlees. Die berader sal dan meestal na alles weergegee is, sê dat die huwelik nie gered kan word nie.

As iemand vir jou gesê het (jou eggenoot ingesluit), dat jou situasie hopeloos is, dan moet jy begin om die Here te prys. Hopelose situasies is presies wat God gebruik om Sy Mag te bewys! "By mense is dit onmoontlik, maar **by God** is alle dinge moontlik!" (Matt. 19:26).

**Werk saam met God.** En moenie dink dat sonder jou eggenoot se hulp en samewerking jou huwelik nie gered of verbeter kan word nie. Ons bediening was gestig deur en vir mense waar daar net een eggenoot was wat wou hê dat hulle huwelik herstel moet word! Al wat jy benodig is jou hart en God se krag. "want die HERE—sy oë deurloop die hele aarde om diegene kragtig te steun wie se hart onverdeeld op Hom gerig is." (2 Kron. 16:9).

Ek het die vooreg gehad om berading te ontvang by die 'Beste Berader' en ek wil graag sekere gedeeltes, wat Hy met my gedeel het deur Sy Woord, met jou deel. Geen twee situasies is ooit dieselfde nie, nietemin Sy Woord is op almal van toepassing. "Geseënd is die God en Vader van onse Here Jesus Christus, die Vader van ontferming en die God van alle vertroosting, wat ons troos in al ons verdrukking, sodat ons dié wat in allerhande verdrukking is, kan troos deur die vertroosting waarmee ons self deur God getroos word." (2 Kor. 1:3-4).

**Deursoek Sy Woord,** nadat jy gebid het. "Bid, en vir julle sal gegee word; soek, en julle sal vind…" (Matt. 7:7). "En as iemand van julle wysheid kortkom, laat hom dit van God bid, wat aan almal eenvoudig gee sonder om te verwyt, en dit sal aan hom gegee word. Maar hy moet in die geloof bid, sonder om te twyfel; want hy wat twyfel, is soos 'n golf van die see wat deur die wind gedrywe en voortgesweep word. Want dié mens moenie dink dat hy iets van die Here sal ontvang nie— so 'n dubbelhartige man, onbestendig in al sy weë." (Jak. 1:5-8).

Jy moet geloof hê! En waar kry jy geloof? Van God! Vra van Hom geloof, want "Elke goeie gif en elke volmaakte gawe daal van bo af neer…"(Jak.1:17).

## God se Woord, Sy beginsels

Geliefde, welke geval jy die Bybel goed ken of nog nooit gelees het nie, **slegs** die Bybel moet jou riglyn wees om jou huwelik te red. Die boek wat jy lees, besit al die verse wat God gebruik het om my deur die vuurdoop te lei na herstel.

God het aan my gewys dat ek baie van die beginsels van die huwelik verbreek het. Hy het my ook my ander sondes openbaar waarvan ek onbewus was of nooit mee gedeel het nie (deur sondebelydenis). Al hierdie sonde en oortredinge het gelei tot die verbrokkeling van my huwelik.

Dit is dieselfde met **almal** wat vind hulle huwelike is besig om te verbrokkel of heeltemal vernietig, jy ingesluit! Jy sal binnekort uitvind, indien jy nog nie daarvan bewus is nie, dat dit nie net jou man is wat God se beginsels oortree het nie. Jy sal vind, soos ek, dat jy baie bygedra het tot die verbrokkeling van jou huwelik. Hierdie insig sal die keerpunt wees soos jy, jou oortredinge aanvaar en kyk daarna, nie jou man s'n nie.

Die wysheid wat ek geleer het deur die lees van die verse wat die Here my na gelei het, het my help verstaan wat die Bybel regtig is en wat dit behoort te wees in my lewe – my riglyn. Die Bybel is vol geestelik wette van God se skepping. Toe God die wêreld geskape het, het Hy dit nie net met fisiese wette, soos die wet van gravitasie, maar Hy het ook geestelike wette ingestel.

Net soos die oortreding van 'n fisiese wet van gravitasie nagevolge sal hê soos ons wat struikel of 'n voorwerp wat val, so sal die oortreding van beginsels van die Woord rakende die huwelik verbrokkeling in jou huwelik veroorsaak.

Nog 'n ongelooflike ontdekking is dat die wêreld se weë **altyd** die teenoorgestelde is van God se weë en Sy Woord. Die manier hoe jy gehandel het met jou man wat jou verlaat het, sy egbreuk, sy drankmisbruik of dwlems of die egskeidingspapiere, meer as waarskynlik is dieselfde manier waarmee iemand in die wêreld daarmee sou gehandel het. Wat jy sal vind, soos ek het, dat dit presies die **teenoorgestelde** manier is as wat God bedoel het ons toetse moet hanteer om oorwinning te kry. "…Want alles wat uit God gebore is, oorwin die wêreld; en dit is die oorwinning wat die wêreld oorwin het, naamlik ons geloof." (1 Joh. 5:4).

Toe ek God se weg begin volg het, wat die teenoorgestelde weg is wat almal gevolg het, het ek begin sien hoe my huwelik omdraai. Die weg van die wêreld eindig **altyd** in vernietiging, maar God se weg bring **altyd** genesing en restorasie. "Hy wat in sy vlees saai, sal uit die vlees verderf maai; maar hy wat in die Gees saai, sal uit die Gees die ewige lewe maai." (Gal. 6:8).

Ek het 'n kitsgids saamgestel in hierdie hoofstuk om jou **onmiddellik** te help om jou huwelik uit 'n krisis te kry. Hierdie beginsels, indien jy dit nougeset volg met 'n opregte en nederige hart, sal 'n onmiddellike toekomstige restorasie van jou huwelik tot gevolg hê. Hierdie is nie deur ek self **gewaarborg** nie, maar wel deur God se Woord.

Hoe meer 'n vrou hierdie beginsels volg, hoe meer restorasie sal sy sien as 'n direkte gevolg van haar gehoorsaamheid. Hulle wat in 'n krisis bly, of wat nooit hulle huwelik restorasie sien nie, is hulle wat geweier het om te glo en aan die geestelike wette van God of verkeerdelik glo dat hulle bo God se wette is. Een van die "Wees Aangemoedig" kasette is volkome gewy aan getuienisse van foute wat vrouens weerhou het van hulle restorasie.

Indien jy een van daardie persone is wat sterk glo dat jy nie "onder die wette" is nie en daarom vry is om God se wette te oortree, "mag dit nooit wees nie!"

"Wat dan? Sal ons sonde doen, omdat ons nie onder die wet is nie maar onder die genade? **Nee, stellig nie!**" (Rom. 6:15).

"Maak ons dan die wet tot niet deur die geloof? **Nee, stellig nie!** Inteendeel, ons bevestig die wet." (Rom. 3:31).

"**Nee, stellig nie!** Ons wat die sonde afgesterf het, hoe kan ons nog daarin lewe?" (Rom. 6:2).

Hulle wat die wet van gravitasie verstaan het geleer om bo dit uit te styg, wat daartoe gely het dat die mens daartoe in staat is om te vlieg. Die christen wat die Woord van God studeer sal bo die wêreld uitstyg en die ongelowige verbaas wat dan God sal soek. Nietemin, 'n persoon wat glo dat hy bo die wet van gravitasie is, en die wet oortree deur by 'n vliegtuig uit te spring sonder 'n valskerm sal doodval. Dit is waarom so baie christen lewens vol vernietiging is.

# Glo en Wees Gehoorsaam

Indien jy soos baie vrouens is wat hulle huwelike wil red, moet jy nie glo dat God jou huwelik kan red nie, maar jy moet ook die Woord gehoorsaam wees. Hierdie boek is saamgestel deur iemand wat desperaat was – desperaat om God se Woord te volg – **wat ook al!** Is jy bereidwillig om God se Woord te volg, wat ook al die koste? Al maak dit hoe seer? Die vraag wat jy, jouself moet vra is "Hoe belangrik is dit om my huwelik te red?"

**Ontvang enigiets.** Indien jy nie God met ywer gehoorsaam nie, kan jy nie enigiets van Hom verwag nie, want jy is besluiteloos. "Want dié mens moenie dink dat hy iets van die Here sal **ontvang** nie— so 'n dubbelhartige man, onbestendig in al sy weë." (Jak. 1:7-8). "Twyfelaars haat ek, maar u wet het ek lief." (Ps. 119:113).

**Geloof uit dade.** As jy sê jy het geloof om God te vertrou vir jou huwelik, "handel" dan daarvolgens. *"Wat baat dit*, my broeders, as iemand sê dat hy die geloof het, maar hy het nie die werke nie? Dié geloof kan hom tog nie red nie? Maar iemand sal sê: Jy het die geloof en ek die werke. Toon my jou geloof **uit jou werke**, en ek sal jou uit my werke my geloof toon." (Jak. 2:14, 18). Daar is soveel getuienisse van hulle wat gekies het om te "glo" instede om gehoorsaam te wees. Almal van hulle "glo" steeds vir hulle huwelik, maar nie **een** is gerestoreer nie.

**Skeur dit uit, en gooi dit weg.** Weereens, hoe belangrik is dit vir jou om 'n gerestoreerde huwelik te hê? Is jy desperaat genoeg om te doen "wat dit ookal vat" om dit te red? As jy nie glo dat God ons tot daardie manier van gehoorsaamheid roep nie, kyk dan wat Jesus sê in (Matt. 5:29-30). "As jou regteroog jou dan laat struikel, **ruk dit uit en gooi dit weg van jou af**; want dit is vir jou beter dat een van jou lede vergaan en nie jou hele liggaam in die hel gewerp word nie. En as jou regterhand jou laat struikel, kap dit af en gooi dit weg van jou af; want dit is vir jou beter dat een van jou lede vergaan en nie jou hele liggaam in die hel gewerp word nie."

Deur die hele hoofstuk van Mattheus 5, roep Jesus ons tot hoër gehoorsaamheid as wat geskryf is in die Ou Testament. Lees dit om jouself te motiveer tot die punt waar jy begin fanaties lyk. Indien wat jy nou doen nie mal lyk vir ander nie, dan behoort jy meer radikaal te word in jou verbintenis aan jou huwelik, want dit is wat dit vat.

Ons moet almal wees soos Petrus in ons gehoorsaamheid. Elke keer wanneer hy gevra was om iets te doen, soos toe hy Jesus toegelaat het om sy voete te was, het hy oorboord gegaan. Hy het tot oorboord gegaan toe Jesus vir hom gevra het om uit die boot te klim. Hy was die enigste een wat Jesus met soveel ywer gevolg het. Net so, het Jesus Petrus vermaan oor sy klein geloof. Is jy louwarm? "Maar nou, **omdat jy lou is** en nie koud of warm nie, sal Ek jou uit my mond spuug." (Open. 3:16).

**Glo en vertrou dat God jou wil en kan restoreer en herbou, jou huwelik en jou familie.** God het nie enige ander persoon daar buite vir jou nie, Hy dink ook nie jy het die verkeerde persoon gekies om mee te trou nie. "Want die getroude vrou is deur die wet aan die lewende man gebonde; maar as die man sterwe, is sy ontslae van die wet van die man. Daarom dan, as sy 'n ander man s'n word terwyl haar man lewe, sal sy 'n **egbreekster** genoem word; maar as die man sterwe, is sy vry van die wet, sodat sy nie 'n egbreekster is as sy 'n ander man s'n word nie." (Rom. 7:2-3).

Indien jy dink aan weer trou, dit is nie 'n opsie nie. Daardie tweede huwelik het 'n *minder as 20%* kans op oorlewing. Jy sal 'n 8 uit 10 kans hê om deur nog 'n pynlike egskeiding te gaan! Dan is dit na nommer drie en vier. Stop nou by watter getal jy ookal is. Daar is 'n beter weg!

In plaas daarvan, "Wag op die Here! Wees sterk en laat jou hart sterk wees! Ja, wag op die HERE!" (Ps. 27:14). (Sien ook Ps. 27:14, Jes. 35:4.) "Help U ons tog teen die vyand, want hulp van mense – dit is niks. Met God aan ons kant sal ons oorwin, Hy self sal ons vyande vertrap." (Ps. 60:11). (Sien ook Ps. 108:12.) (Lees asseblief hoofstuk 11, "Want Ek Haat Egskeiding" vir meer inligting.)

**Moenie met ander praat oor jou situasie nie; Praat *eers* met God; deursoek sy Woord vir die antwoord.** "...soek, en julle sal vind..." (Matt. 7:7, Luke 11:9). "Hy is die Wonderbare Raadsman." (Jes. 9:6). "Moenie die raad van die goddeloses volg nie." (Ps. 1:1). Moenie met ander praat oor jou situasie nie: "...Een wat haar man in die skande steek, is vir hom soos vretende kanker." (Ps. 140:11).

Ook, "Haar man steun op haar en pluk die vrugte van haar werk." (Spr. 31:11). En "Op grond van jou eie woorde sal jy vrygespreek of veroordeel word." (Matt. 12:37). "...iemand wat skinder, bring verwydering tussen vriende." (Spr. 16:28). (Sien ook Spr. 17:9.) (Sien hoofstuk 7, "Gaafheid uit haar Mond" vir meer kennis. Sulke kennis is uiters noodsaaklik en nie opsioneel nie: "My volk gaan onder omdat hulle nie aan My toegewys is nie." Hos. 4:6.)

Vra God vir 'n **vroulike** gebedsmaat wat God saam met jou sal vertrou vir jou en jou huwelik. Bly weg van **enkellopende groepe!!** Jy hoort **nie** daar as jy 'n begeerte het om jou huwelik te herstel nie. Bly weg van "ondersteuningsgroepe" wat niks meer as "selfbejammerings partytjies" is nie. As jy 'n gerestoreerde huwelik wil hê, moenie 'n egskeidings herstel groep bywoon wat jou net sal aanmoedig om aan te beweeg nie. Jy moet nou kies of jy hoop of beëindiging wil hê vir jou huwelik.

In plaas van om by 'n groep aan te sluit, stel ons voor dat jy bid en God vra vir **een** ander vrou wat jou sal help. Ek het slegs een persoon en God gehad. Al wat jy nodig het is een ander persoon en God. Deur ons webblad kan jy 'n bemoedigingsmaat vind wat sal verstaan.

**Stop alle rusie met jou man!** Hierdie een beginsel sal 'n besluitende faktor wees of jou huwelik herstel gaan word. Daar is so baie verse oor hierdie onderwerp, ek kan bladsye en bladsye tik vir jou. Hier is 'n paar: "...kom **betyds** tot 'n skikking solank jy nog saam met hom *op pad hof toe* is...!" (Matt. 5:25). "'n Sagte antwoord laat woede bedaar; 'n krenkende woord laat woede ontvlam." (Spr. 15:1). "Om rusie te begin, is om 'n damwal te breek; staak liewer die getwis voor die vloed jou tref." (Spr. 17:14). "As 'n dwaas nie praat nie, kan selfs hy aangesien word vir 'n wyse, en as hy sy mond toehou, vir 'n verstandige mens." (Spr. 17:28).

"As sy praat, is dit met wysheid; as sy leiding gee, is dit met liefde." (Spr. 31:26). "Dit is eerbaar om 'n rusie te vermy; enige **dwaas** kan 'n rusie begin." (Spr. 20:3). En, "Die selfsugtige mens lewe net vir homself, hy verwerp alle oorlegpleging." (Spr. 18:1). Is jy 'n vrou wat die hele tyd kyf? (Sien hoofstuk 6, "'n Twisgierige Vrou" en hoofstuk 8, "Sonder Woorde" vir meer inligting.)

**Verwyder die haat en seer: en probeer liefdevol kyk in jou man se oë.** "Die wat swaarkry, sien op na Hom en straal van blydskap, hulle word nie teleurgestel in hulle verwagting nie." (Ps. 34:5). "Wie hoogmoedig is, sal verneder word, en wie nederig is, sal verhoog word." (Matt. 23:12, Luk. 14:11, Luk. 18:14). Petrus het gevra hoeveel keur hy sy broer moet vergewe wat teen hom gesondig het. "Sewe keer?" het hy gevra. Jesus antwoord hom, "Ek sê vir jou, nie sewe keer nie maar selfs *sewentig maal sewe* keer." (Matt. 18:22). Dit is 490 keer! Het jy besluit om jou man *nie* **te vergewe nie** vir wat hy aan jou en jou kinders gedoen het? Die gebrek aan vergifnis is baie gevaarlik vir jou en die toekoms van jou huwelik. (Vir meer inligting lees hoofstuk 9, " 'n Saggeaard en Rustige Siel" onder die opskrif "Vergifnis.") Indien jy sukkel om te verg, kry ons getuienis eVideo. Dit is 'n kragtige voorbeeld van hoe God "jou vergifnis gee" vir jou man soos jy aan Hom oorgee!

**Jy moet begin om jou eggenoot te sien soos God hom sien.** Bid vir jou eggenoot. Jy moet hom vergewe en almal wat betrokke is met hom (vriende, familie, mede-werkers en die ander vroue ook). (Weereens sien hoofstuk 9, "Sagmoedige en Stille Gees" onder die opskrif "Vergifnis" oor die gevare van *nie* vergewe nie.) Dan sal jy gereed wees om te bid vir die man wat God graag wil hê jou eggenoot moet wees. Hou op om na al die slegte goed te kyk wat hy besig is om te doen. Vervang dit met om vir God te vra om jou die goeie te wys wat hy doen en gedoen het in die verlede. (Sien hoofstuk 7, "Wysheid en Vriendelike Onderrigting is op Haar Tong" onder die opskrif "Respek" vir meer inligting.)

Dank God vir hierdie dinge en maak tyd om dankie te sê vir jou man wanneer hy bel of kom kuier. **Maar** as *jy,* jou man verlaat het of beveel het om die huis te verlaat, **moet jy hom** bel en sy vergifnis vra. Hierdie punt is krities. Hoe langer jy wag, hoe groter is die moontlikheid van owerspel, as dit nie alreeds gebeur het nie. (Lees asseblief die getuienisse op ons webblad wat bewys lewer van hoe hierdie beginsels gewerk het in die lewens van baie vrouens wat dit gevolg het.)

Wanneer jy bely het, **moenie** aanhou bely nie. Dit kan teenwerkend wees. Dit is ook nie die kwessie of jou man die verskoning aanvaar of nie. Jy doen dit uit nederigheid en gehoorsaamheid aan God, niks meer nie.

**Praat vriendelik en liefdevol met jou man wanneer jy 'n geleentheid kry om met hom te praat**. "Aangename woorde is heuning, soet en geneeskragtig vir die mens." (Spr. 16:24). "'n Vrolike mens is 'n gesonde mens, 'n neerslagtige mens raak uitgeput." (Spr. 17:22, Spr. 18:14). **Jy hoef nie bly te wees oor jou huweliksprobleme nie, maar wees bly dat God dit alles onder beheer het.** "Wanneer ons getug word, lyk die tug op daardie oomblik nie na iets om oor bly te wees nie, maar om te huil. Later lewer dit egter vir die wat daardeur gevorm is, 'n goeie vrug: vrede omdat hulle gehoorsaam is aan die wil van God." (Heb. 12:11).

**Moenie luister na skinderstories of na enigiemand wat probeer om slegte dinge aan jou te vertel van jou man nie.** "Liefde bedek alles, *glo alles*, hoop alles, verdra alles. Die liefde vergaan nooit nie…" (1 Kor. 13:7). Miskien sê jou man dat hy nie betrokke is by iemand anders nie, maar jy **weet** hy is. Nieteenstaande, moet jy hom eerder glo. jy is nie dom of naief nie, jy wys onvoorwaardelike of agapy liefde.

Soms is dit jou familie of naaste vriende wat jou probeer oorreed om voort te gaan met die egskeiding of jou man af te skiet oor die dinge wat hy gedoen het of doen. Jy moet jouself afsonder van hulle wat probeer om jou te laat afdwaal van God deur jou vlees en emosies te voer. "Vermy 'n dwase mens; jy sal nie by hom leer om verstandig te praat nie." (Spr. 14:7). "Iemand wat loop en skinder, lap geheime uit; bly weg van iemand wat baie praat." (Spr. 20:19). As jy van jou man skinder, sal ander ook jou man beskinder! "Wie sy naaste beskinder, wil ek uitwis…" (Ps. 101:5).

Omdat jy baie raad sal ontvang wat in teenstelling is met die wil van God en Sy Woord, moenie jou situasie met ander bespreek nie. Uiteindelik sal dit self-bejammering en woede in jou opwek. Hierdie emosies is van die vlees en sal veg teen jou gees. God sê in Gal. 5:17, "Wat ons sondige natuur begeer. Hierdie twee staan lynreg teenoor mekaar, en daarom kan julle nie doen wat julle graag wil nie." Om te luister na bespreking of soek na berading vir jou situasie sal verwarring meebring aangesien die meeste christene **nie** werklik die Woord van God **ken** nie en sommige pastore sal jou in teenstelling met God se Woord adviseer! Tensy hulle "op dieselfde water geloop het" mag hulle God se beginsels verontagsaam en verklein wanneer jy die hele **onbuigsame** Woord van God, desperaat nodig het om u huwelik te red!

*Moenie* **probeer uitvind wat jou man doen nie.** Indien jy vermoed daar is iemand anders, of jy weet daar is iemand anders waarmee hy betrokke is, doen dan wat God sê: "Hou jou oë op die pad vorentoe, kyk reg voor jou uit. Baken jou koers af, dan sal jy seker wees van elke tree." (Spr. 4:25). "Moenie bang wees dat 'n ramp jou skielik sal oorval, dat die storm wat vir slegte mense bedoel is, jou sal tref nie, want die Here sal jou beskerm, Hy sal sorg dat jy nie in 'n strik beland nie." (Spr. 3:25-26). En weereens onthou, "'Liefde' glo alles." (1 Kor. 13:7).

*Moenie* **jou man of ander persone betrokke konfronteer nie!** Dit is 'n net van satan. Ek, soos baie ander vrouens, het in hierdie slaggat geval. Passop! Jy sal die vlees bevredig maar die nagevolge sal jou vernietig en enige gevoelens wat jou man vir jou het. Moenie met die ander vrou oor die telefoon of in persoon praat of vir haar 'n brief stuur waarin jy haar vergewe nie. Dit is nie God nie. Dit is die duiwel wat speel met jou self-regverdigheid.

Baie maal dink vroue verkeerdelik dat hulle hulle mans moet konfronteer omdat hulle nie daarmee moet wegkom nie. **Almal** wat hulle mans gekonfronteer het, uit onkunde soos ek of deur hierdie boek of my persoonlike waarskuwing te ignoreer het aan my geskryf om te sê hoe spyt hulle is. Hulle **almal** het gedeel dat dit *vele* aaklige nagevolge gehad het! Moet asseblief nie soos Eva wees wat voortgegaan en gedoen het wat sy geweet het verkeerd is nie!

Sodra die sonde ontbloot is, sal dit voor jou gesig gewapper word en sal jy die **voordeel verloor** wat God jou gegee het as "jou eie vrou" (Spr. 5:18). Jy moet onthou, "Liefde **glo** alles..." (1 Kor. 13:7).

Jy moet ten alle tye onthou dit is 'n "geestelike" oorlog. Soos met alle oorloë, is dit dwaas en gevaarlik om die vyand te laat agterkom wat jy weet. Geen oorlog in die Bybel was ooit gewen deur eerstehandse inligting te openbaar nie. Dit vertel ook nie vir ons om die vyand se strategie te openbaar nie. In plaas daarvan, waarsku die Bybel, ons moet dit veg as 'n geestelike oorlog. 1 Tim. 1:18 sê om die "goeie stryd te stry..." "...maar ons voer nie die stryd met menslike wapens nie." (2 Kor. 10:3). Ons word gesê: "Wees nugter, wees wakker! Julle vyand, die duiwel, loop rond soos 'n brullende leeu, op soek na iemand om te verslind." (1 Pet. 5:8).

Jou man, en ander werk saam met die duiwel as sy slawe om jou huwelik, toekoms en kinders te vernietig. "Julle weet tog: as julle, julle aan iemand onderwerp, is julle die **slawe** van die een aan wie julle gehoorsaam is. As dit sonde is, *beteken dit vir julle die dood*; as dit gehoorsaamheid aan God is, beteken dit vryspraak en lewe." (Rom. 6:16). Om hierdie oorlog te wen, moet **jy** 'n slaaf van regverdigheid wees – moenie hom konfronteer oor sy sondes of wat jy weet nie!!

*Moenie* **probeer uitvind waar jou man is** indien hy nie vir jou gesê het waar hy is nie! Dit is God se beskerming **vir jou!** Wees stil, wees kalm. Gaan na jou binnekamer en begin om te veg deur gebed op jou knieë voor God. God kan jou man se hart verander, maar jy sal dit verhard as jy openlik wantroue, suspisie en jaloesie toon. "Die wil van die koning staan onder die gesag van die Here; soos 'n stroom water lei Hy dit soos Hy verkies." (Spr. 21:1). Die ander vrou sal dan skuldig vertoon, nie jy nie. Elke man beskerm en verdedig die egbreekster wanneer sy vrou fisies of verbaal die ander vrou aanval. Wees stil! Luister na die *Wees Aangemoedig videos* om hierdie noodlottige fout te vermy.

**Moenie oorhaastig reageer met enige besluit nie.** Op hierdie oomblik dink jy nie helder nie en reageer jy mees waarskynlik op jou emosie eerder as wysheid. "…oorhaastigheid bring foute." (Spr. 19:2). "… 'n verstandige mens oorweeg elke tree wat hy gee." (Spr. 14:15). "Daar is 'n lewenswyse wat vir 'n mens reg kan lyk, maar die uiteinde daarvan is die dood." (Spr. 16:25 en Spr. 14:12). "Jy sien self: vir die man wat praat sonder om eers te dink, is daar minder hoop as vir 'n dwaas." (Spr. 29:20).

"Mense kan dobbel, maar die Here bepaal hoe dit uitkom." (Spr. 16:33). "Wie wysheid het, is versigtig en vermy kwaad." (Spr. 14:16). Moenie haastige veranderinge maak soos om 'n "besoekers skedule" op te stel nie. Moenie haastig wees om 'n egskeiding te kry nie. God sê: "Ek haat egskeiding." (Mal. 2:16). Moenie uittrek of jou huis verlaat nie: "Sy ['n egbreekster] is luidrugtig en uitdagend, haar huis is te nou vir haar; sy maak haar rontes in die strate, op die stadpleine, sy staan en loer by elke hoek." (Spr. 7:11). Moenie haar weë volg nie!

**Het jy na jou man gegaan met jou behoeftes, vrese of probleme – sodat *hy* jou in die steek laat of verwerp?** Memoriseer hierdie verse: "My **God** sal in elke behoefte van julle ryklik voorsien volgens Sy oorvloedige rykdom in Christus Jesus." (Fil. 4:19). "As ek darem nie geglo het dat ek die goedheid van die Here sal sien in die land van die lewendes nie...! Vertrou op die Here! Wees sterk en hou goeie moed! Ja, *vertrou op die Here*!" (Ps. 27:13).

"As die Here tevrede is met 'n mens se lewe, laat Hy selfs so 'n mens se vyande in vrede met hom lewe." (Spr. 16:7). "Alles aan haar spreek van 'n sterk en edel persoonlikheid; sy ken geen kommer oor die toekoms nie." (Spr. 31:25). In plaas van smeek, neem die geleentheid om dankie te sê vir jou man en hom te prys dat hy vir jou versorg het in die verlede. Dit is God se manier: dit word tevredenheid genoem. Deel van jou probleem is moontlik jou beroep. God het gesê ons moet wag vir dinge, maar ons beweeg vooruit en bestorm dinge, miskien het jy "nodig" gehad om te gaan werk. Nou is jou huis leeg terwyl jy werk, jou kinders is in 'n dagsorg en jou man het sy eie woonstel. Satan is 'n leuenaar!

Binnekort gaan jy jou huis wat jy so hard voor gewerk het verloor. Laat God toe om jou huis, jou familie en jou huwelik te red. (Sien die gedeelte "Almal se dienaar" in les 14, "Die Werksaamhede van Haar Huis" vir meer inligting. Hierdie les kan u vind in *"'n Wyse Vrou"*.)

**Moet nooit jou man se hulp en ondersteuning soek in jou huidige beproewinge nie.** Daar is geen beter manier om jou man van jou weg te dryf as om hom alles te vertel wat verkeerd is by die huis nie! Die rede hoekom hy jou verlaat het was om te "vlug" van die moeilikheid. Hy sal **nooit** terugkeer na 'n huis waar daar chaos is of om jou te kom help nie – nooit! 'n Man wat jou verlaat of betrokke raak met 'n ander vrou konsentreer daarop om geluk te vind. As jy hulp kry deur u liefdesverhouding met God, soos jy behoort, dan wanneer moeilikheid kom (en dit sal), dan sal jou man huis toe hardloop.

**Het jy ooit jou man aangemoedig om jou te verlaat?** Ons by Restore Ministries het te veel vrouens gesien wat hulle mans gevra het om te loop, of wat eerste die woord "egskeiding" genoem het in tye van woede. Wanneer jy 'n slegte saaitjie plant, moenie verbaas wees as hy in owerspel beland nie. Woorde het meer krag as wat jy besef. "Dit sê Ek vir julle: Van elke ligsinnige woord wat die mense sê, sal hulle rekenskap moet gee op die oordeelsdag." (Matt. 12:36).

As daar ooit probleme was soos alkohol, dwelms of mishandeling moenie owerspel daarby voeg nie. Miskien wou jy hê hy moes jou verlaat oor alkohol, dwelms of owerspel. Of miskien het julle net gevoel julle is nie meer lief vir mekaar nie. Lees asseblief hoofstuk 8, "Gewen sonder 'n Woord" onder die opskrif "Vertroos diegene" vir meer inligting.) As daar probleme was met alkohol, dwlems of mishandeling moenie owerspel daarby voeg nie. Mans wat uit hulle huis getrek het word as "enkel" beskou al is hulle **nie!** Om uitmekaar te gaan is die eerste stap na egskeiding. En egskeiding is 'n lewensveranderende fout.

Baie ouer vrouens onkundig oor die vernietiging van uitmekaargaan, adviseer jong vrouens om hulle mans te vra om hulle te verlaat of om hulle nie toe te laat om terug te kom nie. Ouer vrouens, soos gemeld in Titus 2, moet onderrig wat goed is en jonger vroue aanmoedig "...om liefdevol teenoor hulle mans en kinders te wees, verstandig en kuis, goeie huisvrouens, onderdanig aan hulle mans. Dan sal die Woord van God nie in twyfel kom nie."

Die uitmekaargaan waarvan gepraat word in 1 Kor. 7:5 moet met wedersydse toestemming gedoen word *en* vir die doel om te vas en bid. Hierdie vers bevestig dit: "En as 'n vrou met 'n ongelowige man getroud is en hy gewillig is om by haar te bly, **moet sy nie van die man skei nie.**" (1 Kor. 7:13).

Om 'n keuse te maak om uitmekaar te gaan of te skei, kies jy om nie net jou lewe nie, maar ook jou man se lewe te vernietig asook die toekoms van jou kinders. Jou (toekomstige) kleinkinders, jou ouers en al jou vriende sal ook die verwoestende effek ervaar van hierdie selfsugtige, onkundige en dwase besluit.

Deur voor te stel dat jou man jou verlaat, het jy die eerste stap geneem na egskeiding. Is dit nie tyd vir omdraai voordat dinge verder gaan nie? Die wêreld en satan het jou oortuig dat hierdie uitmekaar gaan of egskeiding dinge beter sal maak, maar dit **is 'n leuen!** As dit waar was, sou 8 uit 10 mense nie geksei het in 'n tweede of daaropvolgende huwelik nie. Weereens, is die Bybel duidelik: "En as 'n vrou met 'n ongelowige man getroud is en hy gewillig is om by haar te bly, **moet sy nie van die man** skei nie. (1 Kor. 7:13).

**Indien jou man jou verlaat het, moet jy ophou om hom te agtervolg, druk of in sy pad te staan.** Hy sal net harder probeer om van jou af na die bose toe te hardloop. "Dit gaan goed met die mens wat nie die raad van die goddeloses **volg nie**, nie met sondaars omgaan en met ligsinniges saamspan nie." (Ps. 1:1). Die enigste padblokkade behoort "doringtakke" te wees. (Hos. 2:6). Jy moet die boek van Hosea in jou Bybel lees. Ons het vir jou 'n gebed geskryf wat jy kan memoriseer gebasseer op die "pad versper met doringtakke." (Jy sal dit in hoofstuk 17, "Om in die Bres te Tree." vind). Bid dit daagliks vir *jou* man.

Baie bedienings moedig "staanders" aan om die eggenoot wat hulle verlaat het te volg, met die laat van telefoonoproepe, kaarte, briewe en verklarings oor hulle "huweliksooreenskoms". **Dit is nie skriftuurlik nie** en het veroorsaak dat baie "lewenslange staanders" geword het. Die Bybel sê, "As die ongelowige egter wil skei, **laat hom skei**. In sulke gevalle is die gelowige man of vrou nie gebind nie. God het julle geroep **om in vrede te lewe**." (1 Kor. 7:15). "Dit gaan goed met die mens wat nie die raad van die goddeloses volg nie, **nie met sondaars omgaan** en ligsinniges saamspan nie." (Ps. 1:1). Die Bybel sê: Jy moet jou man laat weet dat hy vry is om te gaan (gebaseer op 1 Kor. 7:15). Dit sal hom stop om te hardloop, te skei of in 'n ander huwelik te spring!

**Maar ek is reeds geskei.** Dit is nooit te laat nie al het 'n egskeiding reeds plaasgevind. Baie "trou weer" hulle gewese eggenoot **na** hulle egskeiding. "Moet jou nie deur die kwaad laat oorwin nie, maar oorwin die kwaad deur die goeie." (Rom. 12:21). God het Sy profeet Hosea spesifiek gevra om weer met sy vrou Gomer te trou nadat sy blatant ontrou was aan hom. "Want sy is nie my vrou nie, en ek is nie haar man nie..." "...Dan sal sy dalk sê: 'Ek sal na my eie man toe teruggaan, want ek was by hom beter versorg as nou.'" (Hos. 2:7). "Die Here het vir my gesê (Hosea), 'Gaan knoop weer 'n liefdesverhouding aan met 'n vrou wat vir ander mans lief is en egbreuk pleeg...'" (Hos. 3:1). God het die storie van Hosea gebruik om sy verbondenheid aan Sy eie bruid (die kerk) te wys asook sy sterk gevoel oor die huwelik.

**Moenie toelaat dat jou kinders jou pyn of woede sien teenoor jou man nie.** Doen *alles* om jou kinders te beskut van wat besig is om te gebeur. Dit sal slegs negatiewe gevoelens veroorsaak teen hulle vader. (Luister asseblief na "Wees Aangemoedig" eVideo #4, om te sien hoe om dit skriftuurlik te doen.) Moenie jou man blameer nie. "'n Wyse vrou **sorg** vir haar huis; 'n vrou sonder wysheid **breek** alles af." (Spr.

14:1). "Die Here draai die hart, soos 'n stroom water lei Hy dit soos Hy verkies." (Spr. 21:1). Wees versigtig waarheen jy, jou kinders se harte draai. "Elia sal vaders en kinders met mekaar versoen *sodat Ek nie hoef te kom en die land heeltemal vernietig nie.*" (Mal. 4:6). Want "…die vaders is vir hulle seuns 'n sierraad." (Spr. 17:6).

Die Here het hierdie beproewinge in jou en jou kinders se lewe toegelaat, vir 'n tyd, om jou nader aan Hom te trek en sy werk in julle almal te volbring en dan jou saam terug te bring vir Sy glorie. Wanneer jou man nie naby is om te blameer nie, kyk na God! Wanneer jy nader aan Hom is, kan Hy jou meer na Sy beeld verander! "Ek het die Here aangeroep en Hy het my geantwoord, Hy het my gered uit alle doodsgevare." (Ps. 34:5).

**Moenie toelaat dat jou kinders sleg van hul vader praat nie**. Jy moet respek afdwing vir hul vader (ongeag of hulle 5, 15 of 25 is!). "Eer jou vader en jou moeder." (Exod. 20:12, Deut. 5:16, en Mark 7:10). Weereens onthou, "Elia sal vaders en kinders met mekaar versoen *sodat Ek nie hoef te kom en die land heeltemal vernietig nie.*" (Mal. 4:6). (As jy sleg gepraat het van hul vader, vra eerste God se vergifnis, daarna vra jou man se vergifnis en daarna jou kinders.) "Wie sy sonde wegsteek, moet niks goeds te wagte wees nie." (Spr. 28:13). Begin dan jou man opbou in jou kinders se oë en jou eie. (Sien hoofstuk 7, "Wysheid en Vriendelike Onderrigting is op haar Tong" onder die opskrif "Respekteerbaar" vir meer inligting.)

Onthou, dit sal moeilik wees om respek af te dwing vir hulle vader as *jy* disrespek vir jou man toon.

**Moenie toelaat dat jou kinders tugteloos raak nie.** "…'n kind wat sonder dissipline grootword steek sy moeder in die skande." (Spr. 29:15) In plaas daarvan dat jou kinders uiting gee aan hulle woede, gebruik die tyd om hulle te leer om hulle vader te vergewe en vir hom te bid. Wanneer die woede verdwyn het, sal hulle steeds die pyn voel, leer hulle dan om op die Heilige Gees staat te maak vir vertroosting. Hierdie vers het my 5 jarige gememoriseer: "God self het gese: 'Ek sal jou nooit verlaat nie, jou nooit in die steek laat nie.'" (Heb. 13:5). U kinders is op die oomblik verward, gee hulle duidelike aanwysings. (Sien les 15, "Onderwysing van Jou Moerder" vir meer inligting in "'n *Wyse Vrou.*") Weereens, gaan jy probleme hê om dit af te dwing as jy 'n tekort het aan beheer.

**Wees versigtig om nie die "maklikste" weg te kies nie.** Dit mag na die maklikste weg lyk, maar op die einde is dit die weg na meer droefheid, beproewinge, moeilikhede en hartseer as wat jy op die oomblik ondervind. Ons wat deur moeilike huwelike, uitmekaargaan en deur egskeidings is, wil jou waarsku teen enige idees, boeke of ander mense wat jou wil oortuig na die weg van die wêreld, dit eindig **altyd** in ramspoed! As die wêreld dit goedkeur dan weet ons as christene dit is die wye pad na vernietiging.

Smal is die weg wat lei na die lewe en hulle wat dit kry, is min! "Gaan deur die nou poort in. Die poort wat na die verderf lei, is wyd en die pad daarheen breed, en die wat daardeur ingaan, is baie. Maar die poort wat na die lewe lei, is nou en die pad daarheen smal, en die wat dit kry, is min." (Matt. 7:13-14). Jy moet kyk vir daardie smal weg in al jou besluite, die manier hoe jy met ander praat en die manier hoe jou beproewinge, nou en in die toekoms, wat na jou kant toe kom hanteer.

**Wees asseblief versigtig wat jy lees.** Die boeke wat se grondslag filosofie of geskryf deur sielkundiges of huweliksberaders is, sal jou verstand vul met vernietigende gedagtes. Wees versigtig om boeke te lees met onderwerpe soos "harde liefde", "gee smaak aan jou huwelik" en "mede-afhanklikheid". Ons het die skade gesien wat hierdie idees aangerig het in huwelike en vrouens wat na dit gekyk het in desperaatheid. Begin om jou verstand te hernuwe met God se Woord. As jy iemand is wat in die Woord van die Here sy vreugde vind, dit dag en nag oordink (soos in Psalm 1), sal jou **voorspoedig** wees in alles wat jy aanpak!!

**Kyk na God en hulle met dieselfde "denke"** wat jou bemoedig om God te vertrou vir jou huwelik. Gaan asseblief na die Berader (God se Woord) wat gratis is, en spaar jou geld en jou huwelik. God wil jou vir Homself hê. Bly weg van "professionele". Elke professionele mens het sy/haar manier en oortuigings. Daar is miljoene beide christene en sekulêre huweliksberaders en boeke oor huweliksprobleme. As hulle al die antwoorde geken het, hoekom is daar 'n epidemie van egskeidings, veral in die kerk?!!

**Waar moet jy begin? Wat moet jy doen?** Begin om jou afgebreekte huis na die rots te skuif. "Die stortreën het geval, vloedwaters het afgekom, winde het teen daardie huis gewaai en daaraan geruk, en tog het dit nie ingestort nie, want die fondament was op rots." (Matt. 7:25).

"'n Wyse vrou sorg vir haar huis; 'n vrou sonder wysheid breek alles af." (Spr. 14:1). "Daar is verstand nodig om 'n huis te bou, insig om sy fondamente te lê, kennis om sy kamers te vul met allerhande kosbare en mooi goed." (Spr. 24:3).

**Prys God in *alle* dinge.** "Laat ons dan onophoudelik deur Jesus aan God 'n **offer** van lof bring, die lof wat aan Hom gebring word deur die lippe wat Sy Naam bely." (Heb. 13:15). "Wees altyd **bly** in die Here! Ek herhaal: Wees bly!" (Fil. 4:4).

**Leer om regtig te bid.** "En Ek het iemand tussen hulle gesoek wat 'n muur sou bou en die stad **in die bres sou tree** dat dit nie vernietig word nie, maar Ek het niemand gekry nie." (Ezek. 22:30). Om in die bres te tree beteken nie om in jou man se pad te staan nie!

**Neem elke gedagte gevange.** "…en elke hooghartige aanval wat teen die kennis van God gerig word. Ons neem elke gedagte gevange om dit aan Christus gehoorsaam te maak." (2 Kor. 10:5).

**Begin om jou verstand te vernuwe** om soos God s'n te wees en om af te kyk na jou situasie soos Hy daarna kyk, van bo af. Kry *"'n Wyse Vrou"* en werk daardeur saam met 'n vriendin. Kry 'n "Bybel Beloftes Boek" van jou plaaslike christelike boekwinkel en sit dit in jou badkamer. Baie vrouens gebruik dit as hulle bidkamer wanneer hulle kinders en man in die huis is. Dit is 'n plek van toevlug en jy kan Sy beloftes bepeins.

Kry 3x5 kaartjies en skryf verskillende Bybelverse neer wat jy kan gebruik om jou gedagtes te vernuwe om in die Gees te veg (die Swaard van die Gees is die Woord van God), of om dit te gebruik as jy 'n aanval van vrees, twyfel of leuens ervaar. Hou dit by jou en lees dit oor en oor. Hou op om so baie oor jou probleme te praat, luister na God en lees Sy Woord. Psalm 1 gee 'n belofte aan jou "…maar iemand wat in die Woord van die Here sy vreugde vind, dit dag en nag oordink. Hy is soos 'n boom wat by waterstrome geplant is, wat op die regte tyd vrugte dra en waarvan die blare nie verdroog nie. Hy is **voorspoedig** in alles wat hy aanpak." Prakties gesproke, as jy hierdie boek lees en oorlees tot 'n punt waar dit uitmekaar val of tyd maak om die 3x5 kaartjies te maak met die verse wat jy nodig het, sal jy nie kan help om op die Woord te mediteer nie. Omtrent elke vrou wat ek ontmoet wat 'n gerestoreerde huwelik het, het een van hierdie dinge of albei gedoen.

*Geen* **huwelik is te ver heen nie.** "Vir mense is dit onmoontlik, maar vir God is alles moontlik." (Matt. 19:26.) Weereens onthou dat dit nie waar is dat jy en jou man, saam hulp moet soek vir julle huwelik nie. Ons het die goeie "vrugte" van vrouens wat God gevra het om hulle mans se harte te verander en aan hulle te werk gesien, en God was getrou. (Matt. 7:16, 20.) "Waarom sien jy die splinter raak wat in jou broer se oog is, maar die balk in jou eie oog merk jy nie op nie? Of hoe kan jy vir jou broer sê: "Wag, laat ek die splinter uit jou oog uithaal, en intussen is daar 'n balk in jou eie oog?' Huigelaar! Haal eers die balk uit jou eie oog uit, dan sal jy goed kan sien om die splinter uit jou broer se oog uit te haal." (Matt. 7:3, Luk. 6:41.) Ons bid dieselfde vir jou: dat jy duidelik sal sien hoe om regtig jou man te help deur 'n goddelike vrou te wees met 'n sagmoedige en stil gees wat glimlag oor die toekoms.

**Hoe lank?** Baie vroue het my al gevra vir "hoe lank" hulle eggenote weg sal wees of "hoe lank" hulle beproewing sal aanhou. Dit mag help as jy daaraan dink as 'n reis. Hoe lank dit neem hang dikwels af van jou. Soos die Here jou 'n plek wys waar Hy aan jou werk, werk jy saam "met Hom". Moenie op 'n syspoor gebring word deur die alledaagse lewe nie. Satan sal die "sorge van die wêreld" bring om die Woord van God uit jou te wurg. Hy sal ook situasies, noodgevalle en ander krisisse bring wat jou aandag van jou bestemming sal wegdraai – jou gerestoreerde gesin!

Te dikwels lyk dit of die reis "gaan staan". Neem net die volgende stap van gehoorsaamheid. Ons *Wees Aangemoedig Videos* kan help. Wanneer jy moeg raak van wag, moenie moed verloor nie. Dit is die tyd wat God gebruik om ons geloof te rek en ons aandag te fokus op die werk wat Hy in ons lewens doen. Al wat nodig is, is ons gehoorsaamheid, wat geestelike krag sal vrystel om ons onthalwe. Dit is nie nodig dat God vir ons 'n gedetailleerde verduideliking gee wat Hy doen nie. Ons weet dat Hy sy doelwitte sal laat uitwerk wat ookal gebeur, ook wanneer ons 'n fout maak. Ons moet glo dat Hy werk met mense en situasies en omstandighede rangskik Hy vir sy goeie werk met ons.

# Daar is NOG hulp!

Ons het nou `n video reeks wat in meer besonderhede tree en gee meer hulp in beantwoording van baie van jou vrae. (14 ure van hulp en bemoediging). Hierdie videos, weet ek, sal jou help. Hulle sal meeste, indien nie alle vrae wat jy het in terme van die praktiese uitvoering van beginsels waarvan jy gelees het en gaan lees, beantwoord. Dit is meer oor myself en wat ander gedoen het wat oorwinning en gerestoreerde huwelike gebring het.

As jy oorstelp word deur ander wat jou vertel jou situasie is hopeloos, wil ek jou aanmoedig om ons getuienis boek *By the Woord van Hulle Getuienis* te bestel. Hierdie boek is vol getuienisse van hopelose huwelike wat God wonderbaarlik gerestoreer het. As jou ouers, vriende, pastoor of mede-werkers dink jy is mal om jou huwelik te herstel, gee hulle 'n *By the Woord van Hulle Getuienis* boek en kyk hoe hulle jou begin bemoedig eerder as om jou te ontmoedig.

Jy kan ons getuienis boeke bestel, of ons *Wees Aangemoedig Videos* by:

## Uiteindelikhoop.com

### of

## RestoreMinistries.net

Ons bied ons herstel pakkette teen `n afslag prys aan om die wat finansieël sukkel te help.

Ons sien uit na die geleentheid om jou te help deur ons webblad en vir die te bid soos wat hulle gebedsversoeke stuur. Tot dan, laat my nou vir jou bid

"Liewe Here, lei asseblief hierdie spesiale suster tydens die moeilikheid in haar huwelik. Wanneer sy van koers af raak, sal sy agter haar 'n stem hoor sê: 'Hier is die pad, loop hierlangs. (Jes. 30:21)

"Al val daar duisende om haar, vir haar sal niks tref nie. Verseker haar dat wanneer sy 'n duisend sien val aan haar regterkant en tienduisend aan haar linkerkant, help haar om te weet as sy U volg, dit nie met haar sal gebeur nie. Verberg haar onder U beskermende vlerke.

"Help haar om die smal weg wat na die lewe lei te vind, die oorvloedige lewe wat U het vir haar en haar gesin. Here ek bid vir `n getuienis wanneer hierdie moeilike of gebroke huwelik gerestoreer word sodat U dit vir U Glorie kan gebruik. Ons gee U al die eer en glorie, Amen."

# Die Pottebakker en die Klei

*"...U is ons vader, Here,*
*ons is klei en U het ons gevorm,*
*ons is almal die werk van U hande."*
*—Jes. 64:8*

Wanneer ons deur 'n krisis gaan in ons huwelik, is dit so maklik om op ons eggenoot se foute, en wat hy aan ons doen, te konsentreer. Hoewel, solank as wat jy dit doen, sal jy dit moeilik vind en nooit tot oorwinning kom nie. Ons leer in hoofstuk 8, "Gewen Sonder 'n Woord" dat jou eggenoot nie die vyand is nie.

Laat ons in hierdie hoofstuk leer, dat God baie keer, nie besig is om ons eggenote te verander nie (hulle houding of gedrag) omdat God hierdie dinge wat ons pla, gebruik om ons na Sy eie Beeld te vorm. Hoewel, as ons kla, omdat ons eerder wil hê God moet iets of iemand anders gebruik, en nie ons eggenote, om ons te vorm nie, dan sal ons vir jare lank in die woestyn ronddwaal!

**Verwyt jy Hom wat jy gevorm het?** "'Ellende wag vir hom wat **die Een verwyt wat hom gevorm het**, 'n potskerf tussen potskerwe van klei. Durf die klei vir die Een wat dit vorm, sê: 'Wat maak jy?' Durf wat jy gemaak het, van jou sê: 'Hy kan nie sy hande gebruik nie!'" (Jes. 45:9). Laat God, God wees. Instede daarvan dat ons murmureer oor "hoe" en "wie" Hy gebruik om ons te verander, moet ons God prys vir Sy getrouheid! Hy is vasberade om van jou 'n uitverkore vat te maak, reg vir **Sy** eie gebruik.

**Maar jy verstaan nie.** Baie vrouens vertel my dat "ek net nie verstaan nie" as ek hulle probeer aanmoedig of troos! Eintlik verstaan ek baie goed, maar hulle is reg – niemand behalwe Jesus kan heeltemal verstaan waardeur hulle gaan nie. "Julle is agterstevoor met alles, asof die pottebaker die klei is. Die maaksel kan mos nie van Sy Maker sê: 'Hy het my nie gemaak nie'; die kleipot kan mos nie van die pottebakker sê: **'Hy weet nie wat hy doen nie.'**" (Jes. 29:16). Praat met Hom oor jou omstandighede en laat Hy vir jou gemoedsrus gee. Hy weet wat die beste vir jou is, so werk saam met Hom.

**Jy is in Sy hande.** "'Soos klei in die pottebakker se hand, so is **julle in My hand...**'" (Jer. 18:6). Gee dit jou nie gemoedsrus om te weet dat jy in God se Hande is nie? Al sê jou eggenoot hy gee nie vir jou om nie, of as hy optree asof hy nie omgee nie, die Here gee om. Wie anders het jy nodig? Die waarheid is, dat jou eggenoot wel omgee.

## God se Voorskrif

God het 'n voorskrif vir die geneesing van 'n nasie of 'n gesin. Hy sê as "...My volk oor wie My Naam uitgeroep is, **toon berou** en **bid** en **vra na my wil** en **draai terug van hulle bose weë** af, sal Ek *luister* uit die hemel en hulle sonde *vergewe* en hulle land laat *herstel*." (2 Kron. 7:14).

God sê vir ons, dat as ons **nederig** is, as ons sal bid, na Hom toe sal gaan *en* wegdraai van ons bose sondes, dan, sê God **sal Hy hoor:** hoor, vergewe en jou genees. Instede, volg ons "die raad van die goddeloses" (Ps. 1:1) en "stel ons, ons vertroue in mense" (Jer. 17:5), nou dra ons die gevolge – goedkoop raad vir wonde! "Hulle het goedkoop raad vir die wonde van my volk" (Jer. 8:11). "Hulle het 'n goedkoop raad vir die wonde van my volk. Hulle sê net: 'Alles is reg! Alles is reg!' Maar niks is reg nie." (Jer.6:14).

**Nie meer vir hulself moet lewe nie.** "...en Hy het vir almal gesterwe sodat dié wat lewe, nie meer **vir hulself** moet lewe nie, maar *vir Hom* wat *vir hulle* gesterf het en uit die dood opgewek is." (2 Kor. 5:15).

## Net die Nederige

**Wees nederig.** Eiewys, hoogmoedige mense verstaan God se Woord, sonder om Sy Gees te ken, maar om God intiem te ken moet ons **nederig** wees!

**Nederigheid sal beproef word.** "...Hy het dit gedoen om jou **nederig** te laat word en om jou op die **proef te stel** sodat Hy kan *weet wat jy dink* en of *jy sy gebooie sal gehoorsaam of nie.*" (Deut. 8:2).

**Nederigheid sal jou red.** "Wanneer mense **val** en jy vra dat *hulle opgetel word*, sal God hulle, die **ootmoediges, red.**" (Job 22:29).

**Nederigheid gee nuwe moed.** "U het die gesmeek van die hulpeloses **gehoor,** Here. U gee **hulle nuwe moed.** U *verhoor hulle gebed...*" (Ps. 10:17).

**Nederige mense sal Hy oorlaai met goeie gawes.** "Kragtige dade het Hy met sy arms verrig: hoogmoediges in hulle eiewaan het Hy uitmekaar gejaag; maghebbers het Hy van trone afgeruk en geringes verhoog; behoeftiges het Hy **oorlaai** met goeie gawes en rykes met leë hande weggestuur." (Luk. 1:52).

**Net die nederiges sal die genade gegee word wat hulle nodig het.** "Maar die genade wat Hy gee, is nog groter. Daarom sê Hy: "'GOD WEERSTAAN HOOGMOEDIGES, MAAR *AAN DIE NEDERIGES GEE HY GENADE.*' Onderwerp julle dan aan God. Onderwerp julle in nederigheid voor die Here, en Hy sal julle verhoog." (Jak. 4:6, 10).

**"Nederigheid kom deur om God se Gees te ken.** "Ten slotte: Wees almal eengesind, medelydend, liefdevol, goedhartig, *nederig...*" (1 Pet. 3:8). Jou valse nederigheid sal betoog in 'n eiegeregtige houding.

**Geestelike Opgeblasenheid.** Meer as die helfte van die mense wat na ons bediening toe draai om hulp, vertoon 'n geestelike opgeblasenheid of eiegeregtigheid. Dit is waarna ek verwys as 'n Fariseër gees. Dames, dit is so gevaarlik. Dit *sal* voorkom dat God jou huwelik herstel, en dit is juis die rede hoekom jou eggenoot weggedryf word.

God het aan my in Sy Woord gewys dat Jesus net stroef, krities en gekant was teen een stel individuë – die Fariseërs! En ek was een van hulle! Ek is jammer om te sê dat daar gaans te veel Christen vrouens is wat voorgee dat hulle geestelik is, maar eintlik aan die binnekant vuil is. Daar is baie vrouens wat net hulle eggenote se sondes raaksien en vergeet van hulle eie sondes. Dames, dit was ek! Ek het na my eggenoot gekyk en sy sondes van egbreuk gesien. Hoewel, niemand het my geestelike opgeblasenheid, bedrieglikheid of my stryerigheid raakgesien nie.

Ander het my gesien, en ek het myself gesien as die "arme slagoffer" wat deur my eggenoot verlaat en bedrieg is. Maar ek, in my eiegeregtigheid was gewillig om te vergewe. Ek was die een wat desperaat, die gebroke gesin bymekaar probeer hou het, die een wat met ope arms gewag het, om my man te vergewe "die sondaar," wanneer hy tot sy sinne sou kom, vergifnis sou vra en terug sou keer vanaf die verre lande! Skrifgeleerde, Fariseër!!

Indien jy met hierdie sondigheid en hoogmoedige gesindheid kan identifiseer, as dit jy is, wil ek jou smeek om op die grond neer te val voor God en Hom te vra om jou te genees van hierdie gesindheid. Hierdie gesindheid sal jou verhinder om tot restorasie te kom en jou verhouding met God beïnvloed.

**Bid!** Begin deur Psalm 51:2–4 te bid: "Was my skoon van my skuld, reinig my van sonde! Ja, my oortredinge ken ek en van my sonde bly ek altyd bewus. Teen U alleen het ek gesondig, ek het gedoen wat verkeerd is in U oë. U uitspraak is dus reg en u oordeel regverdig." Daar is baie meer oor gebede in die laaste twee hoofstukke van hierdie boek.

**Vra na My Wil.** "As…My volk oor wie **My Naam uitgeroep** is, toon berou en bid en vra na my wil en draai terug van hulle bose wee af, sal Ek luister uit die hemel en hulle sonde vergewe en hulle land laat herstel." (2 Kron. 7:13). "Soek hulp en beskerming by die Here, soek *gedurig* **Sy teenwoordigheid**." (1 Kron. 16:11). "Ek gaan My in my woonplek terugtrek totdat hulle skuld bely en **vra na My wil.** In hulle **nood** sal hulle **My hulp kom vra**." (Hos. 5:15).

**Hulle het gestraal van blydskap.** "Dié wat swaar kry, **sien op na Hom** en **straal van blydskap**, hulle word nie teleurgestel in hulle verwagtinge nie." (Ps. 34:5). Vra na Sy Wil! Baie mense begeer God se hand (wat Hy vir "my" kan doen). Maar die mense wat God se gesig soek sal tot alle dinge instaat wees!

**Draai terug van jou bose weë af.** "As…My volk oor wie **My Naam uitgeroep** is, toon berou en bid en vra na my wil en draai terug van hulle bose weë af, sal Ek luister uit die hemel en hulle sonde vergewe en hulle land laat herstel." (2 Kron. 7:13). Jy kan nie die Bybel net uit jou kop ken nie, jy moet die Bybel uitleef, en dit in die dieptes van jou hart bêre. Om die volle impak van die Bybel te ervaar, moet ons, ons lewens oorgee aan die Heilige Gees. Ons moet bereid wees om gevorm te word deur God. Ons moet deur die Heilige Gees gelei word.

**Gehoorsaamheid is beter as offerande.** "Nee, **gehoorsaamheid is beter as offerande**, om te luister is beter as die vet van ramme. Weerspannigheid is net so erg as die sonde van waarsêery; eiesinnigheid net so erg as die bedrog van afgodery." (1 Sam. 15:22). Weet jy wat is die regte ding om te doen; maar nogsteeds doen jy dit nie? Wees gehoorsaam! "As iemand weet wat die regte ding is om te doen, en hy doen dit nie, is dit sonde." (Jak. 4:17).

# Ek sal My Gees in jou gee

**Ek sal My Gees in jou gee**. As jou lewe deur die Heilige Gees beheer word, sal dit jou help om nie te sondig nie en voorkom dat jy swig voor begeertes. Vra dat God Sy Gees in jou gee. Sommer nou dadelik! "Ek sal **my Gees** in julle gee en Ek sal *maak* dat julle volgens **my voorskrifte** *leef* en **my bepalings** *gehoorsaam* en nakom." (Eseg. 36:27). "Wat ek bedoel, is dit: Laat jou lewe steeds deur **die Gees van God** beheer word, dan sal julle nooit swig voor begeertes van **julle sondige natuur** nie." (Gal. 5:16). (Vir meer inligting oor "Die Gees van God," kyk of luister na die *Wees Aangemoedig Videos*. Wanneer jy eers "gevul" is, sal jy krag hê soos nog nooit vantevore nie, jy sal kan deurdruk na oorwinning!)

**Bid.** "As…My volk oor wie **My Naam uitgeroep** is, toon berou en **bid**…" (2 Kron. 7:13–16). By Restore Ministries het baie vrouens wie se eggenote egbreuk gepleeg het, gebid dat die ander vrouens (AV) se "baarmoeders gesluit word." Almal was gesluit, behalwe een. God het hierdie nuwe babatjie gebruik om die gebroke gesin te herstel.

Ons kan op God staatmaak en God vertrou want… "Ons weet dat God alles **ten goede laat meewerk** vir dié wat **Hom liefhet**, die wat Hy lank tevore verkies het…" (Rom. 8:28).

# Watter "Voorwaardes" Is Nodig om Gehoor te Word?

**Pas jou begeertes aan by God se Wil.** Jesus se belofte is gebaseer op hierdie voorwaarde: "As julle in My bly en My woorde in julle, vra dan net wat julle wil hê en julle sal dit kry." (Joh. 15:7). Waaneer jou hart in Jesus rus vind, wanneer *jou wil* gesentreer is op *Sy wil*, dan het jy vir God werklik **God** gemaak van jou lewe. En jy kan weet wat God se wil is, deur Sy Woord te ken. Dit is God se wens dat jou huwelik genees word. Hy haat egskeiding en wil graag hê dat ons versoen moet wees met mekaar, hoewel Hy voorwaardes het.

**Die voorwaardes vir elke gawe.** Elke belofte van God het sekere voorwaardes wat nagekom moet word. Baie maak aanspraak op 'n gedeelte van die Bybel, (die belofte) maar weier om na die voorwaarde te luister.

> **Voorwaarde:** "Glo in die Here Jesus…
> **Belofte:** en jy sal gered word." (Han. 16:31).

> **Voorwaarde:** "Vind jou vreugde in die Here…
> **Belofte:** En Hy sal jou gee wat jou hart begeer." (Ps. 37:4).

> **Voorwaarde:** "Gee leiding aan 'n jongmens oor hoe hy moet leef, …
> **Belofte:** En hy sal ook as hy al oud is nie daarvan afwyk nie." (Spr. 22:6).

> **Voorwaarde:** Eerstens, "vir dié wat God liefhet…" En tweedens, "…dié wat volgens sy besluit geroep is."
> **Belofte:** "Ons weet dat God alles ten goede laat meewerk…" (Rom. 8:28.)

## Jou Trane is Kosbaar vir Hom

**Na wie moet ons gaan as ons huil?** Mans blyk om ons trane te haat. Dit is seker omdat hulle nie weet wat om te maak as 'n vrou huil nie, of dalk omdat vrouens trane so dikwels gebruik om mans te manupileer dat hulle nou ver van ons staan. Die feit dat God 'n jaloerse God is en dat jou trane aan Hom behoort, kan die rede wees waarom ons eggenote soms onbetrokke is oor ons trane. "Dan sal jy roep, en die Here sal antwoord, jy sal om hulp roep, en Hy sal sê: '**Hier is Ek!**'" (Jes. 58:9). "*Moenie op hou* om die Here ons God vir ons **om hulp te smeek nie**, sodat Hy ons uit die mag van die Filistyne kan red." (1 Sam. 7:8).

Die oorwinning sal langer vat om in die werklikheid te manifesteer: maar ons hoop is dit wat ons **nie kan sien nie**. Dit beteken dat ons geloof in God moet hê. Roep **alleenlik** uit na God, nie na jou eggenoot nie! Net God het die Mag om jou omstandighede te verander!

**My trane.** "Ek **is uitgeput van verdriet**, ek **huil** die *hele nag deur*, ek deurweek my bed met **trane**." (Ps. 6:6). "*Dag en nag* is ek in **trane**, want sonder ophou sê hulle vir my…" (Ps. 42:3). "U het op my **trane** gelet. In *U boek* staan hulle opgeteken." (Ps. 56:8). "Wie met **trane** saai, sal die oes met gejuig inbring." (Ps. 126:5). "'Maar nou sê die Here: 'Kom met julle hele hart terug na My toe, vas, **huil** en **treur**!…'" (Joël 2:12). Om 'n meer intieme verhouding met God te hê, kom besoek ons webblad elke oggend om die daaglikse bybelstudie te lees wat spesiaal geskryf is vir dié van ons, wat in 'n huwelikskrisis is.

**Trane, uitroep, weeklaag en huil.** Jy moet Bybel verse opsoek en neerskryf, verse wat jou sal help verstaan dat jy opreg, suiwer en eerlik moet wees wanner jy na God roep (veral as jy bid vir jou eggenoot se redding of om jou gebroke huwelik te herstel). Terwyl jy die Bybel deurlees, merk daardie verse wat jou hart roer, en memoriseer hulle terwyl jy bid, op jou knieë, voor die Here. Ons word gesê om te bid, om na God uit te roep.

**Persoonlike verbintenis: om God toe te laat om my te verander.** "Gebaseer op wat ek geleer het uit God se Woord, verbind ek my sodat Hy my kan verander deur enige metode of mens van Sy keuse te gebruik. Ek sal daarop fokus om myself te verander pleks van my eggenoot of ander rondom my.

Datum: _____ Geteken: _____

# Jy Moet Geloof Hê

*"Jesus antwoord en sê vir hulle:*
*Julle moet geloof in God hê."*
*—Markus 11:22*

## Is jy gevul deur Geloof of Vrees?

Vrees is een van die grootste aanvalle wat jy sal moet oorwin. Rom. 12:21 sê vir ons: "Laat jou nie deur die kwaad oorwin nie, maar oorwin die kwaad deur die goeie." Vrees sal jou geloof steel en van jou 'n kwesbare teiken maak vir die vyand. Wanneer jy na ander luister oor jou eggenoot se doen en late, instede daarvan dat jy, jou oë op Jesus en Sy Woord hou, sal jy begin sink!

Jy moet geloof hê in God se vermoë en Sy begeerte om jou huwelik te restoreer. Weereens, lees die getuienisse van ander herstelde huwelike; en glo dat God joune by hulle s'n sal byvoeg!

**'n Voorbeeld van geloof: Petrus.** Lees die storie van Petrus in Mattheus 14, wat begin by vers 22. Jesus het vir Petrus gevra om op die water te loop. Indien Jesus vir jou vra om op die water te loop, gaan jy uit die boot klim? Kyk wat gebeur wanneer Petrus na Jesus uitroep – dit word gevolg deur die woord onmiddellik. Jesus het onmiddellik met hulle gepraat en vir hulle gesê dat hulle moet moed skep. Toe later, wanneer Petrus begin sink het, het hy na Jesus uitgeroep, "…En Jesus het dadelik sy hand uitgesteek en hom gegryp." (Matt. 14:31).

**Vrees.** 'n Vraag wat ons vir onsself moet vra is: "Hoekom het Petrus gesink?" "Maar toe hy die sterk wind sien, het hy bang geword." (Matt. 14:30). As jy na jou situasie kyk en jou oë op jou omstandighede fokus, dan sal jy sink! Petrus het sy oë van Jesus afgehaal en die gevolge daarvan was vrees! Dit sê: "Hy het bang geword." Indien jy, jou oë van Jesus afhaal, sal jy ook bang word.

**Kyk na Jesus en styg uit bo jou storm**. Wanneer jy in 'n vliegtuig sit, in die midde van 'n storm, is dit baie stamperig terwyl jy stuig tot bokant die wolke. Maar as die vliegtuig eers bokant daardie swart wolke is, is die vlug glad, die son skyn en jy kan amper sien en voel dat God daar is! Snaaks genoeg, vanaf daardie posisie, lyk die wolke onder jou sag en wit!

**Jou getuienis.** 'n Ander punt wat baie belangrik is, is om te kyk wat gebeur het met die ander mense wat in die boot was. (Het jy vergeet dat daar ander was wat nie uit die boot geklim het nie?) Dit sê: "Toe kom dié wat in die skuit was, en val voor Hom neer en sê: Waarlik, Jy is die Seun van God" (Matt. 14:33). Is jy gewillig dat God jou gebruik om Sy goedheid, Sy beskerming en Sy welwillendheid aan ander te wys? Daar is 'n groot belooning! Dit is evangelieleer. Ander sal na jou toe kom wanneer hulle probleme ondervind omdat hulle gesien het hoe kalm jy was ten spyte van jou omstandighede.

## Oormeester

Die wind het gaan lê. "Daarop klim hulle in die skuit, en die wind het gaan lê." Matt. 14:32. Jou stryd sal nie vir ewig aanhou nie. Hierdie toets was nodig om Petrus sterk genoeg te maak sodat hy die "Rots" genoem kon word, waarvan Jesus gepraat het (sien Matt. 16:18). Satan (en ander wat vir hom werk) sal vir jou probeer vertel dat jy vir ewig in hierdie situasie sal bly lewe, totdat jy omdraai en wegloop, moed opgee of ophou glo in God se Woord.

God het nooit bedoel dat jy "in 'n dal van doodskaduwee" bly nie. In Psalm 23 sê dit dat ons "deur 'n dal van doodskaduwee" sal gaan. Satan wil hê dat ons moet dink dat God wil hê ons moet vir altyd daar bly! Hy wil hê dat ons "hopeloos" moet voel! God is ons hoop, en hoop is die geloof in Sy Woord wat in ons harte gesaai is.

## Geloof

**Abraham.** 'n Tweede voorbeeld van geloof is toe Abraham 90 jaar oud was en nog nie die kind gehad het wat God aan hom belowe het nie. Dit sê: "Hy het teen hoop op hoop geglo" (Rom. 4:18). Is dit nie goed nie?

Toe daar geen hoop meer was nie, het hy nogsteeds in God geglo en geglo dat God sy belofte sou nakom. Ons moet dieselfde doen.

**Tree op met geloof.** "En Jesus antwoord hulle: Deur julle ongeloof; want, voorwaar Ek sê vir julle, as julle geloof het soos 'n mosterdsaad sal julle vir hierdie berg sê: Gaan weg hiervandaan daarnatoe! en hy sal weggaan, en niks sal vir julle onmoontlik wees nie." (Matt. 17:20).

**Indien jy 'n gebrek het aan geloof.** Indien jy 'n gebrek het aan geloof moet jy vir God vra vir nog. Daar is tot 'n stryd vir ons geloof. "Stry die goeie stryd van die geloof" (1 Tim. 6:12). "Ek het die goeie stryd gestry; ek het die wedloop voleindig; ek het die geloof behou..." (2 Tim. 4:7). "En Hy (Jesus) kon geen wonderwerk daar doen behalwe dat Hy 'n paar siek mense genees het. Hy was verbaas oor hulle ongeloof." (Mark. 6:5). Wanneer die Here jou huwelik herstel, sal Hy verbaas wees oor jou ongeloof?

**Navolgers van Geloof.** Ons sal goed doen as ons die Gelowiges in die Bybel na-aap. (Jy kan alles lees oor geloof in Hebreërs, hoofstuk 11). Ons moet glo in God se beloftes: "...sodat julle nie traag word nie, maar navolgers van hulle wat deur geloof en lankmoedigheid erfgename van die belofte is." (Heb. 6:12). Daar is baie vrouens wat die beginsels in hierdie boek gevolg het en wie oorwinning gehad het oor hulle gebroke huwelike. Hulle getuienisse sal jou bemoedig in jou geloof. Glo wat die liedjie sê: "Wat Hy vir ander al gedoen het, sal Hy vir jou ook doen!" Lees al die getuienisse van herstelde huwelike wat God herstel het op ons webblad by: MarriageHelpOnline.com.

## Onsekerheid sal jou vernietig

**Dubbel-hartigheid of Onsekerheid.** Jy moet nie 'n dubbel-hartige mens wees nie. Jou verstand moet nie in God twyfel nie. "Maar hy moet in die geloof bid, sonder om te twyfel; want hy wat twyfel, is soos 'n golf van die see wat deur die wind gedrywe en voortgesweep word. Want dié mens moenie dink dat hy iets van die Here sal ontvang nie - so 'n dubbelhartige man, onbestendig in al sy weë." (Jak. 1:6–8). "Twyfelaars haat ek, maar u wet het ek lief" (Ps. 119:113).

Indien jy 'n probleem ondervind met dubbel-hartigheid, moet jy God se Woord lees en op God se Woord mediteer, want dit is die enigste waarheid! Jy moet ook jouself afsonder van enigiemand wat vir jou aanhou vertel dat jou huwelik nooit kan of sal herstel word nie, of iemand wat aanhou om vir jou te vertel dat wat jy wil doen verkeerd is. En jy moet die "waarheid" aan almal vertel oor jou geloof in God om jou huwelik te herstel.

**Geloof sonder werke.** "Maar iemand mag wel sê: 'Jy het die geloof en ek die werke. Toon my jou geloof uit jou werke, en ek sal jou **uit my werke my geloof toon**.'" (Jak. 2:18). Wys vir ander dat jy geloof het deur jou dade. Indien jy glo dat jou eggenoot huistoe sal kom, bewys dit deur jou dade. Los sy kant van die klerekas leeg, sy kant van die bed netjies, sy bedkassie se laaie leeg en maak seker dat jy, jou trouring dra! "Maar wil jy weet, o nietige mens, dat die **geloof sonder die werke dood is?**" (Jak. 2:20). Indien jy glo dat waarvoor jy bid bewaarheid gaan word, moet jy daardie persoon hanteer asof hulle klaar verander het!

Moenie voor God uit hardloop nie. Moenie beweeg nie. Moenie 'n huis koop met die gedagte dat dit vir jou en jou eggenoot gaan wees wanneer hy tuis kom nie. Wag eerder aan hierdie kant van die Jordaanrivier – moenie die Beloofde Land ingaan sonder jou eggenoot nie! God is 'n God van "wag." Dringendheid is gewoonlik van satan.

**Standvastig in Geloof.** Herinner jouself aan diegene wat oorwin het en God se belofte ontvang het. "Hom moet julle teëstaan, **standvastig in die geloof**, omdat julle weet dat **dieselfde lyding opgelê** word aan julle broederskap wat in die wêreld is." (1 Pet. 5:9). Lees die getuienisse op ons webblad en in ons boek *Deur die Woord van Hulle Getuienis*. Hou die getuienisse van ander in gedagte elke dag. Deel hierdie getuienisse met jou familie en vriende wat nie geloof het, dat God jou huwelik sal herstel of glo jy nie dat God jou eggenoot sal kan verander nie. (Hy het jou verander, het Hy nie?)

## Hoe om jou Geloof te vermeerder

**God se Woord.** Hoe kan ons, ons geloof vermeerder? "Die **geloof is dus uit die gehoor, en die gehoor is deur die Woord van God.**" (Rom. 10:17). Lees God se Woord en die getuienisse van ander. Omsingel jouself met vrouens wat baie gelowig is en saam met jou sal glo. Daardie vrouens wat glo in God se beginsels sal by jou staan en jou help. Baie keer as jy voel dat jy nie meer geloof oor het nie, moet jy die bietjie wat jy het, ook weggee. Bel iemand wat aanmoediging nodig het en gee vir haar die laaste druppel van jou geloof. Jy sal die telefoon neersit en verheug wees omdat God jou **gevul** het met geloof. Lees 1 Konings 17:12–15 om te onthou hoe die weduwee haar laaste stuk brood vir Elia gegee het en die wonderwerk wat sy ontvang het!

Baie vrouens kom na ons toe om hulp, maar hulle huwelike word nie gerestoreer nie, omdat hulle nie ander help wat deur dieselfde stryd gaan nie. God se Woord stel dit duidelik dat dit teen God se beginsels is om nie ander te help nie. Kry vir jou 'n vriendin wat in dieselfde situasie is en bied jou hulp aan. Bid vir mekaar en bid dat jy dalk ander ook kan help wat in jou kerk is en hulself in dieselfde situasie bevind. God het my gebruik (en ander) om vrouens met huweliksprobleme te bemoedig en God het ons met 'n herstelde huwelik geseën!

**Gehoorsaamheid.** Moenie vergeet dat gehoorsaamheid die sleutel is tot oorwinning nie. Moenie vergeet wat Jesus gesê het nie, "Nie elkeen wat vir My sê: Here, Here! sal ingaan in die koninkryk van die hemele nie, maar hy wat die wil doen van my Vader wat in die hemele is. En dan sal Ek aan hulle sê: EK HET JULLE NOOIT GEKEN NIE. GAAN WEG VAN MY, JULLE WAT DIE ONGEREGTIGHEID WERK!'" (Matt. 7:21, 23). Indien jy aanhou om te doen wat jy weet die teenoorgestelde is van dit wat in die Bybel staan – sal jou huwelik nie herstel word nie!

**In God se wil.** Indien jou hart jou oortuig dat jy nie in God se wil lewe nie of dat jy nie die beginsels in hierdie boek volg nie, dan sal jy glad nie geloof hê om enigiets van God te vra nie. Jy sal nie glo dat God jou gebede sal beantwoord nie. Vra vir God om jou wil te "breek", sodat jou wil God se wil word.

# JY MOET WAG

**Wag vir God se tydsberekening.** Dit blyk asof God een ding op 'n slag in ons verander. Ons moet saam met God werk in Sy tydsberekening. Dit beteken nie dat ons moet **wag om te bid nie**; dit beteken net dat ons moet wag totdat God op die regte tyd ons situasie sal verander. Dank God dat Hy jou nie toegooi met al jou sondes op een slag nie (deur skuldigverklaring)! Gebruik die tyd wanneer jy wag om te bid. Die stryd sal aanhou, terwyl jy nie eers bewus is daarvan nie. Onthou net een ding, "Wanneer die stryd God s'n is, is die oorwinning ons s'n!"

Ons word aangemoedig deur die wete dat God ons onmiddellik hoor, indien Sy antwoord lyk of dit stadig is. In die boek van Daniël, het 'n engel met hom gepraat en aan hom hierdie insig gegee: "...want van die **eerste dag af dat jy jou hart daarop gerig het** om ag te gee en jou voor die aangesig van jou God te **verootmoedig,** is jou woorde gehoor, en om jou woorde se ontwil het ek gekom; maar die vors van die koninkryk van die Perse het **een en twintig dae** lank teenoor my gestaan..." (Dan. 10:12–13). Dit sal tyd vat om die stryd te wen, so moenie moeg word nie. "En julle, broeders, moet nie in **goeddoen** verflou nie." (2 Tess. 3:13).

**Persoonlike verbintenis: om God toe te laat om my te verander.**

"Gebaseer op wat ek geleer het uit God se Woord, verbind ek my om God en Sy Woord te begeer en om meer geloof te hê in die feit dat God my huwelik kan herstel. Ek sal vrees oorwin deur my oë op Jesus te rig."

Datum: _____      Geteken: _____

# Allerhande Versoekinge

*"Ag dit louter vreugde, my broeders,*
*wanneer julle in allerhande versoekinge val,*
*omdat julle weet dat die beproewing van julle geloof*
*lydsaamheid bewerk."*
—Jakobus 1:2–3

Wat is **God** se bedoeling vir ons beproewing? Daar is baie christene wat nie weet waarom God toelaat dat ons beproef word nie. Sonder hierdie begrip, is dit enigsins 'n wonder dat christene vandag so maklik vernietig word? Ons sien dat daar baie *voordele* gepaard gaan met beproewing, soos om meer geloof te hê en uithoudingsvermoë om ons vaart klaar te maak, wat God ons voorgelê het.

Dit is belangrik om te weet dat gedurende hierdie beproewinge, toetse, en versoekinge, God **altyd in beheer** is! Dit is **God se Hand** wat toelaat dat hierdie beproewinge ons aanraak of nie aanraak nie. Wanneer Hy beproewinge toelaat, gee Hy vir ons ook die genade om dit te kan verduur.

**Toestemming vir teenspoed.** Die grootste vertroosting, is die wete dat satan nie aan ons kan raak sonder God se toestemming nie. "Daarop sê die HERE aan die satan: 'Kyk, alles wat hy het, is in jou hand; **net na homself mag jy jou hand nie uitsteek nie**'" (Job. 1:12). Satan het nie net toestemming nodig nie, maar hy word ook spesifieke instruksies gegee oor hoe hy aan ons kan raak. "En die Here sê: Simon, Simon, kyk, die satan het vurig begeer om julle soos koring te sif . . ." (Luk. 22:31).

**Versoeking.** Die Woord van God sê dat die versoekinge wat julle sal aangryp menslik is, maar saam met die versoeking sal God ook die uitkoms gee. "Geen versoeking het julle aangegryp behalwe **'n menslike nie**; maar God is getrou, wat nie sal toelaat dat julle bo julle kragte versoek word nie; maar Hy sal saam met die **versoeking** ook **die**

**uitkoms gee,** *sodat julle dit sal kan* **verdra**" (1 Kor. 10:13). Hy sal jou nie uit die vuur haal voordat jy nie bereid is om daardeur te loop, daarin te loop en dit te verdra nie!

**Deur sy eie begeerlikheid weggesleep.** Sondige lus is eenvoudig wat ONS wil hê. God kan ons nie in die versoeking bring nie, dit is ons eie sondige lus wat ons in die versoeking bring, sodat ons dinge doen wat ons weet nie reg is nie! "Laat niemand, as hy in versoeking kom, sê: Ek word **deur God versoek** nie. Want God kan deur die kwaad nie versoek word nie, en self versoek Hy niemand nie. Maar elkeen word versoek as hy deur **sy eie begeerlikheid** weggesleep en verlok word" (Jak. 1:13-14). Vrouens word vasgevang in hulle eggenote se sondige luste (egbreuk, dwelms, alkohol of pornografie), maar hulle sien nie hulle eie sondige lus, soos vir kos, geld uitgee of hulle huwelike, raak nie! Sondige lus is sondige lus—eenvoudig iets wat ONS begeer!

**Ons is in Sy Hande.** "Want dit alles het ek ter harte geneem en dit alles het ek probeer deurgrond, dat die regverdiges en die wyse manne en hulle dade **in die hand van God is . . .**" (Pred. 9:1). Ons maak 'n fout, deur te probeer om iets vanaf ander mense te kry, veral van ons eggenote, maar ons besef nie dat *alles* wat ons kry van die Here afkomstig is nie!

"Daar is baie wat die aangesig van die heerser soek, maar die *reg* van 'n mens kom **van die HERE**" (Spr. 29:26).

"Die perd word reggemaak vir die dag van die geveg, maar die *oorwinning* **is deur die HERE**" (Spr. 21:31).

"In die skoot word die lot gewerp, maar *elke beslissing* **daarvan kom van die HERE**" (Spr. 16:33).

"Die koning se *hart* is **in die hand van die HERE** soos waterstrome: Hy lei dit waarheen Hy wil" (Spr. 21:1).

**Bekering tot redding.** "Nou is ek bly, nie omdat julle bedroef was nie, maar omdat julle bedroef was tot bekering, want julle was bedroef volgens **die wil van God**, sodat julle deur ons in niks skade gely het nie. Want die droefheid volgens **die wil van God** werk 'n **onberoulike bekering tot redding**, maar die droefheid van die wêreld werk die dood" (2 Kor. 7:9-10). God laat toe dat ons verdrietig raak sodat ons tot redding kan kom. Wanneer jy probeer om jou eggenoot verdrietig te maak oor iets wat hy gedoen het, sal hy nie ware berou toon oor sy dade nie, maar in plaas daarvan sal dit sy hart **verhard** teenoor jou (en die Here)!

**Ons het genade nodig.** "En Hy het vir my gesê: My **genade** is vir jou genoeg, want my krag word in swakheid volbring. Baie liewer sal ek dus in my swakhede roem, sodat die krag van Christus in my kan woon. Daarom het ek **behae** in **swakhede**, in **mishandelinge**, in **node**, in **vervolginge**, in **benoudhede**, om Christus wil. Want as ek swak is, dan is ek sterk" (2 Kor. 12:9–10). Jou huwelik sal *nooit* herstel word voordat jy nie tevredenheid toon tydens jou beproewinge nie.

# Wonderlike Genade

Hoe kry ons die genade wat ons nodig het om deur ons beproewinge te kom? Ons kry genade deur nederigheid.

"Maar Hy gee groter genade; daarom sê Hy: God weerstaan die hoogmoediges, maar aan die **nederiges** gee Hy **genade**" (Jak. 4:6).

". . . want elkeen wat homself verhoog, sal verneder word, en hy wat homself **verneder**, sal **verhoog** word" (Luk. 18:14).

"Salig is die **sagmoediges**, want hulle sal die aarde beërwe" (Matt. 5:5).

"Die trotsheid van 'n mens verneder hom, maar die **nederige van gees** sal eer verkry" (Spr. 29:23).

Om oor ons swakhede te spog, om belydenis te doen oor ons sondes, en om nederig te wees, sal die Heilige Gees in staat stel om in ons te woon. Dan sal ons leer om tevrede te wees in alle omstandighede. Wanneer ons tevrede is, kan God vir ons gee wat ons so graag wil hê— 'n herstelde huwelik!

**Geleer om vergenoeg te wees.** Jy moet *leer* om vergenoeg te wees in moeilike omstandighede. "Nie dat ek dit uit gebrek sê nie, want **ek het geleer** om **vergenoeg** te wees met die omstandighede waarin ek is. Ek weet om verneder te word, ek weet ook om oorvloed te hê; in elke opsig en in alle dinge is ek onderrig: om versadig te word sowel as om honger te ly, om oorvloed te hê sowel as om gebrek te ly" (Fil. 4:11).

**Gehoorsaamheid geleer.** Jesus het ook gehoorsaamheid geleer uit wat Hy gely het. "Hy, al was Hy die Seun, het **gehoorsaamheid** *geleer* uit wat Hy **gely** het" (Heb. 5:8).

**God maak ons volmaak.** ". . . omdat ek juis hierop vertrou, dat Hy **wat 'n goeie werk in julle begin het**, dit sal **voleindig** tot op die dag van Jesus Christus" (Fil. 1:6). Sodra God 'n goeie werk in jou (u eggenoot en geliefdes) begin het, dan sal **Hy** dit voleindig. En moet asseblief nie probeer om "junior heilige gees" met jou eggenoot te speel nie!

**Ons moet ander troos.** Ons moet nie net troos vind in God nie—ons is voorgesê om ander te troos, maak nie saak watter smart hulle ervaar nie! "Geseënd is die God en Vader van onse Here Jesus Christus, die Vader van ontferminge en die God van alle **vertroosting**, wat ons **troos** in al ons verdrukking, sodat ons dié wat in allerhande verdrukking is, kan troos deur die **vertroosting** waarmee ons self deur God getroos word" (2 Kor. 1:3–4).

**Tugtiging van die Here.** Die lyding wat ons baie keer ervaar is omdat ons nie God se Wet gehoorsaam nie. "En julle het die vermaning heeltemal vergeet wat tot julle as seuns spreek: My seun, ag die **tugtiging** van die Here nie gering nie en beswyk nie as jy deur Hom bestraf word nie; want die Here tugtig hom wat Hy liefhet, en Hy **kasty** elke seun wat Hy aanneem. As julle die **tugtiging verdra**, behandel God julle as seuns; want watter seun is daar wat die vader nie tugtig nie? Maar as julle sonder tugtiging is, wat almal deelagtig geword het, dan is julle onegte kinders en nie seuns nie. Verder, ons het ons vaders na die vlees as kastyders gehad, en ons het vir hulle ontsag gehad; moet ons nie veel meer aan die Vader van die geeste onderworpe wees en lewe nie? Want húlle het ons wel 'n kort tydjie na hulle beste wete **getugtig**; maar Hy tot ons beswil, sodat ons sy **heiligheid kan deelagtig word**" (Heb. 12:5–10). Wanneer ons beproef word, moet ons vra: "Is God besig om my te tugtig, of is Hy besig om my te toets om te sien hoe ek reageer?"

**Dissipline is 'n seën.** Ons moet die voorbeeld van die Profete in die Bybel volg, oor hoe om lyding te verdra. "Neem as voorbeeld van lyding, my broeders, en van geduld die profete wat in die Naam van die Here gespreek het. Kyk, ons reken hulle geluksalig wat verdra. Julle het gehoor van die **lydsaamheid** van Job, en julle het die einddoel van die Here met hom gesien, dat die Here vol medelye en ontferming is" (Jak. 5:10).

**Om geseën te word.** Wanneer iemand ons beledig of kwaad aandoen, moet ons dit verdra, sonder om hulle te beledig of kwaad aan te doen, sodat ons geseën kan word. Ons moet onthou dat kwaadhede en beledigings oor ons lewenspad kom, om ons 'n kans te gee om geseën te word. 1 Pet. 3:9 sê: "Vergeld geen kwaad met kwaad of skeldwoorde met skeldwoorde nie, maar **seën** inteendeel, omdat julle weet dat julle hiertoe geroep is, sodat julle seën kan beërwe." "Maar as julle ook moet ly ter wille van die geregtigheid, **salig is julle**. En vrees hulle glad nie, en wees nie ontsteld nie" (1 Pet. 3:14). Indien jy aanhou om te beledig of kwaad te doen, moet jy nie verwag om geseën te word nie.

**Dissipline kan droewig wees.** Dissipline is nooit aangenaam om te ervaar nie! Maar, dié wat God se dissipline ervaar het, ken die beloning van regskapenheid—vreugde en 'n herstelde huwelik. "Nou lyk elke **tugtiging** of dit op die oomblik nie 'n saak van blydskap is nie, maar van droefheid; later lewer dit egter 'n vredevolle vrug van geregtigheid vir dié wat daardeur **geoefen** is" (Heb. 12:11).

**Dit begin by die huis van God.** Hoekom moet lyding begin by christene? Dit begin by christene omdat christene wat ongehoorsaam en vol sondes is, nooit mense na God sal lei nie. Weereens, dit is die "wil van God" dat ons moet ly. Ons moet onself *toelaat* om te ly (gewoonlik deur die hande van ander, ons eggenoot ook) deur onself aan God toe te vertrou. "Want die tyd is daar dat die oordeel moet **begin** by die huis van God. En as dit eers by ons **begin**, wat sal die einde wees van dié wat aan die evangelie van God ongehoorsaam is? En as die regverdige nouliks gered word, waar sal die goddelose en die sondaar verskyn? So laat dan ook dié wat volgens die *wil van God* ly, hulle siele aan Hom as die getroue Skepper toevertrou met goeie dade" (1 Pet. 4:17-19).

**Die krag van Geloof.** Dit is ons geloof wat deure oopmaak vir wonderwerke om te gebeur. U moet glo dat God u huwelik kan herstel, en nie in u hart twyfel nie. "Jesus antwoord en sê vir hulle: 'Julle moet **geloof** in God hê.' Want, voorwaar Ek sê vir julle dat elkeen wat vir hierdie berg sê: 'Hef jou op en werp jou in die see—en **nie in sy hart twyfel nie**, maar **glo** dat wat hy sê, sal gebeur—hy sal verkry net wat hy sê.' Daarom sê Ek vir julle: 'Alles wat julle in die gebed vra, glo dat julle dit sal ontvang, en julle sal dit verkry'"(Mark. 11:22–24).

**God het in Sy Woord gesê dat ons verdruk *sou* word.** "Want ook toe ons by julle was, het ons julle *vooruit gesê dat ons verdruk sou word*, soos dit ook gebeur het en soos julle weet. Daarom, toe ek dit nie langer kon uithou nie, het ek ook gestuur om julle *geloof* te wete te kom, of die versoeker julle nie miskien versoek het en ons arbeid tevergeefs sou wees nie" (1 Tess. 3:4–5). Wat gebeur het in jou huwelik is *nie* 'n teken dat dit verby is nie. Dit is wat God gebruik het om jou aandag te trek en nou gebruik om jou te verander. Moenie moed verloor nie! Moenie toelaat dat satan die wonderwerk steel wat God vir jou het, nadat jy die oorhand gekry het nie!

**By God.** "Maar Jesus het hulle aangekyk en vir hulle gesê: By mense is dit onmoontlik, maar **by God is alle dinge moontlik**" (Matt. 19:26). "Maar Jesus het hulle aangekyk en geantwoord: 'By mense is dit onmoontlik, maar nie by God nie; **want by God is alle dinge moontlik**'" (Mark. 10:27). Niks (**nie een ding**) is onmoontlik by God nie. Werk *saam met* God. Moenie *jou* eie plan hê en verwag dat God dit moet seën nie. *Jy* moet *"saam"* met **God** werk; Hy gaan tog nie *saam* met *jou* werk nie.

**Woorde wat jy spreek.** ". . . laat ons die **belydenis vashou**" (Heb. 4:14). "Maar heilig die Here God in julle harte en wees altyd bereid *om verantwoording te doen* aan elkeen wat van **julle rekenskap eis omtrent die hoop wat in julle is**, met sagmoedigheid en vrees;" (1 Pet. 3:15). "As onse God wat ons dien, in staat is om ons te verlos, dan sal Hy ons uit die brandende vuuroond en uit u hand, o koning, **verlos**; **maar so nie . . .**" (Dan. 3:17). Ons moet God se Woord spreek, sonder om te twyfel, met hoop op ons lippe. Maar wag totdat jy gevra word, voordat jy getuienis lewer. Jy **sal** gevra word, indien jy met vreugde gevul is gedurende jou lyding! Wanneer jy gevra word oor die hoop wat jy het oor jou huwelik, maak seker dat jy saggies en met respek antwoord. Moet nooit God se Woord gebruik om met enigiemand te argumenteer nie!

**Nota:** Indien dit jou eggenoot is wat vra, onthou dat hy "sonder 'n woord" oortuig moet word!

**Omgord die lendene en wees nugter.** "Daarom, **omgord die lendene** van julle verstand, wees **nugter** en **hoop volkome op die genade** wat julle deel word by die openbaring van Jesus Christus" (1 Pet. 1:13). [Nugter beteken om helder te dink.] Wees helder oor die dinge waaroor jy dink en waarin jy glo, sodat jy nie die gevolge van dubbel-hartigheid dra nie.

**Wees vrolik.** Ons moet vrolik wees tydens ons beproewinge omdat ons weet dat dit lydsaamheid bewerk sodat ons volmaak en sonder gebrek kan wees. "Ag dit louter vreugde, my broeders, wanneer julle in **allerhande versoekinge** val, omdat julle weet dat die **beproewing van julle geloof** lydsaamheid bewerk. Maar die **lydsaamheid** moet tot volle verwerkliking kom, sodat julle volmaak en sonder gebrek kan wees en in niks kortkom nie. En as iemand van julle wysheid kortkom, laat hom dit van God bid, wat aan almal eenvoudig gee sonder om te verwyt, en dit sal aan hom gegee word. Maar hy moet in die **geloof bid, sonder om te twyfel**; want hy wat twyfel, is soos 'n golf van die see wat deur die wind gedrywe en voortgesweep wor" (Jak. 1:2–6).

Wees voorbereid—Jou geloof *sal* getoets word! Daar sal tye wees wanneer vrese en weifeling in jou gedagtes sal voorkom; moenie sulke gedagtes koester nie! Inteendeel, dink net goeie dinge. Wanneer jy twyfel, sal jy sukkel om te glo en die beproewinge sal al hoe moeiliker raak. En onthou, ons sal verskillende beproewinge deurmaak—party grotes en ander wat net klein prikkelings is. Ons moet God bedank vir *al* ons beproewinge. Dit is hoe ons vir God die grootste offer bring.

**Verbly julle!** "**Verbly** julle altyd in die Here; ek herhaal: **Verbly julle**! **Laat julle vriendelikheid aan alle mense** bekend word. Die Here is naby. Wees oor niks besorg nie, maar laat julle begeertes in alles deur gebed en smeking met **danksegging** bekend word by God. En die vrede van God, wat alle verstand te bowe gaan, sal julle harte en julle sinne bewaar in Christus Jesus. Verder, broeders, alles wat waar is, alles wat eerbaar is, alles wat regverdig is, alles wat rein is, alles wat lieflik is, **alles wat loflik is**—watter deug en watter lof daar ook mag wees, bedink dit. En wat julle geleer en ontvang en gehoor en in my gesien het, **doen dit**, en die God van vrede sal met julle wees" (Fil. 4:6–9).

Baie van die stryd word in ons gedagtes òf gewen òf verloor. Volg die Here se raad vir vreugde gedurende jou beproewinge om oorwinning te kry oor hulle—**prys** die Here terwyl jy nog beproef word! Verbly jou in die Here omdat jy *weet* waarmee Hy besig is. Daarna moet jy net daaraan glo, daaroor dink, en daaroor praat. Moontlik sal jou vriendinne bel om jou te vertel waarmee jou eggenoot besig is. In sulke gevalle is

4. Allerhande Versoekinge 47

hierdie gewoonlik nie "goeie verslae" nie en meestendeels is dit ook nie "regverdig," "lieflik" of "rein" nie—dus, moenie luister nie!

**Geloof is onsigbaar.** Baie vrouens skryf aan my dat hulle op die uitkyk is vir tekens van verandering in hulle huwelike of in hulle eggenote se houdings teenoor hulle. Jy moet onthou dat die Bybel dit baie duidelik stel—geloof is dit wat ons **nie sien nie**! Wanneer ander jy vra oor jou omstandighede, antwoord hulle met, "Prys die Here, God is besig om te werk!"

"Daarom gee ons nie moed op nie, maar al vergaan ons uiterlike mens ook, nogtans word die innerlike mens dag ná dag vernuwe. Want ons **ligte verdrukking wat vir 'n oomblik is,** bewerk vir ons 'n allesoortreffende ewige gewig van heerlikheid; omdat ons nie let op die sigbare dinge nie, maar op die **onsigbare**; want die sigbare dinge is **tydelik,** maar die **onsigbare ewig**" (2 Kor. 4:16–18).

**Geloof is . . . dit wat ons *nie* sien nie.** Wanneer jy "ligte smart" ervaar, soos Paulus dit noem, is dit nogsteeds *baie* pynlik en voel dit asof jou hart wil breek. Herinner jouself aan 'n baie belangrike waarheid: hierdie beproewinge is **verbygaande**! En hierdie beproewinge is nie net tydelik nie, maar hulle is besig om iets wonderliks voor te bring—hulle is besig om jou gereed te maak vir 'n nuwe en wonderlike huwelik. Onthou, die lyding is tydelik maar die gevolge bly tot 'n ewigheid! "Die **geloof** dan is 'n vaste vertroue op die dinge wat ons hoop, 'n bewys van die dinge wat ons *nie sien nie*" (Heb. 11:1).

**Geloof—nie deur aanskouing nie.** Meeste mense begin glo "sodra hulle iets sien gebeur," maar dit is nie geloof nie! "Want ons wandel deur geloof en **nie deur aanskouing nie**" (2 Kor. 5:7).

**Om na jou omstandighede te kyk.** Wanneer Petrus na sy *omstandighede gekyk* het, het hy begin sink—en jy sal ook. "En Hy sê: 'Kom! Petrus klim toe van die skuit af en loop op die water om na Jesus te gaan. Maar toe hy die **sterk wind sien,** het hy bang geword; en toe hy begin sink, roep hy uit en sê: Here, red my! En Jesus het dadelik sy hand uitgesteek en hom gegryp en vir hom gesê: Kleingelowige, waarom het jy getwyfel?'" (Matt. 14:29).

**Beproewing van julle geloof.** Die heel belangrikste les om te leer terwyl ons glo en bid vir 'n herstelde huwelik, is om die toets te slaag— die toets van ons geloof in Sy Woord en dat ons nie twyfel wanneer ons emosioneel is, of as ander aan ons valse getuienis lewer. "Ag dit louter vreugde, my broeders, wanneer julle in allerhande versoekinge val, omdat julle weet dat die **beproewing van julle geloof** lydsaamheid bewerk. Maar die **lydsaamheid** moet tot volle verwerkliking kom, sodat julle volmaak en sonder gebrek kan wees en in niks kortkom nie" (Jak. 1:2). Wanneer jy volmaak is en jou loutering volledig is, DAN sal jou eggenoot huis toe kom!

**Deur vuur gelouter word.** "Daarin verheug julle jul, al word julle nou—as dit nodig is—'n kort tydjie bedroef onder allerhande beproewinge, sodat die beproefdheid van julle geloof, wat baie kosbaarder is as goud wat vergaan maar **deur vuur gelouter word**, *bevind* mag word *tot lof* en *eer* en *heerlikheid* by die openbaring van Jesus Christus" (1 Pet. 1:6–7).

Baie het geval, of loop nogsteeds in die woestyn rond, omdat hulle nie geloof getoon het nie. Hulle het gemurmureer en gekla, wat tot 'n opstand gelei het. Die bewys van jou geloof—jou hart vol geloof en tevredenheid in jou *huidige* omstandighede—is meer as goud werd.

**Behou die geloof.** Moenie van plan verander tydens moeilikheid nie; moenie stop waarmee jy begin het nie. Satan is bekend daarvoor om nuwe (en verkeerde) oplossings vir ons beproewinge te bring. Om te besluit wat die regte weg is, is deel van die toets wat ons moet slaag. "Ek het die goeie stryd gestry; ek het *die wedloop voleindig*; ek het **die geloof behou**. Verder is vir my weggelê die kroon van die geregtigheid . . ." (2 Tim. 4:7).

Indien jy al 'n lang ruk saam met God loop en besig is om moeg te word, vra Hom om een ander vrou na jou te stuur wat saam met jou die pad kan stap en wat saam met jou kan glo. "Twee is beter as een, want hulle het 'n goeie beloning vir hulle moeitevolle arbeid. Want as hulle val, kan die een sy maat optel, maar wee die een wat val sonder dat daar 'n tweede is om hom op te tel. Verder, as twee bymekaar lê, kry hulle warm; maar hoe kan een allenig warm word? En as iemand die een aanval, kan altwee hom teëstand bied; **en 'n driedubbele lyn word nie gou verbreek** nie" (Pred. 4:9–12). Hier is 'n paar voorbeelde van "driedubbele lyne" wat ons in die Bybel vind:

**Moses, Aaron and Hur:** "Maar die hande van Moses het swaar geword; daarom het hulle 'n klip geneem en dit onder hom neergelê, dat hy daarop kon sit. En Aäron en Hur het sy hande ondersteun, die een duskant en die ander anderkant. So het sy hande dan vas gebly tot sononder. Maar Moses se hande was swaar" (Eks. 17:12). Sien ook **Sadrag**, **Mesag** en **Abed-négo** in die boek van Daniel, hoofstuk 3. Jy, net EEN vriendin en die Here maak 'n *kragtige* driedubbele lyn!!

# 'n Maklike verwysing na Beproewinge

## God is die Een in beheer, nie mens en ook *nie* die duiwel nie!

1. Die reg van 'n mens kom van die HERE (Spr. 29:26).
2. Die antwoord van die tong kom van die HERE (Spr. 16:1).
3. Die hart is in die hand van die HERE: Hy lei dit waarheen Hy wil (Spr. 21:1).
4. Hulle dade is in die hand van God (Pred. 9:1).
5. U (God) het dit gedoen (Ps. 44:9–15).
6. Hy (God) het die storm laat woed (Ps. 107:1–32).
7. Hy (God) het geliefdes en vriende van u vervreem (Ps. 88:8,18).

## Wat doen ons Beproewinge vir ons?

1. Sodat die krag van Christus in my kan woon (2 Kor. 12:9–10).
2. Want ek het geleer om vergenoeg te wees (Fil. 4:9).
3. Verder is vir my weggelê die kroon van die geregtigheid (2 Tim. 4:7,19).
4. Sonder gebrek wees en in niks kortkom nie (Jak. 1:2–4).
5. Hy sal ons help om ander te troos (2 Kor. 3:1–4).
6. Hy wat 'n goeie werk in julle begin het, dit sal voleindig (Fil. 1:6–13).
7. Ons geliefdes sal terug kom (Filemon 1:15).
8. Ons sal genade ontvang (Heb. 4:15).
9. Ons sal leer om gehoorsaam te wees (Heb. 5:7–8).
10. Die lydsaamheid sal tot volle verwerkliking kom (Jak. 1:2–4).
11. Ons sal die Kroon van die Lewe ontvang (Jak. 1:12).
12. Ons sal ons Geloof tot die proef stel (1 Pet. 1:6–7).
13. Ons sal in Sy voetstappe volg (1 Pet. 2:21).
14. Ons sal in Sy lyding deel (1 Pet. 3:13).
15. Hy sal ons volmaak, ons innerlike krag gee (1 Pet. 5:10).

**Vra vir God om aan jou die pad te wys.** "Vertrou op die HERE met jou hele hart en steun nie op **jou eie insig** *nie*. Ken Hom in al jou weë, dan sal Hy jou paaie gelykmaak" (Spr. 3:5–7).

Laat ons na **God** uitroep vir krag, en nader aan **Hom** beweeg in hierdie tyd van krisis. Laat ons vir God toelaat om ons te dissiplineer en om ons te toets. Kom ons verbly ons in *alle* dinge, nie net die goeie nie maar ook wanneer ons probleme ondervind. Kom ons hou hoop naby aan ons lippe en wees doelgerig in ons gedagtes. Laat ons altyd onthou dat dit **Sy** *wil* is dat ons deur hierdie beproewinge gaan en dat dit vir ons eie beswil is!

*"Hulle het toe van die Raad af weggegaan, bly dat hulle waardig geag was om vir sy Naam oneer te ly!" —Handelinge 5:41*

*". . . en sy lag oor die dag wat kom."*
*—Spreuke 31:25*

*"En ons weet dat vir hulle wat **God liefhet**, alles ten goede meewerk, vir hulle wat na sy **voorneme geroep is**."*
*—Romeine 8:28*

**Persoonlike verbintenis: om blydskap te toon gedurende my beproewinge.** "Gebaseer op wat ek geleer het uit God se Woord, verbind ek my om God toe te laat om my **geloof te toets** en om my te volmaak deur beproewinge te gebruik.

Datum: _____ Geteken:_____

# ————Hoofstuk 5————

# Jou Eerste Liefde

*"Maar Ek het teen jou dat jy*
*jou eerste liefde verlaat het."*
—Openbaring 2:4

Het jy, jou eerste liefde verlaat? Wie is jou eerste liefde? Was jou eggenoot jou eerste liefde? Was jou babatjie of kinders jou eerste liefde, bo jou eggenoot en die Here? Of was dit jou beroep wat heeltyd eerste was? Wie is regtig **eerste** in jou lewe? "Wie vader of moeder bo My liefhet, is My nie waardig nie; en wie seun of dogter bo My liefhet, is My nie waardig nie" (Matt. 10:37). Die vers in Openbaring sê: "Maar ek het teen jou dat jy jou **eerste liefde** verlaat het" (Open. 2:4).

**Wat sê die Here vir ons?** Hy sê dat as ons enigiets of iemand bo 'n verhouding met God kies, of as ons iets anders meer lief het as vir God, dan is ons Hom nie waardig nie.

**Soek eers.** God moet eerste prioriteit wees in jou lewe, soek Hom eerste in die oggend en gee Hom eerste plek in jou hart. "Maar **soek eers** die koninkryk van God en sy geregtigheid, en al hierdie dinge sal vir julle bygevoeg word" (Matt. 6:33).

**'n Besoedelde kleed.** Vra jouself hierdie vrae: Het dit wat ek eerste stel in my lewe ewige waarde? Sal wat ek vandag doen Sy koningkryk bevorder? Soek ek na God se geregtigheid of probeer ek my eie geregtigheid soek? "Onthou, ons geregtighede is soos 'n **besoedelde kleed!**" (Sien Jes. 64:6.)

**Wat gebeur waaneer ons iemand meer liefhet as vir God?** Wat doen Hy om jou hart terug te draai na Homself? Indien jy, jou eggenoot meer as God liefhet, dan sal God jou eggenoot van jou verwyder. "U [God] het my bekendes ver van my verwyder, my iets afskuweliks gemaak vir hulle; ek is ingesluit en kan nie uitkom nie. U [God] het vriend en metgesel ver van my verwyder; my bekendes is duisternis" (Ps. 88:9,

19). Moenie huweliksrestorasie voor God plaas nie; jy *moet* God eerste in jou lewe plaas!

**Beteken dit dat ons nie meer moet omgee wat ons eggenoot wil hê of nodig het nie?** Moet ons die houding inneem van "Ek dien die Here en nie my eggenoot nie"? God leer vir ons die perfekte balans deur Sy Woord. "Vroue, wees aan julle eie mans onderdanig, **soos aan die Here**" (Efe. 5:22). En "Vroue, wees julle mans onderdanig **soos dit betaamlik is in die Here**" (Kol. 3:18). Wanneer ons aan ons mans onderdanig is, **dan doen ons dit vir die Here**! Veral wanneer ons voel dat ons eggenoot nie die eer verdien wat ons hulle betoon nie, kan ons gerus wees en weet ons is genadiglik onderdanig aan ons eggenoot ter wille van God, en ons onderdanigheid kom toe aan Hom en aan Sy Woord.

**Die Woord van God mag nie gelaster word nie.** God waarsku ons dat as ons nie ons eggenoot gehoorsaam of eer nie, sal ons God en Sy Woord onteer, selfs laster. ". . . leer hulle om ingetoë te wees, kuis, huislik, goed, aan hul eie mans onderdanig, **sodat die woord van God nie belaster word nie**" (Titus 2:5).

**Welbehaaglik vir God.** Ons moet strewe om God te behaag eerder as om ons eggenoot te probeer behaag, dan sal God sorg dat ons guns vind by ons eggenoot. "**As die HERE behae het in die weë van 'n man**, dan laat Hy selfs sy vyande met hom vrede hou" (Spr. 16:7). "Die bevalligheid is bedrog, en die skoonheid is nietigheid; 'n vrou wat die HERE vrees, sy moet geprys word" (Spr. 31:30). "Verlustig jou in die HERE; dan sal Hy jou gee die begeertes van jou hart" (Ps. 37:4).

## Gehoorsaamheid beter as Brandoffers

**Om gehoorsaam te wees is beter as brandoffers.** "Het die HERE behae in brandoffers en slagoffers soos in gehoorsaamheid aan die stem van die HERE? Kyk, **om gehoorsaam te wees is beter as brandoffers**, om te luister beter as die vet van ramme. Want wederstrewigheid is 'n sonde van waarsêery, en eiesinnigheid is afgodery en beeldediens. Omdat jy die woord van die HERE verwerp het, het Hy jou as koning verwerp" (1 Sam.15:22–23). "Om geregtigheid en reg te doen, is vir die HERE verkiesliker as offers" (Spr. 21:3).

**Jou voorkoms.** Al mislei jou uiterlike voorkoms ander deur hulle te laat dink jy is onderdanig, onthou God ken jou hart! "Kyk nie **na sy voorkoms** en sy hoë gestalte nie, want Ek ag hom te gering. Want nie wat die méns sien, sien God nie; want die mens sien aan wat voor oë is, maar die HERE sien die hart aan" (1 Sam. 16:7). My eggenoot en almal om my het gedink ek is 'n geweldige onderdanige vrou. Selfs ek self was mislei, maar God het geweet dat dit verwerping was wat ek nodig gehad het.

Daar is 'n storie van 'n klein seuntjie wie se vader hom telkens gevra het om "te sit". Eindelik het die klein seuntjie gaan sit en die vader het geglimlag. Die seun het vinnig geskree: "Ek sit dalk aan die buitekant, maar in my binneste staan ek regop! Baie keer staan ons regop in ons binneste. Dikwels wanneer jy die regte ding doen en by jou eggenoot se planne inval dan skree jy, "Maar ek stem nie saam nie!" of jou houding wys aan hom dat jy nie saamstem nie. *Het jy dit gedoen? Was dit jou tipe "spottende" onderdanigheid aan jou eggenoot?*

**Ook sal jy oes wat jy gesaai het.** As jy 'n rebel was teenoor jou ouers voordat jy in die huwelik getree het, is jy heelwaarskynlik ook 'n rebel teenoor jou eggenoot. Om alles te kroon het jy met 'n rebel in die huwelik getree. En nou is jou eggenoot 'n groter rebel sedert julle in die huwelik getree het, nes jy. Hy rebelleer nou teen alle goeie wysheid en het dit so ver gevorder dat hy nou teen sy verbintenis om aan jou getrou te bly, rebelleer.

**Niks sal onmoontlik wees.** "Want die ongelowige man is geheilig deur die vrou . . ." (1 Kor. 7:14). Ja, dit is die waarheid. Wees nou gehoorsaam en sien hoe God jou eggenoot heilig maak. Is dit vreemd? Is dit onmoontlik omdat hy so sleg is? Dis omdat julle een vlees is. ". . . sodat hulle nie meer twee is nie, maar een vlees" (Matt. 19:6). "En tog, in die Here is die man nie sonder die vrou nie, en die vrou ook nie sonder die man nie" (1 Kor. 11:11).

Kan slegs die helfte van 'n liggaam in een rigting gaan en die ander helfte in 'n ander rigting? Al gaan julle tydelik uitmekaar vir 'n kort tydjie, God sal jou wel weer bymekaar bring. Dit kan gebeur "Want **geen ding** sal by God **onmoontlik wees** nie" (Luk. 1:37).

**Wie opreg wandel.** Sodra jy gehoorsaam, sal God jou eggenoot se hart draai. "Die koning se hart is in die hand van die HERE soos waterstrome: **Hy lei dit waarheen Hy wil**" (Spr. 21:1). Onthou net "**Wie opreg wandel**, sal gehelp word . . ." (Spr. 28:18). Indien jy sê jy wil nie aan jou eggenoot onderdanig wees nie, dan sal jy ook nie onderdanig wees aan Hom wat oor jou eggenoot is nie! "Maar ek wil hê dat julle moet weet dat Christus die hoof is van *elke* man, en die man die hoof van die vrou, en God die hoof van Christus" (1 Kor. 11:3). Moenie verskoning maak dat omdat jou eggenoot nie 'n Christen is, jy nie aan hom hoef onderdanig te wees nie. Daar is geen vers wat sê dat 'n vrou nie onderdanig mag wees aan 'n ongelowige nie.

En moenie verskoning maak vir jou huidige rebellie deur te sê jou man is nie teenwoordig nie, en hoe kan jy aan iemand onderdanig wees wat nie by die huis is nie? Jy moet gehoorsaam wees aan dit wat jy moet doen en dit wat jy moes gedoen het terwyl hy nog daar was! As jy nie kan onthou wat dit was nie, vra vir God om aan jou alles te wys wat jou eggenoot jou gevra het om te doen, toe jy nie geluister het nie of gehoorsaam was nie. Doen dit dan. Dit is nie 'n kwessie van jou eggenoot wat moet sien dat jy verander het nie, maar dat God kan sien jy het verander.

**Onregverdig ly.** En wat as my eggenoot onregverdig of gemeen is? "Diensknegte, wees julle here onderdanig met alle vrees, nie alleen aan dié wat goed en vriendelik is nie, maar ook aan dié wat verkeerd is. Want dit is genade as iemand, ter wille van die gewete voor God, leed verdra deur **onregverdig te ly**. Want watter roem is daar as julle verdra wanneer julle sonde doen en geslaan word? Maar as julle *verdra* wanneer julle goed doen en ly—dit is genade by God" (1 Pet. 2:18–20). Die Woord verduidelik verder dat ons as vrouens Jesus en Sy lewenswyse as voorbeeld moet gebruik. Hy vra dat ons in Sy voetstappe moet volg, soos ons hieronder sal sien.

## Dames, Verloor die Gees van Rebellie!

Ek is nie jonk nie, en ek wonder hoe ek so lank op my eie insig kon staatmaak. Ek was verkeerd en het dit nie besef nie. Ek was nie 'n slegte persoon nie, maar ek was rebels in die gees en het probeer om baas te wees van ons huis. Ongelukkig het ek geslaag.

My eggenoot het gisteraand kom kuier. Nou dat ek waarlik luister na wat hy sê, praat hy (die stil een) aanhoudend. Dit het baie voorbereiding, studies en tyd alleen met God geneem, om te verander, en dit was na God wie ek gretiglik teruggekeer het.

Dames, wat ons in RMI lees mag dalk vir jou vreemd klink. As ons 'n gees van rebellie het, moet ons eerste daarmee deel. Ek neem nou my probleme na God so dit is nou baie makliker om saam met my te wees. Nadat dit gebeur het, het my man my oplossings gebied oor probleme wat ek ondervind het, waaraan ek nooit gedink het nie, asook hulp wat hy eers nie my wou gee nie.

*Ek weet God glimlag! Karen.*

## As jy My liefhet-Wees Gehoorsaam

Nadat jy God eerste in jou lewe geplaas het, en hulle wat oor jou gestel is begin gehoorsaam, dan moet jy die vals lering verwerp wat sê: "Jy is deur genade gered, so dit maak nie saak dat jy sonde pleeg nie, want ons is nie meer onder die Wet nie." Kom ons ondersoek wat die Bybel sê:

**Verloën jy God deur jou werke?** "Hulle bely dat hulle God ken, maar **hulle verloën Hom deur die werke**, omdat hulle gruwelik en ongehoorsaam is en ongeskik vir elke goeie werk" (Titus 1:16).

**Doen jy wat God se Woord sê?** "En wat noem julle My: Here, Here! en doen nie wat Ek sê nie?" (Luk. 6:46). "Wat sal ons dan sê? **Sal ons in die sonde bly**, dat die genade meer kan word? Nee, stellig nie! Ons wat die sonde afgesterf het, hoe kan ons nog daarin lewe? Wat dan? Sal ons sonde doen, omdat ons nie onder die wet is nie maar onder die genade? Nee, stellig nie!"(Rom. 6:1–2,15).

**Geloof sonder werke is dood.** "Wat baat dit, my broeders, as iemand sê dat hy die geloof het, maar hy het nie die werke nie? Dié geloof kan hom tog nie red nie? Want soos die liggaam sonder gees dood is, **so is ook die geloof sonder die werke dood**" (Jak. 2:14, 26). Goeie werk is die "vrug" van ons redding. Ons moet onself vra: Weerspreek my dade dat ek God volg? Gee genade my 'n lisensie om sonde te doen? Behoort ek as 'n gelowige goeie dade te verrig?

**Ek het julle nooit geken nie.** Baie glo dat hulle kan lewe soos wat hulle wil en dan nogsteeds die hemel bereik as hulle doodgaan. Is dit waar?

"Baie sal in daardie dag vir My sê: Here, Here, het ons nie in u Naam geprofeteer en in u Naam duiwels uitgedrywe en in u Naam baie kragte gedoen nie? En dan sal Ek aan hulle sê: **Ek het julle nooit geken nie.** Gaan weg van My, julle wat die ongeregtigheid werk!" (Matt. 7:22–23). Die antwoord is beslis "nee!"

**Bely julle misdade.** Indien dit jou siening was voordat jy hierdie bybelverse geleer het, maak dan soos die Bybel sê: "**Bely** mekaar **julle misdade** en bid vir mekaar, sodat julle gesond kan word" (Jak. 5:16).

## Gehoorsaamheid aan Sy Woord

"Die **Wysheid** roep hardop daarbuite, sy verhef haar stem op die pleine, op die hoek van die rumoerige strate roep sy, by die ingange van die poorte, in die stad, spreek sy haar woorde: Hoe lank sal julle, eenvoudiges, die eenvoudigheid liefhê en die spotters lus hê om te spot en die dwase kennis haat? **Wend julle tot my teregwysing**, dan **laat ek my gees vir julle uitstroom**, wil ek my woorde aan julle bekend maak" (Spr. 1:20–23).

"Omdat ek geroep en julle geweier het, ek my hand uitgestrek en niemand geluister het nie, en julle al my raad nie opgevolg en van my teregwysing nie wou geweet het nie, **daarom sal ek ook lag by julle ondergang, ek sal spot as julle verskrikking kom**; as julle verskrikking kom soos 'n onweer, en julle ondergang soos 'n stormwind aankom, as benoudheid en angs julle oorval" (Spr. 1:24–27).

"Dan sal hulle na my roep, maar ek sal nie antwoord nie; hulle sal my soek, maar my nie vind nie. **Omdat hulle die kennis gehaat en die vrees van die HERE nie verkies het nie**, van my raad nie wou weet nie, al my teregwysinge verag het, daarom sal hulle eet van die vrug van hulle wandel en versadig word van hulle planne. Want hulle eie afkerigheid maak die eenvoudiges dood, en hulle eie sorgeloosheid rig die dwase te gronde; **maar dié wat na my luister, sal veilig woon en gerus wees teen die skrik vir die onheil**" (Spr. 1:28–33). Soek wysheid!

**Gehoorsaamheid kom uit die *hart*.** ". . . maar van harte gehoorsaam geword het aan die voorbeeld van die leer wat aan julle oorgelewer is" (Rom. 6:17). En weer, "Want nie wat die méns sien, sien God nie; want die mens sien aan wat voor oë is, maar die HERE sien die hart aan" (1 Sam.16:7).

**Gehoorsaamheid moet *beproef* word.** "Geliefdes, verbaas julle nie oor die vuurgloed van vervolging onder julle wat tot julle **beproewing** dien, asof iets vreemds oor julle kom nie" (1 Pet. 4:12). As julle in gehoorsaamheid aan die waarheid julle siele deur die Gees tot ongeveinsde broederliefde *gereinig* het, moet julle mekaar vurig liefhê uit **'n rein hart . . .**" (1 Pet. 1:22).

**Gehoorsaamheid gee 'n *getuigskrif* van wie jou Vader is.** "Luister na my stem, dan sal Ek vir julle 'n God wees, en julle sal vir My 'n volk wees; en wandel net in die weg wat Ek julle beveel, dat dit met julle goed kan gaan. Maar hulle het nie geluister en geen gehoor gegee nie, maar gewandel in wat hulle in die verharding van hul bose hart beraadslaag het, en hulle het agteruitgegaan en nie vooruit nie" (Jer. 7:23–24).

**Jou ongehoorsaamheid prys die goddelose.** "Dié wat die wet verlaat, hulle *prys* **die goddelose**; maar dié wat die wet onderhou, word vererg oor hulle" (Spr. 28:4). Die gebede van die ongehoorsames word nie verhoor nie. "Wie sy oor wegdraai om nie na die wet te luister nie, selfs sy gebed is 'n gruwel" (Spr. 28:9).

## Ons voorbeeld van Gehoorsaamheid is Jesus

**Hy was gehoorsaam *tot die dood toe*.** ". . . Hy Homself verneder deur gehoorsaam te word tot die dood toe, ja, die dood van die kruis" (Fil. 2:5–11). "Hy, al was Hy die Seun, het *gehoorsaamheid geleer* uit wat Hy gely het" (Heb. 5:7–10).

**Hy was gehoorsaam en onderdanig aan Sy gesag.** "My Vader, as dit moontlik is, laat hierdie beker by My verbygaan; nogtans **nie soos Ek wil nie,** maar **soos U wil**. Weer het Hy vir die tweede maal gaan bid en gesê: My Vader, as hierdie beker nie by My kan verbygaan sonder dat Ek dit drink nie, **laat u wil geskied**" (Matt. 26:39, 42).

**Ons onderdanigheid aan ons gesag.** "Vroue, wees aan julle eie mans onderdanig, soos aan die Here... soos Christus ook Hoof is van die gemeente; Maar soos die gemeente aan Christus onderdanig is, so moet die vroue dit ook in **alles** aan hul eie mans wees" (Efe. 5:22). "Want daar is geen mag behalwe van God nie, en dié wat daar is, *is deur God ingestel...*" (Rom. 13:1).

**Die geheim van sukses.** "Al die paaie van die HERE is goedertierenheid en trou *vir dié wat sy verbond en sy getuienisse bewaar.* Om U Naam se ontwil, HERE, vergeef my ongeregtigheid, want dit is groot. Wie tog is die man wat die HERE vrees? Hy sal hom leer aangaande die weg wat hy moet kies. Hy self sal vernag in die goeie, en sy nageslag sal die land besit. Die **verborgenheid van die HERE is vir dié wat Hom vrees**, en sy verbond om hulle dit bekend te maak" (Ps. 25:10–15).

**Hulle sal wend tot fabels.** In plaas van na die waarheid soek, wil menige saam stem met ander se verkeerde idees of besluite. "Omdat hulle in hul gehoor gestreel wil wees, vir hulle 'n menigte leraars sal versamel volgens hulle eie begeerlikhede, en die oor sal afkeer van die waarheid en **hulle sal wend tot fabels**" (2 Tim. 4:3–4).

**Gehoorsaamheid aan God se Woord.** "Wees nie soos 'n perd, soos 'n muilesel wat geen verstand het nie, wat 'n mens moet tem met toom en teuel as sy tuig, anders kom hy nie naby jou nie" (Ps. 32:9). Indien jy nie God gehoorsaam nie, sal Hy jou dissiplineer. "Die HERE het **my hard gekasty**, maar my aan die dood nie oorgegee nie. Ek sal nie sterwe nie, maar lewe en die werke van die HERE vertel" (Ps. 118:18,17).

**God is getrou aan Sy Woord.** "As sy kinders my wet verlaat en in my regte nie wandel nie; as hulle my insettinge ontheilig en my gebooie nie hou nie, dan sal Ek hulle oortreding met die roede besoek en met plae hulle ongeregtigheid" (Ps. 89:30–34). As jy volhard in rebellie teenoor God se Woord en jou eggenoot se gesag, sal God jou straf.

**Lees en Bid Psalm 51 hardop:** "Was my heeltemal van my ongeregtigheid en reinig my van my sonde. Want ék ken my oortredinge, en my sonde is altyddeur voor my. Teen U alleen het ek gesondig en gedoen wat verkeerd is in U oë, sodat U regverdig kan wees as U spreek, rein as U gerig hou. Ontsondig my met hisop, dat ek kan rein wees; was my, dat ek witter kan wees as sneeu. Verberg U aangesig vir my sondes en delg uit al my ongeregtighede. Skep vir my 'n rein hart, o God, en gee opnuut in die binneste van my 'n vaste gees.Verwerp my nie van U aangesig nie en neem U Heilige Gees nie van my weg nie. Gee my weer die vreugde van U heil, en ondersteun my deur 'n gewillige gees. Ek wil die oortreders U weë leer, dat die sondaars hulle tot U kan bekeer. Red my van bloedskuld, o God, God van my heil! Laat my tong U geregtigheid uitjubel. Here, open my lippe, dat my mond U lof kan verkondig. Want U het geen lus in slagoffer nie, anders sou ek dit gee; in brandoffer het U geen behae nie. Die offers van God is 'n gebroke gees; 'n gebroke en verslae hart sal U, o God, nie verag nie!"

## Mag God in jou strewe om meer soos Christus te wees!

**Persoonlike verbintenis: om die Here eerste in my lewe te plaas.** "Gebaseer op wat ek geleer het uit God se Woord, verbind ek my om alles te doen soos aan die Here. Ek sal my verbintenis aan God wys en my gehoorsaamheid aan sy Woord deur onderdanig te wees aan hulle wat oor my aangestel is, veral my eggenoot."

Datum: _____ Geteken: _____

# Twisgierige Vrou

*"'n Aanhoudende gedrup*
*op die dag van 'n stortreën*
*en 'n twisgierige vrou is net eenders.*
*Wie haar wil teëhou,*
*hou wind teë, en sy regterhand ontmoet olie"*
*—Spreuke 27:15-16*

## Vra Jouself, "Is Ek 'n Twisgierige Vrou?

Dalk 'n moeilike vraag om te beantwoord, omdat jy nie heeltemal seker is wat 'n twisgierige vrou is nie. As ons dit naslaan in die Strong's Konkordansie beteken die word: 'n wedstryd, stry, twis, 'n twisgierige gees, teëpraat.

Was jou gesprekke met jou eggenoot gewoonlik 'n wedstryd om te sien wie wen of wie kry sy sin? Het jy meestal gewen? Kom ek deel met jou dat ek 'n twisgierige vrou was en baie, of eerder, meestal gewen het—maar eintlik het ek verloor! Ek het my eggenoot en my gesinslewe wat ek gehad het verloor!

**Stry jy ooit met jou eggenoot?** "Die begin van 'n onenigheid is soos water wat jy laat deurbreek; daarom, *laat die twis* vaar voordat dit losbreek" (Spr. 17:14). Tog vertel die wêreld en sogenaamde "huwelikskenners" ons dat om te baklei goed is vir die huwelik. Moenie dit glo nie! Stryery sal jou huwelik vernietig, en as jy aanhou om met jou eggenoot te stry en te twis *sal* jy die geleentheid verbeur om jou huwelik te restoreer!

**Is daar twis in jou huis?** "Beter is 'n stuk droë brood en rus daarby as 'n huis vol offermaaltye met **getwis**" (Spr. 17:1). Is jy 'n sagmoedige en stil vrou, waarvan 1 Pet. 3:4 praat, wat kosbaar is vir God? Is jou kinders raserig en ongehoorsaam? Jou eggenoot sal nie vir jou of die kinders kom kuier as hy twis in die huis ervaar nie. Al verander jy, maar jou kinders is steeds ongemanierd of ongehoorsaam sal jou eggenoot vrede en troos gaan soek in die arms en die huis van 'n ander vrou.

**Het jy 'n twisgierige gees?** "En die dwase en onverstandige **strydvrae**moet jy afwys, omdat jy weet dat dit twis verwek; en 'n dienskneg van die Here moet nie twis nie, maar vriendelik wees teenoor almal, bekwaam om te onderrig en een wat kwaad kan verdra" (2 Tim. 2:23,24). Is jy 'n "ek-weet-alles"? Of gee jy teenstrydige kommentaar op dit wat jou eggenoot sê? God sê: "Wees gou goedgesind teenoor jou teëparty so lank as jy nog saam met hom op die pad is, sodat die teëparty jou nie miskien oorgee aan die regter . . ." (Matt. 5:25). **Pasop vir die egskeidingshof!**

**Praat jy teë?** "Die diensknegte moet onderdanig wees aan hul eie here, hulle in alles behaag en nie **teëpraat** nie" (Titus 2:9). Is jy Jesus se diensslaaf? Het Hy jou duur gekoop? Dan is jy dit aan **Hom** verskuldig om welbehaaglik te wees. Ons sien nou wat dit beteken om 'n twisgierige vrou te wees en God se Woord noem vyf keer hoe aaklig 'n twisgierige vrou is. Kom ons kyk daarna.

## 'n Twisgierige Vrou

**Twisgierige vrou.** Het jy ooit 'n druppende kraan gehad wat jou gek gemaak het? ". . . En die **gekyf** van 'n vrou is 'n aanhoudende gedrup" (Spr. 19:13). Soms is dit net nodig dat iemand daarna kyk (miskien 'n vriend of jou skoonpa), en jou eggenoot daarop uitwys sodat jou eggenoot dit kan raaksien en wanneer dit gebeur is dit al wat hy sal hoor! Het jy al ooit gewonder hoekom mans uit hulle huise trek om dikwels saam met 'n ander vrou in te trek! Spr. 21:9 vertel ons dit is oor hierdie rede: "Dit is beter om op die **hoek van 'n dak** te *woon* as by 'n**twisgierige vrou** en 'n gemeenskaplike huis."

**Twisgierige en moeilike vrou.** Weereens, 'n man sal eerder sonder water lewe en in die hitte van die woestyn as met 'n vrou wat hom en sy gesag uitdaag. Weereens "Dit is beter om in 'n woeste land te woon as by 'n **twisgierige vrou en ergernis**" (Spr. 21:19). God is onbuigbaar oor hierdie vers—Hy herhaal dit! Luister jy? "Dit is beter om op die hoek van 'n dak te woon as by 'n **twisgierige vrou** en 'n gemeenskaplike huis" (Spr. 21:9).

**Konstante gedrup.** God vergelyk 'n **konstante gedrup** met 'n twisgierige vrou en dit veroorsaak dat die eggenoot gevolglik uittrek. Hoekom herstel jou eggenoot nie maar net die dak nie? Want God sê dit is onmoontlik! "'n Aanhoudende gedrup op die dag van 'n stortreën en 'n**twisgierige vrou** is net eenders. Wie *haar wil teëhou*, hou *wind* teë, en sy *regterhand ontmoet*" (Spr. 27:15–16).

# Wees Onderdanig

Baie van jou twisgierigheid mag gewortel wees in die feit dat jy glo die huwelik is 'n vennootskap. Dit is wat ek ook geglo het totdat ek later uitgevind het dat dit nie die waarheid is nie. Inteendeel, God het die familie en die res van sy skepping in verskillende vlakke van gesag geplaas. Ons eggenote is ons gesag. Dit is belangrik dat jy dit verstaan. "Maar ek wil hê dat julle moet weet dat Christus die hoof is van elke man, en die man die hoof van die vrou, en God die hoof van Christus" (1 Kor. 11:3). "Maar soos die gemeente aan Christus onderdanig is, so moet die vroue dit ook in **alles** aan hul eie mans wees" (Efe. 5:24).

**Wat is onderdanigheid en onderwerping?** Dit is om gehoorsaam te wees sonder om iets te sê, al is jou eggenoot ook ongehoorsaam aan God se Woord. Dit is nie belediging in ruil vir sy beledigings of dreigemente nie. 1 Pet. 3:9 sê: "Vergeld geen kwaad met kwaad of skeldwoorde met skeldwoorde nie, maar seën inteendeel, omdat julle weet dat julle hiertoe geroep is, sodat julle seën kan beërwe . . ." "Maar seen eerder" beteken om met 'n kompliment en 'n goeie houding te reageer op 'n belediging "as hulle jul reine, godvresende wandel aanskou het" (1 Pet. 3:2).

**Is onderdanigheid steeds toepaslik vandag?** "Jesus Christus is gister en vandag dieselfde en tot in ewigheid" (Heb. 13:8). In Matt. 5:18 sê

Jesus, "Want voorwaar Ek sê vir julle, voordat die hemel en die aarde verbygaan, sal nie een jota of een titteltjie van die wet ooit verbygaan totdat alles gebeur het nie."

**God is die hoof van elke man.** Hoe kan ons seker wees dat God oor Jesus is, en my eggenoot (gered of nie) is oor my? "Maar ek wil hê dat julle moet weet dat Christus die hoof is van elke man, en die man die hoof van die vrou, en God die hoof van Christus" (1 Kor. 11:3).

**Respekvolle gedrag.** Nou dat ons seker is dat God met alle vroue praat, wat beveel Hy ons? "Net so moet julle, vroue, aan jul eie mans onderdanig wees, sodat, as sommige aan die woord ongehoorsaam is, hulle ook deur die wandel van die vroue sonder woorde gewin kan word as hulle jul reine, godvresende wandel aanskou het" (1 Pet. 3:1–2).

**Om Onderdanig te wees.** "Vroue, wees aan julle eie mans **onderdanig**, soos aan die Here. Want die man is die hoof van die vrou, soos Christus ook Hoof is van die gemeente; en Hy is die Verlosser van die liggaam. Maar soos die gemeente aan Christus onderdanig is, so moet die vroue dit ook in alles aan hul eie mans wees" (Efe 5:22–24). Hierdie vers verduidelik aan ons dat ons verhouding met ons mans dieselfde moet wees as Christus s'n met die kerk. Is dit nie hartseer dat soveel kerke nie hulle onderwerp aan Christus en sy leringe nie, so ook is baie vroue nie aan hulle mans **onderdanig** nie.

**Heilige Vroue.** Waar is ons hoop in onderdanigheid? "Want so het vroeër ook die heilige vroue wat op God gehoop het, hulleself versier, en hulle was aan hul eie mans onderdanig" (1 Pet. 3:5). Ons hoop en vertroue is in God, nie in ons eggenoot nie. So ons hoef nie te vrees as hulle verkeerde dinge doen nie! "Soos Sara gehoorsaam was aan Abraham en hom heer genoem het; wie se kinders julle geword het as julle goed doen en geen enkele verskrikking vrees nie" (1 Pet. 3:6).

**Beskermer.** Hoekom het ons 'n eggenoot nodig as ons vroue onsself beskerm as ons voel ons kan ons "eie stryd veg"? Was dit jy wat die verkoopspersoon afgesit het, of ontslae geraak het van die persoon by die deur, en heelwaarskynlik met meer geesdrif as wat jou eggenoot sou. Het jou eggenoot vergeet hoe om vir jou op te staan, aangesien jy gewoonlik oorneem? Wie dra regtig die broek in die huis? Wie was regtig sterker?

Het jy vir jou eggenoot gesê om na sy eie belange te kyk toe hy vir jou gesê het om kalm te wees en dinge rustiger te neem? Wat het jou eggenoot gedoen toe jy aangehou het met jou rebellie? Eers het hy teruggestaan want hy wou nie nog 'n argument hê nie, daarna het hy uit die "konstante druppende" huis uitgetrek; en toe vind hy 'n ander vrou aan wie hy sy liefde kon gee!

As jou eggenoot kom kuier, bel of 'n epos aan jou stuur en jy bly twisgierig, sal dit hom herinner hoekom hy jou verlaat het. Dit is die rede hoekom sommige vroue nooit hulle eggenoot sien nie.

Die eerste keer as God jou eggenoot huis toe stuur op antwoord van jou gebede, moet jy "totaal getransformeer na die beeld van God" wees. As jou eggenoot hou waarvan hy sien en hoor, sal hy terugkom vir 'n tweede keer. Dit is wat lei tot restorasie. As God jou eggenoot se hart draai, maar sy wil oorheers as gevolg daarvan dat jy nie verander nie, dan kan jy nie vir God blameer nie.

# Die Wortel van ons Twisgierigheid . . .

## Selfwaarde!

**Hoe het so baie vrouens twisgierig geword?** Ons vrouens is twisgierig omdat ons wie christene is, die wêreld en die denke van die wêreld naboots. Die boeke wat ons lees, die beraders wat ons besoek, en klasse wat ons bywoon weerspieël nie God se Woord— wat *rein* en *onbuigbaar* is nie. Die meeste christen vroue is gevul met sielkunde.

**Gif gedoop in sjokolade is steeds gif!** My liewe susters in Christus, sielkunde is meer gevaarlik wanneer dit gedoop is in christenskap want ons neem dit alles net in! Ons is gebreinspoel deur te dink dat "eieliefde" en "selfwaarde" goed is, maar dit is *niks* meer as *hoogmoed* nie. Dit was die sonde wat veroorsaak het dat Lucifer Satan geword het.

Die twisgierige, hoogmoedige vrou wat dink "ek-weet-alles," is die vrou wat argumenteer en haar sin wil hê want sy "dink" sy is altyd reg. En as sy verkeerd is, moet haar selfbeeld beskerm word. Daar is nooit 'n nederige woord of "Ek is jammer ek was **"verkeerd"** nie. Die twisgierige vrou is geprogrammeer om te dink dat 'n verskoning te vernederend is.

Ons hoogmoed lei tot selfregverdiging en dit is hoekom menigte vroue hulle eggenoot se sonde bekend maak, want hulle kan nie hulle eie sondigheid sien nie.

# Hoe om Ontslae te raak van jou

## Twisgierigheid en Selfregverdiging

**As ons bely.** Ons kan duidelik sien dat om saam met 'n twisgierige, selfregverdigde vrou te woon, is niks minder as 'n nagmerrie nie. Nie net vir ons eggenoot nie, maar ook vir ons kinders. Kom ons bid en vra God se vergifnis. Kom ons soek Sy genade om ons te help om sagmoedige en stil vrouens wat kosbaar is vir Hom en ons eggenoot, te wees. "**As ons ons sondes bely**, Hy is getrou en regverdig om ons die sondes te vergewe en ons van alle ongeregtigheid te reinig" (1 Joh.1:9). Te veel vroue verstaan hierdie vers verkeerd en in plaas van hul eie bely hulle, hulle eggenote se sondes. Die vers sê dat ons, *ons* sonde moet bely.

**Bely.** Wanneer ons eggenoot huis toe kom om te kom kuier, vra sy vergifnis vir jou twisgierigheid en jou selfregverdiging. As jy geen kontak met jou eggenoot het nie, bid vir 'n geleentheid om vergifnis te vra oor die telefoon of teenoor hom in lewende lywe. (Moet hom asseblief nie kontak nie!) "Bely mekaar julle misdade en bid vir mekaar, sodat julle gesond kan word. Die vurige gebed van 'n regverdige het groot krag" (Jak. 5:16). Weereens sê hierdie vers dat ons, ons sonde en nie ons eggenoot se sonde moet bely nie, sodat ons gesond kan word.

Wanneer jy bely, moenie aanhou en aanhou met jou "klein toesprakie" nie. Vertel hom kortliks dat God dit op jou hart gelê het dat jy twisgierig is en dat jy hoogmoedig en selfgeregverdig is. Vertel hom dat met *God*se hulp jy bid om te verander. Soen hom en verlaat die vertrek

of sê totsiens en sit neer! Daarna bely teenoor jou kinders en verduidelik aan hulle hoe God jou gaan help om te verander deur nederig te wees. Menige male hoor hulle net van hulle vader se sonde; dit is belangrik dat hulle verstaan dat die egskeiding nie net van een kant af kom nie.

**Word versoen!** As jy nie "gelei" voel om dinge reg te maak nie, moenie teruggaan kerk toe nie. "As jy dan jou gawe na die altaar bring en dit jou daar byval dat jou broeder iets teen jou het, laat jou gawe daar voor die altaar bly en **gaan versoen** jou eers met jou broeder, en kom dan en bring jou gawe" (Matt. 5:23–24).

**Genade aan die nederiges.** Wees ook seker dat jy nederig is; moenie te trots wees om reguit te erken en te sê dat jy 'n twisgierige vrou is nie. "God weerstaan die hoogmoediges, maar aan die **nederiges gee Hy genade**. Verneder julle dan onder die kragtige hand van God, sodat **Hy**julle kan verhoog op die regte tyd" (1 Pet. 5:5–6). Hou aan bely elke keer wanneer jy twisgierig is teenoor iemand. Wanneer jy moeg raak van jou sonde en jy waarlik uitroep tot God om jou te verander, dan sal jy ophou om twisgierig te wees.

**Hier is God se voorskrif.** "En hulle het in Mara gekom, maar kon die water van Mara nie drink nie, want dit was bitter. Daarom heet die plek Mara" (Eksod. 15:23). Moses het 'n boom in die water gegooi, 'n verteenwoordiging van die kruis op Golgota. Jy moet ook die kruis in die see van jou bitterheid gooi. Christus het gesterf om jou te verlos van al jou sonde, insluitende jou twisgierige argumente en hoogmoedige self-absorberende gedrag.

**Jesus moet ons voorbeeld wees,** te alle tye, in alles en in die manier hoe Hy op die aarde gewandel het. "Want hierdie gesindheid (nederigheid) moet in julle wees wat ook in Christus Jesus was. Hy, wat in die gestalte van God was, het dit geen roof geag om aan God gelyk te wees nie, maar het Homself ontledig deur die gestalte van 'n dienskneg aan te neem en aan die mense gelyk geword; en in gedaante gevind as 'n mens, het Hy Homself **verneder** deur gehoorsaam te word tot die dood toe, ja, die dood van die kruis" (Fil. 2:5–9).

**Persoonlike verbintenis: om ander meer belangrikte ag as myself deur afstand te doen van my twisgierige en hoogmoedige weë.** "Gebaseer op wat ek geleer het van God se Woord, verbind ek om my gedagtes te hernuwe en om 'n doener van die Woord te wees deur nederig te wees en afstand te doen van my twisgierige weë."

Datum:_____ Geteken: _____

# Vriendelike Onderrigting is op Haar Tong

*"Haar mond maak sy oop met wysheid,*
*en vriendelike onderrigting is op haar tong."*
—Spreuke 31:26

Almal let op hoe 'n vrou met haar man, haar kinders en ander mense praat. Wanneer 'n vrou met respek en liefde met haar eggenoot en kinders praat toon sy die hoof karaktertrek van 'n "goddelike vrou" en hulle wat ongeduldig en sonder respek praat, openbaar hulleself as swak en onvolwasse Christene.

Vriendelike en sagte woorde is van die belangrikste bestanddele vir 'n goeie huwelik en goed gemanierde kinders. Vriendelikheid is die hoof karaktertrek van 'n "goddelike vrou".

Ons word mislei deur "beraders" en sogenaamde "huwelikskenners" wat vir ons vertel dit is 'n **tekort aan kommunikasie** wat veroorsaak dat ons huwelike verbrokkel. Terwyl ek die bybel ondersoek het, het ek gevind dat God *baie sê* oor hoeveel ons praat, wat ons sê en hoe ons dit sê! Volg my soos ons saam die waarheid **ontdek**:

## Dit is *nie 'n tekort* aan kommunikasie nie!

## Ons moet versigtig wees Hoeveel ons praat!

**Baie woorde.** Dis nie alleen 'n tekort aan kommunikasie wat probleme in ons huwelik veroorsaak nie, maar wanneer daar 'n stortvloed van woorde en besprekings is, kan en gaan ongehoorsaamheid ('n oortreding aan God se Woord) nie vermy word nie! "By **veelheid van woorde** ontbreek die *oortreding* nie; maar hy wat sy lippe inhou, handel verstandig" (Spr. 10:19).

**Bly stil.** Mense sê ons moet ons mening lug en sê wat ons dink, maar God sê: "Die verstandelose verag sy naaste, maar 'n *verstandige man* **bly stil**" (Spr. 11:12). "Wie sy mond *bewaak, bewaar sy lewe*; wie sy lippe wyd **oopmaak**, vir hom *is daar ondergang*" (Spr. 13:3).

**Sy lippe toehou.** Eintlik sê God dat ons wysheid beoefen en wys voorkom as ons **stilbly**. "Selfs 'n sot sal **as hy swyg**, vir *wys gereken word*; as hy sy **lippe toehou**, vir *verstandig*" (Spr. 17:28). "Maar laat julle woord wees: **Ja ja, nee nee**. Wat *meer as dit* is, is *uit die Bose*" (Matt. 5:37).

**Sonder 'n woord.** God praat direk met vroue om stil te bly. "Net so moet julle, vroue, aan jul eie mans onderdanig wees, sodat, as sommige aan die woord ongehoorsaam is, hulle ook deur die wandel van die vroue **sonder woorde** gewin kan word as *hulle jul reine, godvresende wandel aanskou* het" (1 Pet. 3:1–2). "Julle *vroue* moet in die gemeentes *swyg . . .*" (1 Kor. 14:34).

**Sagmoedige en stille gees.** God vind 'n stil vrou kosbaar. Is dit jy? "... maar die verborge mens van die hart in die onverganklike versiering van 'n **sagmoedige** en **stille gees**, wat baie *kosbaar* is voor God" (1 Pet. 3:4).

"Bewaar jou pand en vermy die **onheilige, onsinnige praatjies** en **teëwerpinge** van die valslik sogenaamde *kennis*, waarvan sommige belydenis gedoen het en, wat *die geloof betref, op 'n dwaalweg geraak* het" (1 Tim. 6:20).

# God Waarsku ons om Versigtig te wees met wat Ons Sê

**Sy mond bewaar.** Hoeveel keer het jy in die moeilikheid beland oor wat jy gesê het? "Die mond van die regverdige laat wysheid uitspruit, maar die **valse tong** word *uitgeroei*" (Spr. 10:31). "Daar is een wat **onverskillig woorde uitspreek** soos *swaardsteke*, maar die tong van die **wyse** is *genesing*" (Spr. 12:18). "Hy wat **sy mond** en **sy tong bewaar**, bewaar sy *siel* van *benoudhede*" (Spr. 21:23).

**Wat uit die mond uitgaan.** Hierdie stelling is duidelik. Wat jy sê is **baie** belangrik! "Want uit **jou woorde** sal jy **geregverdig** word, en uit

**jou woorde** sal jy *veroordeel* word" (Matt. 12:37). "Nie wat in die mond ingaan, maak die mens onrein nie; **maar wat uit die mond uitgaan**, dit maak die *mens onrein*" (Matt. 15:11). "Maar nou moet julle ook dit *alles aflê*, naamlik toorn, woede, boosheid, **laster, skandelike taal** uit julle mond" (Kol. 3:8).

**Gee ag op die Woord.** Hierdie skrif beskryf twee tipe vroue. Watter een is jy? "'n **Deugsame vrou** is die *kroon* van haar man, maar **een wat skande maak**, is soos 'n *verrotting* in sy gebeente" (Spr. 12:4). "Wie **ag gee op die Woord,** sal die *goeie vind*; en hy wat op die HERE vertrou, is gelukkig" (Spr. 16:20).

**Praat soos 'n kind.** Is jy volwasse? Of is jy steeds 'n kind wat ander seermaak met woorde? Een van die grootste leuens wat ons as kinders geleer het was ('n Engelse gesegte)—*klippe en stokke kan dalk my bene breek, maar woorde sal my nooit seermaak nie.* Baie van ons het nooit herstel van sommige woorde wat aan ons gesê is as kinders nie. "Toe ek 'n kind was, het ek **gepraat soos 'n kind**, gedink soos 'n kind, geredeneer soos 'n kind; maar nou dat ek 'n man is, het ek die *dinge van 'n kind* afgelê" (1 Kor. 13:11).

Is dit nie tyd vir ons om **volwasse** te word nie? Hou op om jou eggenoot, jou kinders en ander mense seer te maak met jou woorde!

**Regverdige lippe.** Wie waardeer nie 'n vriendelike woord van iemand nie? "Die *konings het behae* in **regverdige lippe**, en hulle het hóm *lief* wat regte dinge spreek" (Spr. 16:13). "*Spreek* onder mekaar met *psalms* en *lofsange* en *geestelike liedere*; en sing en psalmsing in julle hart tot eer van die Here . . ." (Efe. 5:19).

**Laat die twis vaar.** "Die begin van 'n *onenigheid* is soos water wat jy laat deurbreek; daarom, **laat die twis** vaar voordat dit losbreek" (Spr. 17:14). "Die *lippe van die dwaas* kom met **getwis**, en sy mond roep na slae" (Spr. 18:6). Weereens, stryery en twis is **nie goed** vir die huwelik (of enige verhouding) nie, al probeer mense jou anders oortuig!

**Twis.** Is daar konstante wrywing in jou huis? "En die werke van die vlees is openbaar, naamlik **vyandskap, twis,** jaloersheid, toornigheid, naywer, tweedrag, partyskap; afguns . . ." (Gal. 5:19–21). "As iemand iets anders leer en **nie instem met die gesonde woorde** van onse *Here Jesus Christus* en met die leer wat volgens die godsaligheid is nie, dié is verwaand en verstaan niks nie, maar het 'n sieklike sug na twisvrae en woordestryd waaruit ontstaan afguns, **twis**, **lasteringe**, bose agterdog, **nuttelose stryery** van mense wat verdorwe in hulle verstand en van die waarheid beroof is . . ." (1 Tim. 6:3–5).

**Wees gou goedgesind!** As jy sukkel met stryery memoriseer die volgende skrifte. *Hierdie skrifte het my lewe **totaal en al** verander!* "Wees *gou goedgesind* teenoor jou teëparty so lank as jy nog saam met hom op die pad is . . ." (Matt. 5:25). "Dit is 'n *eer* vir 'n man om van **twis** weg te bly, maar elke *sot* breek los" (Spr. 20:3).

**Waar twee saamstaan.** Probeer eerder iets vind waarmee jy saamstem in plaas daarvan om te verskil met alles wat jou eggenoot sê. As jy met niks saamstem nie, **bly stil** en glimlag! "Weer sê Ek vir julle: As **twee van julle saamstem** op die aarde oor enige saak wat hulle mag vra, dit sal hulle ten deel val van my Vader wat in die hemele is" (Matt. 18:19).

**Afbreking in die gees.** Spreuke sê vir ons dat ons, ons eggenoot se gees kan **breek** deur ons woorde. "Sagtheid van tong is 'n lewensboom, maar *valsheid* daarin is **verbreking in die gees**" (Spr. 15:4).

**Hou my mond in toom.** Hier is 'n nugtere gedagte: "Want daar is nog geen woord op my **tong** nie—of *U*, **Here**, *U* ken dit geheel en al" (Ps. 139:4). "Ek het gesê: 'Ek wil my weë bewaar, sodat ek *nie sondig* met my **tong** nie; **ek wil my mond in toom hou** solank as die goddelose nog voor my is'" (Ps. 39:2). Hou jou tong in toom! Om te vas is die enigste manier om waarlik bevry te word van 'n groot mond! *Glo vir my, jy sal te swak wees om te praat! Dit het vir my gewerk! Doen dit—vinnig!*

# Kwaadstook

**Haar man vertrou op haar.** Nog iets waarop ons moet let wat kan veroorsaak dat ons, ons eggenoot se vertroue verloor; is om hom met ander te bespreek. "Die hart van haar **man vertrou op haar**, en aan wins sal dit hom nie ontbreek nie" (Spr. 31:11). Ons moet **nooit** ons eggenoot se swakhede of iets wat hy in vertroue met jou gedeel het, aan ander vertel nie. Onthou, "'n Kwaadstoker **skei vriende van mekaar**" (Spr. 16:28). *Menige vroue deel met my (en almal wat hulle ken of ontmoet) oor hulle eggenoot se egbreuksonde, alkohol, dwelms of* *pornografie. Ek **weier** om daarna te luister en stop hulle dadelik.* Laat ek jou vra, "Hoeveel mense het jy vertel?"

**Bely *ons* sondes.** Tydens berading of wanneer ons met ander mense praat om hulp te kry vir ons huwelik, maak ons almal die fatale fout om ons eggenoot se sonde en foute te bely en verbeur ons om die restorasie en genesing te ontvang wat ons nodig het vir ons huweliksrestorasie. Die Bybel sê duidelik, "As ons **ons** sondes **bely**, Hy is getrou en regverdig om **ons** die sondes te vergewe en **ons** van alle ongeregtigheid te reinig" (1 Joh. 1:9). En dan weer in Jakobus 5:16 sê dit duidelik: "Bely mekaar **jou** misdade en bid vir mekaar, sodat **jy** gesond kan word. Die vurige gebed van 'n regverdige het groot krag."

**Ek sal vernietig!** "Hy wat heimlik van sy **naaste kwaad spreek**, hom sal *ek [God] vernietig . . . .*" (Ps. 101:5). Baie vroue dink dat hulle konstant teen die "vyand" veg wanneer dit eintlik God is teen wie hulle veg! Indien jy ander vertel het van jou eggenoot, het jy hom verkleineer. God belowe hy sal verwoesting bring in jou lewe. Jy kan die duiwel soveel moontlik weerstaan, maar die Bybel praat duidelik. Jy moet bely en die Here vra om hierdie sonde uit jou lewe te verwyder, doen daarna restitusie en gaan terug na elke persoon wat jy vertel het. Bely jou eie sondigheid teenoor hulle en vertel hulle van al die goeie dinge wat jou eggenoot vir jou gedoen het en steeds doen.

**'n Kwaadstoker openbaar geheime.** Een van die mees algemene strikke waarin 'n vrou trap is om te skinder oor die telefoon, onder die vlaandel van "gebedskwessies" en "gebedsversoeke" te deel. Hou op om tyd te spandeer saam met vroue wat skinder. Doen wat God jou beveel: ". . . *laat jou* dus *nie in* met een wat sy **lippe laat oopstaan** nie" (Spr. 20:19).

**Kwaadstokery moet stop.** Ander mag nie besef dat jy 'n skindertong is nie, maar God ken jou hart. Moenie onwys wees nie, jy hoef nie die fynste besonderhede te beskryf om 'n gebedsversoek te deel nie-jy is 'n dwaas! "...maar hy wat *dwaas* van lippe is, **kom tot 'n val**" (Spr. 10:18). Ons moet almal die "deel" van gebedsversoeke laat staan, dit is niks meer as skinder nie. "Alle bitterheid en woede en toorn en geskreeu en lastering **moet van julle verwyder word**, saam met alle boosheid" (Efe. 4:31).

Jy sal vind soos jy gaan ophou met hierdie tipe van "deel" dat jy niks meer het om vir jou vriende te sê nie. *Dit het ook veroorsaak dat ek nuwe vriende gemaak het!* As jy die versoeking om terug te val weerstaan, sal God getrou wees om jou te leer om jou eggenoot op te bou in plaas van hom te verneder. ""n Deugsame vrou is die kroon van haar man, maar een wat **skande maak**, is soos *'n verrotting in sy gebeente*" (Spr. 12:4). Laat ons eerder begin "Spreek onder mekaar met psalms en lofsange en geestelike liedere; en sing en psalmsing in julle hart tot eer van die Here" (Efe. 5:19).

**Vriendelike woorde.** As jy deur jou woorde of houding jou eggenoot verkleineer, is God getrou om jou 'n geneesmiddel aan te bied: ""n **Vrolike hart** bevorder die *genesing*, maar 'n verslae gees laat die gebeente uitdroog" (Spr. 17:22). "**Vriendelike woorde** is soos 'n *heuningkoek: soet vir die siel* en *'n genesing vir die gebeente*" (Spr. 16:24). ""n Wyse van hart word verstandig genoem, en **soetheid van lippe** vermeerder die *lering*" (Spr. 16:21).

**God sien!** God se Woord sê ons moet versigtig wees hoeveel ons sê, ons moet ons eggenoot wen sonder woorde en dan wegstaan uit ons eggenoot se pad. God is ernstig oor die houding agter ons aksies, aangesien dit ons hart openbaar. "Want nie wat die méns sien, sien God nie; want die mens sien aan wat voor oë is, maar die HERE *sien* die hart aan" (1 Sam. 16:7). Die gesindheid van 'n goddellike vrou is een van respek vir haar eggenoot, wat spruit uit 'n rein hart.

# Respek

Ons word geleer dat respek iets is wat ons moet op **aandring**. Ons word geleer dat ons respek moet hê vir onsself. Om die ware betekenis van respek te leer moet ons kyk na 'n dieper kennis. Ons eggenoot moet gewen word sonder woorde, deur ons rein en respekvolle gedrag. "Net so moet julle, vroue, aan jul eie mans **onderdanig wees**, sodat, as sommige aan die woord ongehoorsaam is, hulle ook deur die wandel van die vroue sonder woorde gewin kan word" (1 Pet. 3:1). Die woord respek is gedefinieer in die woordeboek as: ""n spesiale waarde of konsiderasie wat gekoppel word aan 'n **ander** persoon. Dit is nie wat ons op **aandring** vir onsself nie.

Volgens die woordeboek beteken respek(vol) om te konsidereer, **konsidereer; te ag, te eer en te respekteer, te bewonder, te**

**waardeer, raak te sien, te bemoedig.** Anonieme (teenoorgesteldes) is af te kraak, te blameer en te verkleineer. Ons sal die vetgedrukte woorde dieper bespreek.

**Konsiderasie:** Ag gee op ander mense. Hebreërs sê dat ons, ons eggenoot en ander mense moet **bemoedig.** Deur ons dade, kan ons hulle stimuleer om ons lief te hê en om ook goed te doen. ". . . en laat ons op mekaar **ag gee** om tot *liefde en goeie werke aan te spoor*" (Heb. 10:24). So, as ons nie ander konsideer nie, dan motiveer ons, ons eggenoot en kinders om ons te verag en dit is verkeerd!

**Werke van die vlees.** Ons gebruik ons eggenoot se sonde om verskoning te maak vir ons tekort aan respek vir hulle. Hier is 'n lys van sondes soos in Galasiërs. Soos jy hulle lees, neem asseblief 'n oomblik en onderstreep daardie sondes wat gewoonlik deur mans gepleeg word, dit wat ons wat in die kerk as **ware** sonde noem.

"En die **werke van die vlees** is openbaar, naamlik: owerspel, hoerery, onreinheid, ongebondenheid; afgodery, towery, vyandskap, twis, jaloersheid, toornigheid, naywer, tweedrag, partyskap; afguns, moord, dronkenskap, brassery en dergelike dinge, waarvan ek julle vooraf sê, soos ek al vroeër gesê het, dat dié wat sulke dinge doen, die koninkryk van God nie sal beërwe nie" (Gal. 5:19–21).

Gaan nou terug en omkring die sonde in die kerk wat ons geneig is om te ignoreer, daardie word gewoonlik deur vroue gepleeg. Om verskoning te maak vir jou oneerbiedigheid, gebaseer op jou eggenoot se sonde(s) is duidelik gebaseer op jou *onkunde* of verskoning vir jou eie sondigheid voor 'n Heilige God! Ons is duidelik vol sonde, wat God sê, "sigbaar" is!

**Kyk na jouself.** Menige voel dit is hulle verantwoordelikheid om ander wat sondig, te straf of dissiplineer, veral hulle eie eggenoot. Die Bybel sê iets anders en wys ons die nagevolge van hierdie hoogmoedige dade. Moenie dat ons die splinter in ons eie oë vergeet nie. Onthou by God is alle sonde dieselfde.

Weereens, moenie toelaat dat satan jou bedrieg om jou te laat glo dat **jou eggenoot** se sonde groter is as jou eie nie. Broeders, as iemand ewenwel deur *een of ander misdaad oorval* word, moet julle wat geestelik is, so een **reghelp** met *die gees van sagmoedigheid*, terwyl **jy**

**op jouself let**, dat jy ook nie versoek word nie. Dra mekaar se laste en vervul so die wet van Christus. Want as iemand meen dat hy iets is, terwyl hy niks is nie, mislei hy homself" (Gal. 6:1–3).

**Agting**: Hoë agting vir **ander**. Sielkundiges, ongelukkig ook christen sielkundiges, het God se gebod wat beveel ons moet "ander hoër ag as onsself" verdraai om ons te leer om onsself op te bou eerder as ander.lees die hele gedeelte en laat die waarheid toe om jou vry te maak van selfagting en trots, wat besig is om jou en jou huwelik te vernietig.

"***Moenie iets*** doen uit selfsug of uit ydele eer nie, maar in nederigheid moet die een die ***ander hoër ag as homself***. Julle moet nie elkeen na sy eie belange omsien nie, maar elkeen ook na die ander s'n. Want hierdie gesindheid moet in julle wees wat ook in Christus Jesus was. Hy, wat in die gestalte van God was, het dit geen roof geag om aan God gelyk te wees nie, maar het Homself ontledig deur die gestalte van 'n dienskneg aan te neem en aan die mense gelyk geword" (Fil. 2:3–7).

**Waardeer hulle wat oor jou aangestel is.** Jou eggenoot is oor jou aangestel. Het jy dit vir hom makliker of moeiliker gemaak? "Maar ons vra julle, broeders, **erken** dié wat onder julle arbei en julle voorgangers in die Here is en julle vermaan; en bewys hulle in liefde die **hoogste agting** ter wille van hulle werk. Hou vrede onder mekaar" (1 Tess. 5:13).

**Eer**: waardig ag. Ons moet ons eggenoot waardig ag, ons moet hulle **reeds** eer betoon. "Almal wat diensknegte is onder 'n juk, moet hulle eie here alle **eer** waardig ag, sodat die Naam van God en die leer nie belaster mag word nie" (1 Tim. 6:1).

**God mag nie belaster word nie.** Onthou deur jou eggenoot eer te bewys, ongeag of sy dade eer verdien of nie, bring jy glorie tot God. Nie net as jou eggenoot by jou is nie, maar ten alle tye wanneer jy van hom praat asook in jou gedagtes! Die nagevolge om nie hierdie tipe respek te toon nie beteken ek onteer God en sy Woord. Ons sê ons is christene maar ons **dade getuig nie** daarvan nie! (Sien Titus 1:16) In plaas daarvan behoort ons "ingetoë te wees, kuis, huislik, goed, aan hul eie mans onderdanig, sodat die woord van **God nie belaster word nie**" (Titus 2:5). En "Vroue, wees aan julle eie mans onderdanig, **soos aan die Here**" (Efe. 5:22).

**Met moeite.** "En aan die mens het Hy gesê: 'Omdat jy geluister het na die stem van jou vrou en van die boom geëet het waarvan Ek jou beveel het om nie te eet nie—vervloek is die aarde om jou ontwil; **met moeite** sal jy daarvan eet al die dae van jou lewe'" (Gen. 3:17). Na die val van die man en die vrou is albei gestraf, die vrou sal pyn hê tydens geboorte en die man sal swoeg in die grond en werk. So hoekom is die man se straf nou verdeel tussen man en vrou? Hoekom glo ons hierdie leuen? Trots!

'n Vrou vol trots wil nie vertel word wat om te doen en hoe sy geld moet spandeer nie. As sy haar eie geld verdien kan sy haar eie besluite neem hoe sy haar geld spandeer. Ons kan so maklik wegglip onder die gesag en ook die beskerming van ons eggenote.

Bygevoeg, as 'n vrou 'n afsonderlike beroep beoefen as haar huis en kinders, verdeel dit die paartjie se belangstellings en word ons onafhanklik van mekaar. God waarsku ons dat 'n huis wat verdeel is, sal nie bly staan nie! Het jou werk of beroep jou huwelik vernietig? (Sien "Die Werksaamhede van Haar Huis" in "*'n Wyse Vrou.*")

**Haar eer bewys.** All vroue verlang daarna dat hulle eggenoot hulle moet behandel soos in die volgende skrif: "Net so moet julle, manne, verstandig met hulle saamlewe en aan die vroulike geslag, as die swakkere, **eer bewys**, omdat julle ook mede-erfgename van die genade van die lewe is—sodat julle gebede nie verhinder mag word nie" (1 Pet. 3:7). Deur te streef om stil en saggeaard te wees, ons eggenoot te eer, veral as hulle oneerbiedig lewe, in 'n rein en respekvolle manier, kan ons die seën ontvang deurdat ons eggenoot ons sal eer deur te kies om terug huis toe te kom!

Hier is 'n paar Bybelse riglyne hoe om eer te ontvang:

**Deur aangenaam te wees.** "'n Aangename vrou verkry eer" (Spr. 11:16). Reageer ten alle tye goedgunstiglik teenoor almal en alles wat aan jou gesê word! Moet nooit forseer of oorreageer nie! Onthou u is 'n Koningskind—tree koninklik op! Koninklikes wys nooit ongesonde emosies of bars uit in woede nie. Dink aan Prinses Di wat allerhande aaklige huwelikspyn ervaar het, maar daar was nooit pyn op haar gesig nie en nooit het sy 'n kabaal opgeskop nie.

**Om nederig te wees.** ". . . en nederigheid gaan aan die **eer** vooraf" (Spr. 15:33).

**Deur nederig te wees.** ". . . maar nederigheid gaan aan die **eer** vooraf" (Spr. 18:12).

**Eerbiedig**: 'n gevoel van *groot* **respek**, liefde, bewondering, agting en om te vrees. Baie vroue respekteer of wys nie eerbied aan hulle eggenote nie. Hoe kan ons as christen vroue die Bybel ignoreer? ". . . en die vrou moet die man **eerbiedig**" (Efe. 5:33).

**Waardering**: om gunstige erkenning te gee; om belangrik te ag, geniet, te verstaan, 'n skat, hoog te ag (veral die huweliksbelofte), om dit liefdevol te versorg, om dit lewendig te hou (emosies). Ons het gepraat van dinge doen uit die hart. As jou eggenoot nie een van jou kosbare besittings is nie, is jou hart nie by hom nie. ". . . want waar julle **skat** is, daar sal julle *hart* ook wees" (Matt. 6:21).

Somtyds as ons iets verloor of dit tydelik misplaas dan besef ons hoe belangrik dit vir ons is. Moes jy eers jou eggenoot verloor om te besef wat jy gehad het? *Ek weet dit het met my gebeur!*

**Hoe kan jy help met jou eggenoot se geestelike en emosionele genesing?** Praat sag en liefdevol met jou eggenoot elke keer as God jou 'n geleentheid gee om met hom te praat. "**Sagtheid van tong** is 'n lewensboom, maar valsheid daarin is verbreking in die gees" (Spr. 15:4).

**Hierdie seëning kan joune wees.** "Al die dae van die bedrukte is sleg, maar die **vrolike van hart** het *gedurigdeur fees*" (Spr. 15:15). As jou hart vrolik is, sal dit jou eggenoot terug huis toe lok, aangesien hy jou verlaat het om geluk te vind. Wanneer hy terugkom van waar hy nou is, sal hy vreugde vind terug by sy eie huis, by jou en sy kinders?

**Wees versigtig.** Pasop wat jy sê oor jou eggenoot. **Skande** is 'n emosionele kanker. "'n Deugsame vrou is die kroon van haar man, maar een wat **skande maak**, is soos 'n *verrotting in sy gebeente*" (Spr. 12:4). Verrotting word beskryf as ontbinding, om deur wurm geëet te word ". . . maar op die end is sy (die hoer) *bitter* soos **wilde-als**, soos 'n swaard aan weerskante skerp" (Spr. 5:4).

**'n Goeie woord.** Moet **nooit** met jou eggenoot praat oor jou probleme, vrese, angs oor sy sonde (egbreuk, mishandeling, alkohol of dwelms), oor jou finansies of oor die naderende egskeiding nie, want **"Bekommernis in die hart** van 'n mens druk dit neer, maar 'n *vriendelike woord* vrolik dit op" (Spr. 12:25). Nadat jou eggenoot met jou gepraat het, moet hy voel dat jy hom opgebou het, nie dat jy hom gekonfronteer of afgebreek het nie.

**Bring genesing.** Jou tong het twee teenoorgestelde uitwerkings; wat gaan jy kies? "Daar is een wat onverskillig woorde uitspreek soos swaardsteke, maar die *tong van die wyse* is **genesing**" (Spr. 12:18).

**'n Vrolike hart.** Hou jou hart vrolik en vol vreugde. "**'n Vrolike hart** bevorder die *genesing*, maar 'n *verslae gees* laat die gebeente uitdroog" (Spr. 17:22).

**Vrolike gesig.** Jou gesig moet die vreugde wat in jou hart is wys! "**'n Vrolike hart** maak die **aangesig bly**, maar by verdriet van die hart is die *gees neerslagtig*" (Spr. 15:13). Kom ons leer meer van vreugde en vrolikheid. Vrolik: bly, **vreugdevol, blydskap**. Vreugdevol: (om te wees) 'n goeie vrou, aangenaam, kosbaar, **oulik, dankbaar, vriendelik.**

**Verbly julle** *altyd.* Dit lyk onmoontlik om gelukkig te wees in ons omstandighede. Hoe kan ons moontlik vreugdevol en vrolik wees.

"**Verbly** julle **altyd** in die *Here*; ek herhaal: **Verbly julle!**" (Fil. 4:4). En wanneer moet ek bly wees? "**Wees** *altyddeur* **bly**" (1 Tess. 5:16). Dit is in Hom wat ons onsself verbly? Dit is die MEES kragtigste wapen van geestelike oorlogvoering - om die Here te prys wanneer tye swaar is!!

**Kan jy enigiets doen sonder om te murmureer en kla?** Kla of murmureer jy aanhoudend by ander oor jou situasie of jou eggenoot? Indien jy dit doen, is jy ondankbaar! "Doen *alles* sonder **murmurering** en **teëspraak**" (Fil. 2:14).

**Ken jy die geheim?** Ons mag dalk dink dat ons in ons omstandighede rede het om te kla, maar ons moet eerder leer om tevrede te wees. "... want ek het *geleer* om **vergenoeg** te wees met die **omstandighede waarin ek is**. Ek weet om verneder te word, ek weet ook om oorvloed te hê; in **elke opsig** en in alle dinge is ek onderrig: om versadig te word sowel as om honger te ly, om oorvloed te hê sowel as om gebrek te ly" (Fil. 4:11–12).

# Die Teenoorgesteldes (Antonieme) van Respek is Veragting, Blameer en/of Kritiseer

**Het jy jou eggenoot blameer?** Blameer jy hom vir foute wat hy in die verlede gemaak het. Het jy hom gekritiseer oor waarheen hy gegaan het en wat hy gesê het? Nou is die tyd om jou gedagtes te **VERNUWE!** Lees hierdie hoofstuk oor en oor totdat die bladsye begin los raak en die boek uitmekaar val. Maak 3x5 kaartjies vir elke Skrif wat jou aankla in jou gees. Hou dit in jou beursie deur die dag. "Lê jou daarop toe om jou beproef voor God te stel as 'n werker wat hom nie hoef te skaam nie, wat die woord van die waarheid reg sny" (2 Tim. 2:15).

**In samevatting.** Laat ons almal eerstens strewe om wys voor te kom deur stil te bly. Daarna laat ons seker maak dat wanneer ons praat, ons woorde gevul is met wysheid, vriendelikheid, respek en dat hulle opbouend is. Laat ons woorde liefdevol en sag wees. Laat ons 'n "kroon" wees vir ons eggenoot in die manier waarop ons hierdie aanslag in ons lewens hanteer want dit is "kosbaar" in die aangesig van God!

**Persoonlike verbintenis: dat my mond gevul sal wees met wysheid en vriendelikheid.** "Gebaseer op wat ek geleer het uit God se Woord, verbind ek myself om stil te bly, om te wag voordat ek antwoord en baie vriendelik te wees in alles wat ek sê. Ek verbind my ook om 'n respekvolle houding teenoor my eggenoot te toon omdat dit vir ander 'n voorbeeld stel en vir die eer wat dit gee aan God en Sy Woord."


Datum:_____ Geteken: _____

# Sonder Woorde

*"Net so moet julle, vroue,*
*aan jul eie mans onderdanig wees,*
*sodat, as sommige aan die woord ongehoorsaam is,*
*hulle ook deur die wandel van die*
*vroue sonder woorde gewin kan word."*
—1 Petrus 3:1

In hierdie hoofstuk, leer ons in God se Woord dat omdat ons eggenoot oor ons is, ons woorde nie net betekenisloos is nie maar ook gevaarlik kan wees. Menige van ons oes nou "slegte vrugte" deur onwetend ons eggenoot te probeer oortuig of te waarsku in plaas van ons probleme na God te neem. Ons gaan leer dat alles wat jy graag vir jou eggenoot wil sê jy eers na God moet neem en met Hom daaroor moet praat.

Wanneer ons eggenoot iets doen wat teen God se Woord is, sê die skrif dat ons moet sonder woorde ons eggenoot wen, met 'n respekvolle gesindheid teenoor hulle en die Godgegewe gesag wat hulle oor ons het.

## Sonder Woorde Gewin kan Word

Wanneer iets my pla, moet ek dit met my eggenoot bespreek? Nee.

**Vra vir God om met jou eggenoot te praat.** Ons moet nie ons vrese of belange of selfs ons begeertes met ons eggenoot bespreek nie. Eerder, moet ons eerste na Bo gaan; ons moet na ons Hemelse Vader gaan en by Hom pleit. Vra God om met jou eggenoot te praat oor wat op jou hart is (aangesien God direk bo *alle* mans is).

Dit is die regte volgorde van gesag: "Maar ek wil hê dat julle moet weet dat Christus die hoof is van **elke** man, en die man die hoof van die vrou, en God die hoof van Christus" (1 Kor. 11:3). In plaas daarvan om jou eggenoot se hulp of leiding te soek, moet jy God se aangesig soek. Ondersoek dan die Bybel vir een van God se riglyne vir die dilemma wat jou in die gesig staar. Dit sal bevestig wat God in jou hart bevestig het. Merk daardie skrif en hou daaraan vas met die *wete* dat God in beheer is.

## Kom uit Sy Pad!

**Kom uit Sy pad.** "Welgeluksalig is die man wat nie wandel in die raad van die goddelose en nie staan op die weg van die sondaars en **nie sit in die kring van die spotters nie . . .** maar sy behae is in die wet van die HERE, en hy oordink sy wet dag en nag" (Ps 1:1,2). Kom uit die pad van jou eggenoot; jy is nie sy outoriteit nie! Die tweede reël vertel ons **wat om te doen**: mediteer op sy Woord en gee jou eggenoot oor aan God. God moet die Een wees wat jou eggenoot verander; jou eggenoot kan nie eers homself verander nie.

**Staan nie op die weg van sondaars.** "Welgeluksalig is die man wat nie wandel in die raad van die goddelose en **nie staan op die *weg* van die sondaars** en nie sit in die kring van die spotters nie!" (Ps. 1:1). Wanneer jy te doen het met 'n eggenoot wat "ongehoorsaam is aan die Woord" moet daar fases wees van "laat gaan" **sonder 'n woord.** 'n Vrou wie se eggenoot steeds by die huis is, maar wat nie op tyd of glad nie huis toe kom nie, moet ophou om te probeer polisie speel oor hom deur spertye, 20 vrae of stil stuipe.

As 'n vrou uitvind dat haar man by 'n ander vrou betrokke is, moet sy "laat gaan" deur hom nie te volg of te konfronteer nie, gebruik hierdie tyd om wakker te skrik anders gaan jy hom verder dryf om jou te verlaat of om van jou te skei. As hy op hierdie stadium jou verlaat het, en jy bly in sy pad staan in plaas van om hom te "laat gaan" sal hy heelwaarskynlik deurdruk met 'n egskeiding met die hoop dat jy, sy vrou hom sal uitlos. As jy hom steeds nie wil laat gaan nie, sal jy sien hoe hierdie man met die ander vrou trou.

As jy steeds vashou, eerder as om te "laat gaan" dan sal jy heelwaarskynlik sien jou gewese eggenoot is in 'n baie sterk *tweede*huwelik. Ek het persoonlik vrouens geken wie se eggenote weer getrou het, wat steeds hul eggenoot se naam onderaan Kersfees en dankie sê kaartjies teken!

Bygevoeg, met hierdie verdraaide uitkyk op hulle situasie, het hulle geen reservasies om steeds seksueel aktief te wees nie. Dit is skaars dat 'n egskeiding plaasvind wanneer 'n eggenoot oortuig is dat hy basies twee vrouens kan hê.

Dit gebeur gereeld dat 'n vrou wat nie kan "laat gaan" nie, se gewese man en sy nuwe vrou besluit om 'n kind te hê met die hoop om sy eksvrou te ontmoedig en sy hom sal laat gaan. Sommige vroue skryf aan my in woede omdat God nie die ander vrou se baarmoeder toegemaak het nie. Tog wil hulle nie erken dat hulle gefaal het om die Bybelse riglyne te volg van "laat gaan" en om 'n sagmoedige en stil gees te hê nie. Somtyds as die man dan van die ander of tweede vrou skei, gaan hy nie terug na sy eerste vrou nie, maar soek eerder iemand nuut om hom gelukkig te maak. (Vir bemoediging, lees asseblief die getuienis aan die einde van hoofstuk 12, "Dié wat God soek" oor 'n vrou wat nederig haar man laat gaan het, wat **nie** kwaad geword het vir God nie en is haar huwelik gerestoreer, selfs nadat haar man weer getrou het!)

**Klim van sy rug af en bid!** Jy kan jou huis genees deur jou gebede. "Bely mekaar julle misdade en **bid** vir mekaar, sodat julle gesond kan word. Die vurige **gebed** van 'n regverdige het groot krag" (Jak. 5:16). Indien jy praat, is dit **baie** belangrik dat jy, jou woorde baie versigtig kies.

**Draai, *deur gebed alleen*, jou eggenoot se weg na God.** Jy moet ook verstaan dat jy nie verantwoordelik is vir wat jou eggenoot doen nie; hy is aanspreeklik tot God vir sy aksies. "Maar elkeen word versoek as hy deur sy *eie* **begeerlikheid weggesleep** en **verlok** word" (Jak. 1:14). Bly stil en kom dan uit jou eggenoot se pad.

Vrouens is lief daarvoor om hulle eggenote te behandel asof hulle een van die kinders is. Hierdie tipe moederlike gesindheid sal enige man wegdryf en van sy manlikheid dreineer. Dan wanneer daar 'n vrou kom wat na hom kyk as 'n man, sal hy sy vrou vir die ander vrou los.

**Jy moet die regte gesindheid hê.** "Laat elke mens hom onderwerp aan die magte wat oor hom gestel is, want daar is **geen mag behalwe van God nie**, en dié wat daar is, is deur God ingestel, sodat hy wat hom teen die mag versit, die instelling van God weerstaan; en dié wat dit weerstaan, sal hulle oordeel ontvang" (Rom. 13:1).

Jou eggenoot is die Godgegewe gesag oor jou. Jou rebellie teen sy gesag het jou huidige situasie veroorsaak. Wees **nou** gehoorsaam en onderdanig en sien hoe God jou eggenoot se hart terugdraai huis toe soos jy God se Woord eer.

**Oorwin die kwaad deur die goeie.** Jou reaksie teenoor die bose wanneer dit gebeur wys aan God en ander wat jou dophou wat **regtig** in jou hart omgaan. "Laat jou nie deur die *kwaad oorwin nie*, maar **oorwin die kwaad deur die goeie**" (Rom. 12:21). Dit sal **plaasvind** maar jy kan **voorbereid** wees, ". . . omdat julle weet dat die **beproewing van julle geloof** *lydsaamheid* bewerk" (Jak. 1:3).

Neem hierdie geleentheid om 'n seën oor jou eggenoot te spreek. "Vergeld geen kwaad met kwaad of skeldwoorde met skeldwoorde nie, *maar seën inteendeel*, omdat julle weet dat julle hiertoe geroep is, sodat julle seën kan beërwe" (1 Pet. 3:9). As jy met die belediging of woorde wat seermaak saamstem en jou dit beantwoord met vriendelike woorde of 'n seëning, sal dit jou situasie **onmiddellik** omdraai!

Alhoewel, meeste vroue spandeer hulle energie om hulself te verdedig of die kwessie te bespreek. Soos hulle probeer om hulle eggenoot sover te kry om verantwoordelikheid te neem vir wat gebeur het, gebeur dit dat hulle situasie nie verbeter nie. "Soos 'n skaap is hy gelei om geslag te word, en soos 'n lam wat stom is voor die een wat hom skeer, so maak hy sy mond nie op nie" (Hand. 8:32).

Hierdie is die vroue wat my 'n epos stuur om te weet wat hulle restorasie verhinder. Maar as ek hulle beledigende en arrogante gesindheid hoor, dan weet ek hoekom! Kan jy nederig wees en aanvaar wat ek sê? As jy nie kan nie, wonder jy dan waarom jou eggenoot besluit het om jou te verlaat? "Die wysheid van die vroue bou die huis, maar die sotheid breek dit met eie hande af." (Spr. 14:1).

(Vir bemoediging, lees asseblief die getuienis aan die einde van hoofstuk 12, "Dié wat God soek" oor `n vrou wat nederig haar eggenoot laat gaan het, wat nie kwaad geword het vir God nie, en haar huwelik is gerestoreer selfs nadat haar eggenoot weer getroud is!)

**Konsentreer om die onliefbare lief te hê!** Wanneer jy, jou eggenoot lief het en respekteer, al is hy ook nie liefbaar nie, onvriendelik en in sonde, wys dit onvoorwaardelike liefde aan hom. "Want as julle lief het dié wat vir julle lief het, watter loon het julle? Doen die tollenaars nie ook dieselfde nie?" (Matt. 5:46). Gee jou seer aan God. Hy sal jou help om jou eggenoot lief te hê as jy Hom net *vra!*

**Die bediening van versoening.** As kinders van God is ons ambassadeurs van God se liefde en dit sal ander na God toe trek. "En dit alles is uit God wat ons met Homself versoen het deur Jesus Christus en ons die bediening van die versoening gegee het, naamlik dat God in Christus die wêreld met Homself versoen het deur hulle *hul misdade nie toe te reken nie* en die *woord van die versoening aan ons toe te vertrou.* **Ons tree dan op as gesante** om Christus wil, asof God deur ons vermaan. Ons bid julle om Christus wil: Laat julle met God versoen" (2 Kor. 5:18-20).

Het jy getel? Herhaal jy, jou eggenoot se sondes en tekortkominge oor en oor in jou gedagtes soos jy sy oortredinge aan ander openbaar? Onthou, God se genade is nuut elke oggend—is joune?

**Ons eerste sendingsveld.** Jou gesindheid mag dalk wees, hoekom moet ek my eggenoot die sondaar bedien? Want God gee ons **eggenoot** en kinders as ons eerste sendingsveld voordat ons waarlik effektief kan wees met ander.

Ons wil natuurlik voor God uit hardloop voordat ons waarlik gereed is om ander in die kerk, buurt en by die werk te bedien—terwyl ons die bediening wat ons by die **huis** het afskeep. As jy nie jou eggenoot of kinders vir God gewen het nie, hoe kan jy verlorenes wen vir God?

Baie vroue tree op as slagoffers omdat hulle saam met 'n ongelowige moet leef. Tog is dit hulle wat hulle eggenoot en kinders van God weg hou. 'n Fariseër wat dienste bywoon en dan arrogant en geestelik optree weerhou die ongeredde daarvan om `n verhouding met God te hê. Is dit jy?

**God wil hê ons moet vergenoegdheid aanleer voordat Hy ons eggenoot gaan verander.** Indien jy steeds mor en kla oor jou situasie, wees dan voorbereid om daarin te bly. Ons kan dit in Paulus se lewe sien: "Nie dat ek dit uit gebrek sê nie, want **ek het geleer om vergenoeg te wees** met die omstandighede waarin ek is. Ek weet om verneder te word, ek weet ook om oorvloed te hê; in elke opsig en in alle dinge is ek onderrig: om versadig te word sowel as om honger te ly, om oorvloed te hê sowel as om gebrek te ly" (Fil. 4:11–12)

Paulus sê verder (die bybelvers wat jy so baie hoor), "Ek is tot alles in staat deur Christus wat my krag gee" (Fil. 4:13). Jy sal in moeilike omstandighede bly totdat jy geleer het om vergenoegd te wees daarin!

# Troos Hulle

Wanneer vroue na ons toe kom, wil hulle weet: "Hoe kan ek die vernietiging wat ons lewe vir **JARE** oorweldig het hanteer en dit oorwin? Hoe gaan ek dit moontlik maak deur hierdie pyn en gemors?" Die antwoord is, deur wysheid en die waarheid te soek. Spreuke 23:23 sê: "Koop waarheid en verkoop dit nie, ook wysheid en tug en verstand." My hartsbegeerte is om die waarheid met jou te deel sodat jy vry kan wees. ". . . En julle sal die waarheid ken, en die waarheid sal julle vrymaak" (Joh. 8:32).

Laat ek jou verseker dat **al** die beginsels in hierdie boek jou gaan help om jou huwelik te restoreer, of jou eggenoot jou mishandel, 'n alkohol, dwelm of pornografie probleem het. Meeste van hierdie vroue wat na ons bediening kom deel met egbreuk en een of meer van die sondes van alkoholmisbruik, dwelms, pornografie en/of mishandeling. Alhoewel die getuienisse nie hierdie sondes duidelik maak nie, selfs in my eie getuienis, bestaan hierdie situasies, maar dit word oorkom deur die beginsels in hierdie boek en veral in die boek, "'n Wyse Vrou" te volg. 'n Vrou wat respekvol is in haar gesindheid en haar woorde aan haar eggenoot, saam met 'n onderdanige gees, sal enige situasie van mishandeling omkeer—God waarborg dit!

## Hantering van jou Eggenoot se Sondes

As jou eggenoot in enige sonde is, hoe moet jy as vrou dit hanteer? ie soos die wêreld dit doen nie! Die wêreldse manier sal vernietiging meebring, maar God se beginsels sal oorwinning bring. Hier is God se voorskrif, reguit uit sy Woord:

**Sonder 'n Woord.** Soos ons vroeër geleer het, is die Bybel duidelik dat ons in respek moet stilbly en probeer om nie met ons eggenote te praat wanneer hulle ongehoorsaam is aan God se Woord nie. (Sien 1 Pet. 3:1–2). Moenie die fout maak om met jou eggenoot te praat oor sy sonde nie; praat slegs met God. Ek vra jou ook ernstig om ook nie met ander daaroor te praat nie. Twee dinge gebeur wanneer jy dit doen. Eerstens, dit veroorsaak dat ons nie in lyn is met God se wil nie. "Hy wat heimlik van sy naaste kwaad spreek, hom sal ek [God] vernietig..." (Ps. 101:5).

Tweedens, wanneer jy sy sondes en swakhede bekend maak aan ander is dit amper onmoontlik vir hom om terug te kom en om verskoning te vra. Wanneer almal in die kerk, en al jou familie en vriende weet dat hy egbreuk gepleeg het (of een of ander sonde) maak jy dit vir hom amper onmoontlik om terug te kom. Ons behoort nie iemand anders se sondes te bely nie. Om jou eie sondes te bely is baie anders as om iemand anders s'n te bely. Dit bring ook sy eie vloek mee. "En Gam, die vader van Kanaän, het sy vader se naaktheid gesien en dit aan sy twee broers daarbuite **te kenne gegee** . . . Toe Noag van sy wyn wakker word en merk wat sy jonger seun hom aangedoen het sê hy: Vervloek is Kanaän" (Gen. 9:22–25).

Hierdie skrif bevestig die beginsel wat ons vroeër van gelees het in Psalm 101:5. Dit sê ons mag van niemand kwaad praat nie. Nietemin, besef ek dit is baie moeilik om alles waardeur jy gaan 'n geheim te hou. Dit is hoekom daar in Matteus 6:6 staan: "Maar jy, wanneer jy bid, gaan in jou binnekamer, sluit jou deur en bid jou Vader wat in die verborgene is; en jou Vader wat in die verborgene sien, sal jou in die openbaar vergelde." As jy niemand het om mee te praat nie, **moet** jy, jou hart teenoor God uitstort! Hy is die enigste Een in elk geval wat werklik jou eggenoot en omstandighede kan verander! Maar as ons enigiemand vertel wat vra of bereid is om te luister, wanneer ons oor die telefoon praat vir ure, of dit selfs bespreek met jou pastoor of berader, sal ons faal om daardie dringendheid in ons private gebed te gebruik! Ek moedig vroue aan om te doen wat werk. Ek weet persoonlik dat dit werk, enige ander oplossing slaag nie.

**Vas.** Die beste manier om 'n eggenoot te bevry wat gebind is in sonde, is om vir Hom te vas en bid. "Is dít nie die vas wat Ek verkies nie: dat julle**losmaak die bande** van goddeloosheid, dat julle afhaal die stroppe van die juk en vry laat weggaan die verdruktes en elke juk stukkend breek?" (Jes. 58:6). Daar is meer inligting oor vas in hoofstuk 16, "Sleutels van die Koninkryk van die Hemel" wat jy moet lees.

**Oorwin die kwaad deur die goeie!** 'n Ander manier om die bose te oorwin is deur goed te doen! "Laat jou nie deur die kwaad oorwin nie, maar oorwin die kwaad deur die goeie" (Rom. 12:21). Die Bybel lieg nooit nie. Alhoewel die "kenners" van vandag jou sal vertel, omdat jy liefdevol en vriendelik is, gee jy daardeur die persoon wat alkohol, dwelms, ens. gebruik, toestemming om dit te doen. Die skrif vertel ons die teenoorgestelde. Wat gaan jy kies om te glo en gehoorsaam? Liefde is een van die kragtigste wapens wat ons het en dit is gewaarborg om te werk. Die Here vertel ons dat dit is hoe ons hulle wat ons seermaak en ons vyande moet hanteer. Om nou jou eggenoot lief te hê, ten spyte van sy sonde, is waarlik om die kwaad te oorwin met die goeie!

Spreuke 10:12 belowe: "...*liefde* bedek **al** die oortredinge."

1 Petrus 4:8 bevestig hierdie prinsiep wanneer dit vir ons sê: "Maar bo alles moet julle **mekaar vurig liefhê**, want die **liefde sal 'n menigte sondes** *bedek*."

1 Korintiërs 13:8 gee ons 'n kragtige belofte: "Liefde sal *nooit* tot niet gaan."

1 Tessalonisense 5:15 spreek ons aan: "Sorg dat niemand 'n ander kwaad vir kwaad vergeld nie; maar jaag altyd ná wat goed is, **teenoor mekaar** sowel as teenoor almal."

In Romeine 12:14 word hierdie beginsel ge-illustreer en leer ons dat ons: "Seën die wat julle *vervolg*, **seën en moenie vervloek nie**; wees bly met dié wat bly is, en ween met dié wat ween; wees eensgesind onder mekaar; moenie na hoë dinge streef nie, maar voeg julle by die nederige; moenie eiewys wees nie; vergeld niemand kwaad vir kwaad nie; bedink wat goed is voor alle mense; as dit moontlik is, sover as dit van julle afhang, leef in vrede met alle mense."

Jesus het hierdie woorde gesê in Matteus 5:44–46: "Maar Ek sê vir julle: **Julle moet jul vyande liefhê**; bid vir dié wat julle beledig en julle vervolg; Want as julle lief het dié wat vir julle liefhet, watter loon het julle? Doen die tollenaars nie ook dieselfde nie?"

**Getuienis: Sy het haar eggenoot gevra om die huis te verlaat!**

'n Vrou wat woedend, wraakgierig en bitter was, het "Restore Ministries" besoek. Sy het orals hulp gesoek—ondersteuningsgroepe, beraders en baie boeke—om die probleme met haar eggenoot op te los, wie, volgens haar, 'n alkolis en dwelmverslaafde was.

Sy het genoeg gehad! Sy het haar eggenoot uit die huis gegooi—soos wat sy al 'n aantal vorige kere ook gedoen het. Sy het almal se raad gevolg; ongelukkig het niks haar situasie verander nie maar het dinge slegs heelwat vererger. Dit wat sy by ons bediening geleer het was anders as wat sy ooit gelees of voorheen gehoor het. Uiteindelik, het sy gesê, "Ek het die waarheid gehoor."

Sy vertel dat sy eindelik besef het dat die redes vir haar probleme heelwat anders was as wat aan haar vertel is. Sy het vertel dat sy geheel en al geindoktrineer was deur sielkunde en onbybelse idees dat sy nie meer langer die waarheid kon onderskei nie. Toe sy die beginsels lees, het die Woord van God 'n swaard geword, wat deur haar murg en been gesny het!

Sy het geleer oor die gevaar om oor haar eggenoot te heers, soos toe sy hom gevra het om die huis te verlaat. Sy het die regte manier geleer hoe om haar ongehoorsame eggenoot te wen: sonder 'n woord. Sy het geleer hoe om 'n man wat 'n drankprobleem het te hanteer; deur te vas en bid vir hom. Sy het ook geleer dat 'n geforseerde skeiding egbreuk aanmoedig en maak haar toetse waardeur sy moes gaan **altyd** baie meer.

Binne een week, het sy elke Bybel vers in hierdie boek nageslaan en gemerk in haar Bybel. Tot haar verbasing, kon sy **geen** Skriftelike grond kry vir die aksies wat sy teen haar eggenoot geneem het nie.

Sy het selfs haar kerk gebel en by hulle gepleit om aan haar te wys wat sy gedoen het, korrek is. Sy sê dat sy die Skrifte wat sy in hierdie boek gelees het, moes bevraagteken. Hulle kon haar geen Skriftelike ondersteuning gee nie. Hulle het haar net bemoedig om haar eggenoot uit die huis te hou en nie toe te laat om terug te keer nie.

Tydens al haar verwarring, pyn en woede het hierdie vrou werklik na die waarheid gesoek. Sy het uiteindelik haar eggenoot gevra om terug te kom huis toe. Sy het vir die eerste keer in hulle huwelik hom die respek as hoof van die huis en as geestelike leier gegee. Die herbou van hulle huwelik van toe af was nie maklik of vinnig nie, maar dit was **altyd**stabiel. Haar man het later bely dat hy beplan het om egbreuk te pleeg nadat sy hom gedwing het om die huis te verlaat. Haar man is nou al nege jaar by die huis, en hy is dwelm en alkohol vry. Hy is selfs nou 'n diaken by 'n groot kerk.

Getuienis: Eggenoot bevry van Alkohol

'n Vrou het ons Bediening gekontak. Sy was op haar einde met haar eggenoot se drinkery. Sy het elke metode probeer toepas wat sy gelees het vir vroue van alkoliste. Tog het sy gevind dat elke herstelling net tydelik was. Hulle huwelik was besig om uitmekaar te val.

Hulle het vervreemd geraak. Sy het gevoel dat as hy haar waarlik liefhet, hy sal ophou drink. Haar eggenoot was weer oortuig dat sy nie meer vir hom lief was nie as gevolg van die manier hoe sy hom behandel het. Hy het gesê dat haar slegte behandeling hom slegs meer laat drink het, want hy het gevoel dinge was hopeloos. Sy het ons vertel dat sy wel haar eggenoot liefhet, maar al die boeke sê dat sy van hom moet onttrek, want hulle is interafhanklik en sy het sy "fasiliteerder" geword. Sy het ons vertel dat sy "alles probeer" het en sy was gereed om op te gee. Ons het haar aangemoedig om "God te soek." Sy het gesê dat sy dit alreeds probeer het. Sy was by haar pastoor wat haar eggenoot gekonfronteer het, maar dit het dinge net erger gemaak—hy het die kerk verlaat.

Toe sy finaal op haar einde gekom het, het sy na God begin uitroep! Die volgende oggend het sy 'n vrou ontmoet met 'n gerestoreerde huwelik en wat ingestem het om saam met haar te bid. Slegs twee weke later, terwyl sy gedink het haar man is by die werk, het sy 'n oproep van hom ontvang. Hy was by "Teen Challenge" om hulp te soek. Hierdie vrou se eggenoot was drie maande later 'n totaal nuwe man en aan die brand vir God. Hy het die geestelike leier geword van sy gesin en was aktief betrokke in sy nuwe kerk. *JY kan alles probeer, maar wanneer jy dit doen, belowe ek, sal jy dit slegs vererger. Probeer alleenlik God!! Soek God, vertrou Hom en Hy sal jou situasie in 'n oomblik verander.*

## Moenie Hulle Tart Nie

Die Bybel waarsku ons: ". . . behandel hulle nie as vyande en begeef jou nie in die oorlog teen hulle nie . . ." (Deut. 2:19). Wanneer jy iemand tart wat onder die invloed van dwelms, alkohol of die verleiding van 'n egbreekster is, plaas jy jouself in groot gevaar. Spreuke 18:6 sê vir ons: "Die lippe van die dwaas kom met getwis, en sy mond roep na slae."

As fisiese geweld deel geword het van jou huwelik, moet jy aandag gee aan hierdie Bybel vers en seker maak dat die geweld nie plaas vind as gevolg van 'n oneerbiedige gesindheid en woorde teenoor jou eggenoot wat saamgaan met 'n gees van rebellie nie. God waarsku vrouens om nie te praat met 'n eggenoot wat ongehoorsaam aan die Woord is nie en maak seker jy is stil met 'n eerbiedige gesindheid. (Sien 1 Pet. 3:1–2). God sê vir ons in Efesiërs 5:33 dat, ". . . die vrou *moet* die man **eerbiedig**."

So baie, nadat jy die karakter van jou eggenoot verbaal aangeval het, verander een van julle. Gewoonlik is dit die vrou wat eerste aanval want sy is so seergemaak deur iets wat haar eggenoot in reaksie gesê het. Ongelukkig, na die eerste hou, word fisiese geweld die norm. Wanneer fisiese geweld eers in die huis of huwelik ingekom het, word dit 'n groot deel van die vernietiging.

Diegene in ons bediening wat geweld in hulle huwelike oorkom het is oortuig dat die wortel van die probleem vernietig kan word, en hulle almal stem saam dat dit begin met 'n oneerbiedige gesindheid, snydende en afbrekende woorde, tesame met rebellie (weiering om onderdanig te wees soos die Bybel beveel vroue moet doen), dat dit uitgevee sal word vir altyd. Hierdie getuienis bevestig hierdie waarheid.

Getuienis: In Haar Eie Woorde

Ek lees hierdie getuienis in die "Crowned With Silver" tydskrif. Ek herdruk dit vir jou, met toestemming van CWS en die skrywer van die artikel.

Die volgende storie is, hoop ek, 'n bemoediging aan ander wat hulle self in dieselfde situasie as ek bevind. God het baie maniere om mense te bereik en my storie is een. Daar is die wat se harte verhard is en my "Raka" of "dwaas" sal noem, maar God het my man deur baie moeilike omstandighede bereik. Ek vra, liewe susters, moenie my naam aan die einde van hierdie artikel plaas nie, want ek is bekommerd dat my eggenoot nie die eer wat hy verdien sal kry by sy kinders as hulle dit sou lees nie.

My eggenoot en ek het grootgeword in 'n gemeenskapskerk en is as hoërskoolliefdes getroud. Ek was altyd 'n tuisblymoeder en my eggenoot 'n motorwerktuigkundige. Ons was van baie verskillende agtergronde. Hy het saam met vier broers en twee susters grootgeword. Sy familielede was altyd besig om luidrugtig te argumenteer, debateer en 'n paar houe hier en daar te slaan as hulle 'n punt wou maak. My familie was baie stil. Wanneer ek en my suster 'n argument gehad het, het ons dit stil en onbeskof gedoen. Ons het nie woorde gebruik om mekaar by te kom nie, ons sou iets gedoen het om met mekaar af te reken.

In die begin van ons huwelik was ons jong christene, maar ek het 'n dors na meer van God gehad. My eggenoot was vergenoegd met waar hy die laaste 23 jaar was. Hy het 'n geloofsbelydenis gedoen en geweet hy gaan hemel toe. Dit was goed genoeg vir hom. Ek, inteendeel, het geweet daar moet meer wees. Ek het geweet God was genoeg om my die res van my lewe deur te dra en ek wou 'n lewe lei wat verskil van die wêreld rondom my.

Ons het finansieel gesukkel. Met die geboorte van ons eerste dogter, het ons dit bykans nie in 'n eenslaapkamer woonstel gemaak nie. My eggenoot was soos 'n styfgetrekte tou. Ek sou probeer om die baba stil te hou om die lewe vir hom meer rustig en minder irriterend te maak. Ons verhouding was beter gedurende die weeksdae omdat hy nie so baie by die huis was nie. En dan sou ek met my ou taktieke begin wat ek teen my suster gebruik het toe ons grootgeword het.

Ek sou nie terugbaklei, gil of skree nie. Ek sou eenvoudig hom net terugbetaal. Wanneer ons baklei het, sou ek nie aandete gemaak het nie, of die wasgoed vir 'n week gewas nie en nou en dan moes hy vuil klere dra. Ek sou iets doen wat ek weet hom sou omkrap, maar dit sou nie iets wees wat hy sy vinger na my kon wys nie. Ek kon daarmee wegkom, want dit was nie blatant nie. Die lewe het so aangegaan vir 'n paar jaar. Ons het toe die twee dogters gehad, en toe breek die tou waarop my eggenoot en ek geloop het.

Een Saterdag het ons 'n argument gehad oor hoe ons die ekstra $20 uit ons salaris sou spandeer. My eggenoot wou na 'n voetbalwedstryd toe gaan; ek wou gehad het hy moes ons uitneem vir ete. Hy het geskree dat hy werk vir die geld en hy verdien 'n bietjie pret, waarop hy toe omdraai en loop. Toe stamp ek hom so liggies met my elmboog. (Ek dink al die opbouing van druk as gevolg van al die argumente en twis wat konstant in sy lewe was het op 'n manier die interaksie met sy broers teruggebring.) Hy het onmiddellik sy arm opgelig en my aan my arm teruggestamp so hard as wat hy kon. Ek het nog nooit soveel woede teenoor iemand gesien nie—en dit was ek!

Die pyn daarvan. Ek dink nie die fisiese pyn was so seer as die emosionele en geestelike pyn nie. Sien, ek het probeer om in die Here te groei in alle areas behalwe my huwelik. Dit was 'n pyniging om die Skrifte te lees wat vertel dat die Here die bruidegom is en ons die bruid, en ons huwelik behoort 'n voorbeeld te wees van ons verhouding met God. Dit was verskriklik!

As my huwelik en die verhouding wat ek met my man het enigsins verband gehou het met my verhouding met Christus dan was ek in groot moeilikheid. Ek dink nadat my eggenoot my die eerste keer geslaan het, het hy magteloos gevoel. Ons het al hoe meer op die manier baklei. Ek het dit probeer wegsteek vir die kinders, maar somtyds was daar geen manier om dit te doen nie. Ek dink dit het my meer as enigiets anders seergemaak.

Spreuke sê dat kinders se vaders hulle glorie is. As vaders dan veronderstel is om hulle glorie te wees, dan moes my kinders verraai gevoel het en alles wantrou het, selfs ook God. Soos hulle die Skrifte geleer is, sou hulle selfs hulleself begin wantrou het as iets nie sou gebeur om hierdie gebroke huwelik te restoreer nie.

En ja, al was ek en my eggenoot getroud, en nie geskei nie, het ons 'n gebroke huwelik gehad. Ek het nooit enige van my vriende by die kerk vertel waardeur ek gaan nie. Ek het een van my naaste vriendinne vertel dat my "niggie" deur sekere dinge gaan, sodat ek raad kon kry of om oor sekere kwessies te kon praat. Maar al die raad wat hierdie vriendin my gegee het was dat ek die monster moet los. Sy het gesê daar is name vir hierdie tipe behandeling en net `n dwaas sal by so 'n man bly.

Maar daar was net een problem. Dit was 'n eed wat ek voor God afgelê het dat ek met hierdie man sal bly in siekte en gesondheid, deur die goeie en die slegte tot die dood ons skei en al het ek gevoel dat daar geen liefde meer in my was vir die man wat ek mee getroud was nie, ek was steeds lief vir God. Ek het God liefgehad met elke deeltjie van my bestaan. Ek was so lief vir Hom dat ek nie my huwelikseed sou breek, wat ek 7 jaar terug voor Hom afgelê het nie.

Om by my man te bly was 'n verbintenis wat ek aan God gemaak het die dag toe ek voor Hom getroud is. Ek het na my Hemelse Vader gedraai. Soveel keer in die verlede het ek my gewend na wêreldse raad wat ek in leesstof gevind het. Ek het geluister na my vriende wat sleggepraat het van hulle eggenote en so aan. Ek het geweet dat die enigste manier hoe ek hulp sou ontvang, was om God te soek en Hom te vind en Sy hulp.

Die Here het die Waarheid aan my op eenvoudige maniere openbaar. Ek moes ophou om my eggenoot te blameer soos die wêreld sê ons moet doen, en kyk na dit wat ek verkeerd doen in my huwelik. Die haat, woede en wraak wat ek vir my eggenoot gevoel het, moes ek eenkant toe skuif en ek het besluit om daardie emosies te vervang met vergifnis, empatie en liefde. Ek het om verskoning gevra omdat ek in soveel maniere my eggenoot wou terugkry om hom miserabel te maak. En God het begin om my te verander.

Daar is soveel meer om te vertel, maar laat ek net noem dat God mense verander. As ons bereid is om ons hele lewe aan hom te wy, is Hy daar om ons deur die donkerste ure te lei! Ek is nou reeds 21 jaar met dieselfde man getroud. Wel, hy is nie meer dieselfde man nie, hy het sy hele lewe aan God gegee soos wat ek 11 jaar terug gedoen het. Nes hy die wraak en haat gevoel vloei het uit elke porie van my liggaam, so het hy liefde en vergifnis na hom begin voel vloei.

Nou stry ons nie meer soos voorheen nie, want ons het mekaar nou so lief dat ons wil hê ander dit moet sien. Ons stel nie meer onself bo die ander een se behoeftes nie! God is Wonderlik! Sien, God het my eers verander en toe my eggenoot. Maar dit was God wat die verandering gedoen het!

Getuienis: Steek my Weg Onder die Skadu van U Vlerke

Elaine het baie mishandeling verduur. Vandat sy swanger was met haar eerste kind, het haar eggenoot haar herhaaldelik in woede mishandel. Sy het alles probeer: skuilings, vriende se huise, terug na haar ouers en selfs geregtelike beskermings offisiere, maar niks was permanent nie.

Na haar eggenoot se geweldadige uitbarstings, sou hy omverskoning vra en probeer "opmaak" met haar. Hy sou haar smeek dat sy hom asseblief moet "vergewe." Maar hy het gou weer geweldadig geword.

Na drie kinders en geen hoop nie, het sy daaraan gedink om haar lewe te neem. Maar hoe kon sy haar kinders by so 'n geweldadidge man agterlaat. Sy kon nie. Sy sou hulle klein lewentjies ook moes neem. Maar moord! Sy het verskeie kere daaraan gedink om haar man te vermoor veral tydens sy aanvalle. Maar hoe kon sy, 'n christen, so dink?

Een nag het sy na 'n gebedsbyeenkoms gegaan in haar kerk. Hulle het die mense voorentoe geroep vir gebed, maar Elaine het stadig vorentoe geloop tydens die laaste lied. En vir die eerste keer wat sy kon onthou, het sy die hele situasie aan God gegee.

Sy het voor die voet van die kruis gestaan en gesnik soos sy huil. Sy het dit alles vir God gegee. Sy het vir God gesê, "Here, as U wil hê dat ek by hierdie man moet bly, sal ek. Ek sal nooit weer probeer weghardloop of na hulp soek nie. Ek sal hierdie lewe aanvaar wat U vir my gegee het. My kinders in U s'n. Doen wat U wil met almal van ons."

Elaine het huis toe gegaan met vreugde in haar hart. Die volgende dag, terwyl haar kinders by die skool was en terwyl sy en haar baba by die winkel was, het God 'n verandering in haar lewe gemaak. Haar man het bedank by sy werk, huistoe gekom en sy goed gepak. Elaine se eggenoot het weggeraak daardie dag. Dit was 21 jaar terug.

Elaine is nog wettig getroud aan 'n man wat sy nooit weer gesien of van gehoor het in meer as twintig jaar nie. Haar kinders is al groot en haar jongste dogter is onlangs getroud. Sy en haar kinders het 'n baie nou verhouding met God. Elaine lewe nogsteeds onder die beskerming van God se Vlerke. (Ps. 17:8).

"En hulle het hom **oorwin** deur die *bloed van die Lam* en deur **die woord van hulle getuienis**, en hulle het tot die dood toe hulle lewe nie liefgehad nie" (Open. 12:11).

Vir meer getuienisse besoek ons op ons webblad by RMIEW.com of kry 'n afskrif van die boek *Deur die Woord van hulle getuienis.*

**Persoonlike verbintenis: om vir God te bid eerder as om gou met my eggenoot te praat.** "Gebaseer op God se Woord, verbind ek my om God toe te laat om met my eggenoot te werk deur Sy Heilige Gees. In plaas daarvan sal ek op my knieë voor God gaan en bid. Ek aanvaar dat die enigste manier dat my eggenoot sy sondes gaan bely, is as ek optree teenoor hom met respek, 'n nederige gees en hom oorwin 'sonder 'n woord'. Ek sal die kwaad oorwin met die goeie. Ek sal die Here vertrou om my te beskerm."

Datum:_____ Geteken: _____

# Sagmoedig en Stille Gees

*"Maar die*
*verborge mens van die hart*
*in die onverganklike versiering*
*van 'n sagmoedige en stille gees,*
*wat baie kosbaar is voor God."*
*—1 Petrus 3:4*

Luidrugtige vrouens is alledaags. Luidrugtig word gedefinieer as "onaangename luidrigtigheid en aanhoudendheid." Dit word nie net aanvaar nie maar ook aangemoedig deur die media.

Ongelukkig, het hierdie gedrag by christene en die kerk infiltreer. Is dit verbasend dat die egskeidingsyfer hoër is in die kerk as die gemiddelde syfer in die wêreld?

'n Vrou met 'n "sagmoedige en stille gees" word 'n vloerlap genoem. Sy word vertel dat haar eggenoot haar nie sal respekteer tensy sy op haar regte staan nie.

Mans vertel dikwels vir hulle vrouens om terug te baklei, of om op te staan vir hulself, en dan terselfdertyd gaan hulle voort met die skeisaak en gaan bly by die ander vrou. God het gesê dat 'n sagmoedige en stille gees baie kosbaar vir Hom is, en is dit die enigste weg tot restorasie en genesing.

Alhoewel, waaneer 'n man van die waarheid afdwaal en sondig, hoor jy dikwels christene en pastore vir die vrou vertel dat hulle "harde liefde" moet toepas, al is dit onbybels en verbrokkel dit huwelike. Bygesê, dit veroorsaak ook 'n "harde hart" wat veroorsaak dat die vrou ongewillig, of nie in staat is om haar eggenoot te vergewe nie. Net 'n hart van vlees, 'n teer hart, is werklik daartoe instaat om te vergewe.

In hierdie hoofstuk soek ons na die waarheid oor harde liefde en wat gebeur deur iemand te vergewe. Vergifnis bring genesing.

# Harde Liefde?

**Liefde is lankmoedig.** God gee vir ons 'n beskrywing van liefde. Kyk of jy die woord "hard" of enige soortgelyke woord kan kry. "**Die liefde is lankmoedig** en vriendelik; die liefde is nie jaloers nie; die liefde praat nie groot nie, is nie opgeblase nie, handel nie onwelvoeglik nie, soek nie sy eie belang nie, word nie verbitterd nie, **reken die kwaad nie toe nie, is nie bly oor die ongeregtigheid nie**, maar is bly saam met die waarheid. Dit bedek alles, glo alles, hoop alles, verdra alles. Die liefde vergaan nimmermeer; maar profesieë—hulle sal tot niet gaan; of tale—hulle sal ophou; of kennis—dit sal tot niet gaan...." (1 Kor. 13:4–8).

Hierdie verse bewys dat daar geen plek is vir "harde liefde" in 'n huwelik nie. Die liefde wat Jesus geleef het en ons na moet strewe is "hard" om uit te leef, maar nooit "hard" teenoor iemand anders wie ons liefhet.

**Dit gebied Ek julle.** Nog 'n baie populêre stelling in die kerk vandag is "Liefde is 'n keuse." Lees saam met my die volgende verse om te sien of God sê dat ons mag "kies" wie om lief te hê. Of **gebied** God dat ons dit doen, soos wat ons strewe om meer soos Christus te wees? "Dit **gebied** Ek julle, dat julle **mekaar moet liefhê**." (Joh 15:17). Ons het 'n keuse: om God te gehoorsaam of nie. Dit is nie wat christelike sielkundiges vir ons vertel nie, is dit?

**Julle moet julle vyande liefhê.** Ons vriendinne moedig ons aan om "onsself te beskerm" of om "nie daardie mense lief te hê wie moeilik is om voor lief te wees nie." Moet ons hulle liefhê of nie? "Maar Ek sê vir julle wat luister: Julle moet jul **vyande liefhê** en goed doen aan die wat vir julle haat. Seën die wat vir julle vervloek, en bid vir die wat julle beledig." (Luk 6:27–28).

In hierdie vers maak God dit baie duidelik. Hy vermaan die wie net die liefdevolle mense liefhet: "Maar Ek sê vir julle: **Julle moet jul vyande liefhê**; ...bid vir die wat julle beledig en julle vervolg... want as **julle**

**liefhet die wat vir julle liefhet**, watter loon het julle? Doen die tollenaars nie ook dieselfde nie?" (Matt. 5:44–46).

**Gee plek vir die toorn.** In die boek wat praat oor ons wat "hard" teenoor ons eggenoot moet optree, is daar vir ons voorgesê om 'n krisis te veroorsaak en ons eggenoot te konfronteer. Met ander woorde ons moet sake in eie hande neem. Wat leer God vir ons om te doen?

"...verbly julle in die hoop; volhard in die gebed... Seën die wat julle vervolg, seën en moenie vervloek nie; vergeld niemand kwaad vir kwaad nie... Bedink wat goed is voor alle mense; as dit moontlik is, sover as dit van julle afhang, leef in vrede met alle mense. Moenie julle wreek nie, geliefdes, maar **gee plek vir die toorn**; want daar is geskrywe: AAN MY KOM DIE WRAAK TOE, EK SAL VERGELD, spreek die Here." (Rom. 12:12,14,17–19).

**Hy het nie gedreig nie.** Jy mag jouself vra "Hoekom moet ek so ly en nie eers die bevrediging hê om wraak te neem nie?" Lees God se verduideliking:

"Want hiertoe is julle geroep, omdat Christus ook vir julle gely het en julle 'n voorbeeld nagelaat het, sodat julle sy voetstappe kan navolg; Hy wat geen sonde gedoen het nie, en in wie se mond geen bedrog gevind is nie; wat, toe Hy uitgeskel is, **nie terug uitgeskel het nie**; toe **Hy gely het, nie gedreig het nie**, maar dit oorgegee het aan Hom wat regverdig oordeel." (1 Pet. 2:21–23).

**Oorwin die kwaad deur die goeie.** "As jou vyand dan honger het, gee hom iets om te eet; as hy dors het, gee hom iets om te drink, want sodoende sal jy op sy hoof vurige kole ophoop. Laat jou nie deur die kwaad oorwin nie, maar **oorwin die kwaad deur die goeie**." (Rom. 12:20–21).

**Salig is die sagmoediges.** Indien jy nie sake in eie hande neem nie en 'n "harde" standpunt inneem nie, sal ander (selfs christene), vir jou vertel dat jy 'n vloerlap is. Alhoewel, laat ek julle herinner wie Jesus as "geseënd" beskou het — "**Salig** is die *sagmoediges*, want hulle sal die aarde beërwe." (Matt. 5:5. Jesus kies om Sy lewe neer te lê en het toegelaat dat sy vyande kom gevange geneem het.)   Moet ons in Sy voetstappe volg of nie?

**God se geregtigheid.** Mense mag jou selfs herinner daaraan toe Jesus die tafels in die tempel omgekeer het.  Hulle sal hierdie voorbeeld gebruik om vir jou te vertel dat jy 'n "reg" het om kwaad te word vir ander. God sê Hy is 'n jaloerse God. Mag ons dan ook jaloers wees? "Elke mens moet gou wees om te hoor, stadig om te praat, **stadig om toornig te word**. Want die toorn van 'n man bewerk *nie* **die geregtigheid voor God nie**." (Jak 1:19–20).

**Sodat julle nie kan doen wat julle wil nie.** Wanneer ons die impuls kry om iets te sê of te doen wat alles behalwe nederig is, dan loop ons in die vlees en nie in die Gees nie. "Maar ek sê: Wandel deur die Gees, dan sal julle nooit die begeerlikheid van die vlees volbring nie." (Gal. 5:16).

"Want die vlees begeer teen die Gees, en die Gees teen die vlees; en hulle staan teenoor mekaar, **sodat julle nie kan doen wat julle wil nie.** Maar die vrug van die Gees is liefde, blydskap, vrede, lankmoedigheid, vriendelikheid, goedheid, getrouheid, sagmoedigheid, selfbeheersing." (Gal. 5:17, 22–23). "En soos julle wil hê dat die mense aan julle moet doen, **so moet julle ook aan hulle doen**." (Luk 6:31).

**Goedertierenheid van God.** Jy is mislei as jy dink om iemand te konfronteer en onvriendelik en ferm te wees, die ander persoon sal omkeer.  As dit gewerk het, waarom sal God vriendelikheid gebruik om ons tot bekering te lei. Sondaars gaan nie vorentoe om die Here te aanvaar as hulle dink dat hulle gekritiseer of gedissiplineer word nie? "Of verag jy die rykdom van sy goedertierenheid en verdraagsaamheid en lankmoedigheid, omdat jy nie besef dat die **goedertierenheid van God** jou tot bekering wil lei nie?" (Rom. 2:4).

**Niemand die Here sal sien nie.** Nog 'n uiters belangrike rede vir jou sagmoedige en stille gees wanneer jy te doen het met jou eggenoot (en ander) is dat ander Christus in ons kan sien. "*Jaag die vrede* na met **almal**, en die heiligmaking waarsonder **niemand die Here sal sien nie**." (Heb. 12:14).

Moenie dink dat jy vriendelik kan optree met jou eggenoot, maar onvriendelik kan wees teenoor jou kinders, ouers en mede werkers nie. God kyk en Hy is die een wat jou eggenoot se hart sal omdraai. Niks is weggesteek van Hom nie. Laat ons nie vergeet dat Hy na jou hart kyk nie; daarom, al probeer jy ook jou woede beheer, Hy kyk dieper! Jou vlees moet sterf!

**Bediening van die versoening.** Ons moet verteenwoordigers wees van Christus deur versoening. "En dit alles is uit God wat ons met Homself versoen het deur Jesus Christus en ons die **bediening van die versoening** gegee het, naamlik dat God in Christus die wêreld met Homself versoen het deur hulle hul misdade nie toe te reken nie en die woord van die versoening aan ons toe te vertrou." (2 Kor. 5:18,19).

"Ons tree dan op as **gesante** om Christus wil, asof God deur ons vermaan. Ons *bid julle* om Christus wil: Laat julle met God versoen." (2 Kor. 5:20).

**Dat jy nie ook versoek word nie.** Die volgende Skrifte waarsku ons oor wanneer ons nie sagmoedig is teenoor ander wanneer hulle teen ons gesondig het nie. "Broeders, as iemand ewenwel deur een of ander misdaad oorval word, moet julle wat geestelik is, so een reghelp met die gees van sagmoedigheid, terwyl jy op jouself let, **dat jy ook nie versoek word nie.** Dra mekaar se laste en vervul so die wet van Christus." (Gal. 6:1–2).

**Dat die Here dit sien en dit verkeerd is in Sy oë.** Menige vroue is so bly om hulle eggenote te sien "toekom wat hulle verdien" wanneer God hulle straf met finansiële moeilikheid of ander beproewinge. Dan sien hulle dat hulle eggenote se situasies ten goede omdraai. Hoekom gebeur dit? "As jou vyand val, verheug jou nie; en as hy struikel, laat jou hart nie juig nie, dat **die HERE dit nie sien en dit miskien verkeerd is in sy oë** en Hy sy toorn van hom afwend nie." (Spr. 24:17,18).

**Doeners van die Woord.** Dit is belangrik dat ons die waarheid leer en saamstem met die Skrifte, maar ons moet nie daar ophou nie. "En word **daders van die woord** en nie net hoorders wat julleself bedrieg nie. ...omdat hy nie 'n vergeetagtige hoorder is nie, maar 'n dader van die werk, gelukkig wees in wat hy doen." (Jak 1:22, 25). **"Wie dan weet om goed te doen** en dit nie doen nie, vir hom is dit sonde." (Jak 4:17).

**Die dwaling van sedelose mense.** God waarsku ons dat ons nie moet luister of mense moet volg wat ons iets vertel wat die Woord weerspreek nie. "Daarom, geliefdes, terwyl julle hierdie dinge verwag, beywer julle dat julle vlekkeloos en onberispelik voor Hom bevind mag word in vrede. En ag die lankmoedigheid van onse Here as saligheid, soos ons geliefde broeder Paulus ook met die wysheid wat aan hom gegee is, aan julle geskryf het, net soos in al die briewe. Hy spreek daarin oor hierdie dinge, waarvan sommige swaar is om te verstaan, wat die ongeleerde en onvaste mense verdraai, net soos die ander Skrifte, tot hul eie verderf. Noudat julle dit dan vooruit weet, geliefdes, moet julle op jul hoede wees dat julle nie miskien **meegesleep word deur die dwaling van sedelose mense en wegval uit jul eie vastigheid nie**. Maar julle moet toeneem in die genade en kennis van onse Here en Saligmaker, Jesus Christus." (2 Pet. 3:14–18).

"Harde liefde" is verkeerd en weerspreek totaal en al die leringe en voorbeeld van Jesus. Leer eerder van Hom wat Homself beskryf as "sagmoedig en nederig van hart." "Neem my juk op julle en leer van My, want Ek is sagmoedig en nederig van hart, en julle sal rus vind vir julle siele; want my juk is sag en my las is lig." (Matt. 11:29).

# Vergifnis

Net 'n vrou wie se hart sagmoedig en stil is kan haar eggenoot vergewe. Alhoewel, baie vroue is mislei en vergewe nie hulle eggenoot nie omdat hulle nie die dodelike nagevolge van hulle onvergifnis ten volle verstaan nie. Kom ons ondersoek die Skrifte om te sien wat God sê oor onvergifnis. Hier is 'n paar van die vrae wat ons behoort te vra:

**Vraag:** Hoekom moet ek my eggenoot en die ander wat betrokke was, vergewe?

**Soos Christus julle vergewe het.** Ons vergewe omdat God ons vergewe het. "Maar wees vriendelik en vol ontferming teenoor mekaar;

vergeef mekaar soos God ook in **Christus julle vergewe het**." (Efe. 4:32).

**Die kosbare bloed van die verbond.** Jesus het sy bloed vir ons gestort vir die vergifnis van ons sonde – ook jou eggenoot se sonde! "En byna alles word met bloed gereinig volgens die wet, en sonder bloedvergieting vind daar geen vergifnis plaas nie." (Heb. 9:22). "Want dit is my bloed, die bloed van die nuwe testament, wat vir baie uitgestort word tot **vergifnis van sondes**." (Matt. 26:28).

**Bevestig julle liefde aan hom.** Om die oortreder se grief minder te maak. "...sodat julle daarenteen hom liewer moet vergewe en **vertroos**, dat so iemand nie miskien deur al te groot droefheid verteer word nie. Daarom *vermaan* ek julle om die **liefde aan hom te bevestig**." (2 Kor. 2:7–8).

**Moenie deur satan bedrieg word nie.** Satan kan 'n tekort aan vergifnis teen jou gebruik. "Aan wie julle iets vergewe, vergeef ek ook; want wie ek ook vergeef het—as ek iets vergeef het—dit was om julle ontwil voor die aangesig van Christus, **sodat ons nie deur die Satan bedrieg sou word nie**; want ons is met sy planne nie onbekend nie." (2 Kor. 2:10–11).

**Ons Vader sal nie *jou* sondes vergewe nie.** God het gesê dat hy nie ons sondes sal vergewe tensy ons ander hulle sondes vergewe nie. "Want as julle die mense hulle oortredinge vergewe, sal julle hemelse Vader julle ook vergewe. Maar as julle die mense hulle oortredinge nie vergewe nie, sal **julle Vader *julle*oortredinge ook nie vergewe nie**." (Matt. 6:14–15). "So sal ook my hemelse Vader aan julle doen as julle nie elkeen sy broeder *van harte* sy oortredinge vergewe nie." (Matt. 18:35)

**Vraag:** Maar moet die oortreder nie eers jammer wees voordat ek vergewe nie?

**Vader, vergeef hulle.** Hulle wat Jesus gekruisig het, het Hom nooit om vergifnis gevra nie, hulle was ook nie jammer oor wat hulle gedoen het nie. As ons christene is, is ons volgers van Christus, daarom moet ons

Sy voorbeeld volg. **"Vader, vergeef hulle, want hulle weet nie wat hulle doen nie."** (Luk 23:34).

Toe Stefanus gestenig was, het hy voor hy gesterf het, uitgeroep: **"Here, reken hulle hierdie sonde nie toe nie!"** (Hand 7:60). Kan ons enigsins minder doen?!

**Vraag:** Hoeveel keer verwag God moet ek vergewe?

**Sewentig maal sewe.** Baie vroue sê, "Maar my eggenoot het dit voorheen aan my gedoen, regdeur ons huwelik!" Toe Petrus vir Jesus vra hoeveel keer hy moet vergewe, het Jesus hom geantwoord, "Ek sê vir jou, nie tot sewe maal toe nie, maar tot **sewentig maal sewe** toe." (Matt. 18:22). Dit is 490 keer vir dieselfde oortreding!

**Aan hulle sonde nie meer dink nie.** Beteken dit werklik dat ek sonde vergeet as ek vergewe tydens `n argument, ook tydens egskeiding? "Ek sal hulle ongeregtigheid vergewe en **aan hulle sonde nie meerdink nie.**" (Jer. 31:34). "So ver as die ooste verwyderd is van die weste, so ver verwyder Hy ons oortredinge van ons." (Ps. 103:12). "Vergeld geen kwaad met kwaad of skeldwoorde met skeldwoorde nie, maar seën inteendeel, omdat julle weet dat julle hiertoe geroep is, sodat julle seën kan beërwe." (1 Pet. 3:9).

Wees voorberei; Satan sal probeer om ou oortredinge in jou gedagtes te herroep selfs nadat jy vergewe het. Wanneer hy dit doen, moet jy eenvoudig weer vergewe. Baie vroue wie se eggenoot ontrou was aan hulle, wat terug gekom het huis toe, het "terugflitse" ondervind amper soos "geestelike oorlogvoering" trauma en moes aanhoudend vergewe, soms daagliks.

**Vraag:** Hoe kan ek vergewe soos God van my verwag in Sy Woord? **God alleen.** Net God kan jou help om dit te doen. Jy moet jouself **verneder** en Hom vra om jou genadig te wees. *"Wie kan sondes vergewe* **behalwe Een, naamlik God**?" (Mark 2:7).

**Vra.** "…en julle het nie, omdat julle nie bid nie." (Jak 4:2). Vra God om jou eggenoot deur jou te vergewe soos jy aan Hom oorgee. (Vir meer hulp hoe om jou eggenoot waarlik te vergewe, kry ons getuienis eVideo om te luister hoe God dit vir my gedoen het!)

**Aan die nederiges gee Hy genade.** Hoe kry ek die genade wat ek nodig het? "God weerstaan die hoogmoediges, **maar aan die nederiges gee Hy genade**. Verneder julle dan onder die kragtige hand van God, sodat Hy julle kan verhoog op die regte tyd." (1 Pet. 5:5–6).

**Nederig hart.** Hoe kan ek nederig gemaak word? "Omdat hulle wederstrewig was teen die woorde van God en die raad van die Allerhoogste verwerp het, het **Hy hulle hart deur moeite verneder**; hulle het gestruikel, en daar was geen helper nie. Toe het hulle die HERE aangeroep in hul benoudheid; uit hul angste het Hy hulle verlos." (Ps. 107:11–13).

"Ek het my **siel gekwel** *met vas*, en my *gebed* het teruggekeer in my boesem." (Ps. 35:13). Partykeer kan dit dalk deur siekte wees dat Hy jou stil en nederig maak. Moenie daarteen baklei nie—dit is God wat besig is om te werk!

**Versoen jou eers met jou broer.** Wanneer moet ek die vergewe wat my seer gemaak het? Moet ek nie eers aangekla voel nie? "As jy dan jou gawe na die altaar bring en dit jou daar byval dat jou broeder iets teen jou het, laat jou gawe daar voor die altaar bly en **gaan versoen jou eers met jou broeder**, en kom dan en bring jou gawe." (Matt. 5:23–24). Indien jy nog nie iemand anders, veral jou eggenoot, vergewe het nie, moet jy vergifnis daarvoor vra.

**Bitterheid.** Om iemand nie te vergewe nie veroorsaak bitterheid. Die defenisie vir betterheid is "gif!" "Alle**bitterheid** en woede en toorn en geskreeu en lastering moet van julle verwyder word, saam met alle boosheid." (Efe 4:31). Om iemand anders nie te vergewe, vreet jou binneste op en nie die ander persoon s'n nie! "Die hart ken sy eie verdriet…" (Spr. 14:10). "Want Hy ken die geheime van die hart." (Ps. 44:22).

**'n Broer teen wie oortree is.** Wees seker dat jy die Skriftelike riglyne volg. Ek het baie keer gehoor dat vrouens sê dat dinge erger was nadat hulle om vergifnis gevra het of dat dit glad nie gehelp het nie. Ek kan uit ondervinding praat. Met tye, wanneer ek iemand se vergifnis gevra het, het ek dit op die verkeerde manier gesê en die persoon nog meer ontstel. **"'n Broer teen wie oortree is**, is erger as 'n sterk stad; en geskille is soos die grendel van 'n paleis." (Spr. 18:19).

**Mensebehaers.** Wees versigtig: Jy mag jou man flous, maar God ken jou motiewe en jou hart. "...maar die HERE sien die hart aan." (1 Sam.16:7). "...in opregtheid van julle hart, soos aan Christus; nie met oëdiens **soos mensebehaers** nie, maar soos diensknegte van Christus wat die wil van God van harte doen en met goedwilligheid die Here dien." (Efe 6:5–6).

**Elke ydele woord.** Berei elke *woord voor wat jy sê*! "Die dwaas het geen behae in verstandigheid nie, maar net daarin dat sy hart openbaar word." (Spr. 18:2). "Maar Ek sê vir julle dat van **elke ydele woord**wat die mense praat, daarvan moet hulle *rekenskap gee* in die oordeelsdag." (Matt.12:36).

Probeer neerskryf wat jy wil sê. Lees daarna hardop wat jy geskryf het, en plaas jouself in die ander persoon se skoene. Hoor dit uit sy oogpunt. Klink dit beskuldigend? Vra vir God om die regte woorde in jou mond te sit en deur jou te praat.

**Veelheid van woorde.** "By **veelheid van woorde** ontbreek die oortreding nie." (Spr. 10:19). Sê net wat *jy*gedoen het; moenie iets sê soos, *Toe jy dit gedoen het en so en so, wel, toe het ek ...*

**Hy het nie gedreig nie.** Indien die ander persoon jou begin dreig of slegsê, moenie jou mond oopmaak behalwe om saam te stem nie. "...toe Hy gely het, **nie gedreig het nie**, maar dit oorgegee het aan Hom wat regverdig oordeel..." (1 Pet. 2:23).

**Elke ydele woord.** Die "verlore seun" het sy woorde voorberei toe hy besluit het om huis toe te gaan: "Ek sal opstaan en na my vader gaan, en ek sal vir hom sê: **Vader, ek het gesondig** teen die hemel en voor u, en ek is nie meer werd om u seun genoem te word nie; maak my soos een van u huurlinge." (Luk 15:18–19).

Maak seker jou woorde is soet en vriendelik **elke keer** wanneer jy die geleentheid het om jou eggenoot te sien! Onthou, "soetheid van lippe vermeerder die lering." (Spr. 16:21). En, "Vriendelike woorde is soos 'n heuningkoek: **soet vir die siel** en 'n **genesing** vir die gebeente." (Spr. 16:24).

**Vraag:** Hoe kan ek seker wees dat ek regtig vergewe het? Jy sal weet en die sekerheid hê dat jy waarlik vergewe het, wanneer jou sondes en swakhede so groot is in jou oë, dat jy nie meer jou eggenoot se sondes en swakhede raaksien nie. Jy sal blind wees vir sy verlede, hede en toekomstige foute.

Wanneer vrouens skryf en praat oor wat hulle eggenoot verkeerd doen, dan weet ek hulle is ver van restorasie. Baie vrouens wat hulle huwelike wil red, sien geen verandering aan hulle situasie nie, omdat hulle nie die verantwoordelikheid wil neem vir hulle sondes wat gelei het tot die egskeiding.

Hulle wil, verkeerdelik, "deel" oor hulle aandeel daarin, wat lei tot hulle eie verwoesting. Jesus het die volle en totale verantwoordelikheid geneem en *al* ons sondes gedra. Ons moet ook alles dra en verdra. Dan, as gelowiges, moet ons na God toe gaan en ons sondes van ons gebrokkelde huwelik by Sy voete neerlê, wetende dat die skuld reeds betaal is.

By gesê, indien jy nog ergelik teenoor jou eggenoot se doen en late of nog erger, jy nogsteeds kwaad raak daaroor, dan het jy nog nie vergewe nie—woede is 'n doodelike hart kwaal, wat altyd kop uitsteek.

**Persoonlike Verbintenis: om te strewe om 'n sagmoedige en stille gees te hê.** "Gebaseer op wat ek uit God se Woord geleer het, verbind ek my om alles wat ek geleer het toe te pas en om gou te wees om te hoor maar stadig te wees om te praat; om die wat teenoor my gesondig het te vergewe en om my te gaan versoen met die wat ek seer gemaak het."

Datum:_____     Geteken:_____

# Hy Lei die Hart

*"Die koning se hart is in die*
*hand van die HERE soos waterstrome:*
*Hy lei dit waarheen Hy wil."*
*—Spreuke 21:1*

Het almal al vir jou vertel dat jou eggenoot 'n wil van sy eie het; daarom sal hy dalk "kies" om nie terug te kom nie?

Waaneer jy op die pad van huweliksrestorasie is, sal jy gebombardeer word (soos almal wat hulle huwelike probeer restoreer) deur 'n stormloop van mense wat vir jou sal vertel dat dit jou eggenoot se keuse is en sy "vrye wil" om te besluit of hy jou wil los om by 'n ander vrou te wees. Maar, Prys die Here, dit is nie waar nie!!

Wanneer ek vir die antwoorde gesoek het, vir hierdie verknorsing van mens se wil teen **God se** wil, het ek gevind dat die Bybel altyd God se wil genoem het en nooit mens se wil nie.

Laat my toe om jou te wys wat Hy vir my gewys het:

Dit is *nie* mens se wil nie maar God se wil!!

"…gee aan wie *Hy wil*." (Dan. 4:32).

"…*gee* aan wie *Hy wil*." (Dan. 4:25).

"…dan sal **Hy** ons verlos…" (Dan 3:17).

**Neem in ag Nebukadnésar.** Nadat sy trots hom laat kruip het soos 'n dier, sê hy van God, "En al die aardbewoners word as niks geag nie, en na sy wil handel Hy met die leër van die hemel en die bewoners van die aarde, en daar is niemand wat sy hand kan afslaan en vir Hom kan sê: 'Wat doen U nie?'" (Dan. 4:35). Is dit nie dieselfde God wat Sy eie wil volg nie? Is jou eggenoot grooter as Koning Nebukadnésar?

**Neem in ag ook Jona.** Jona was onwillig om te doen wat God wou gehad het hy moes doen, maar God het hom gewillig *gemaak*. "En die HERE het 'n groot vis beskik om Jona in te sluk; en Jona was drie dae en drie nagte in die ingewande van die vis." (Jona 1:17). God is *meer as instaat* om jou eggenoot gewillig te maak!!

**Laastens, neem in ag Saulus.** "Maar Saulus, wat nog dreiging en moord geblaas het teen die dissipels van die Here... omstraal hom skielik 'n lig van die hemel af; en hy val op die grond... Toe staan Saulus van die grond af op, en alhoewel sy oë oop was, het hy niemand gesien nie. Die Here het my gestuur, naamlik Jesus sodat jy weer kan sien en met die Heilige Gees vervul word. En dadelik het daar iets soos skille van sy oë afgeval, en hy kon onmiddellik weer sien; en hy het opgestaan en is gedoop." (Hand. 9:1–18).

God is *meer as instaat* om jou eggenoot *binne oomblikke* te verander!! *Ek het dit al baie keer gesien gebeur, met my eie eggenoot en met ander se eggenote!* Indien jy sê "Maar jy ken nie my eggenoot nie," sou ek sê—Jy ken nie vir God nie!! Hy het jou verander het hy nie?

# Hy lei die Hart

Jy sal pastore en ander christene hoor sê dat dit jou eggenoot se wil is om jou te los, van jou te skei, of by 'n ander vrou te wees. Maar ons het nou net uit die Bybel geleer dat dit nie mens se wil maar God se wil is nie.

Dit mag dalk jou eggenoot se wil wees om jou te los en van jou te skei of met iemand anders te wees. Nie te min, **God kan sy hart verander!**

Ons hoef nie oor sy wil bekommerd te wees nie. Instede moet ons bid dat die Here ons eggenoot se hart sal lei. "Die koning se **hart** is in die hand van die HERE soos waterstrome: Hy lei dit waarheen Hy wil." (Spr. 21:1).

Bid dat God vir hom 'n nuwe hart sal gee en sy hart van klip vervang met 'n hart van vlees! "En Ek sal julle 'n **nuwe hart gee** en 'n nuwe gees in jul binneste gee; en Ek sal die hart van klip uit julle vlees wegneem en julle **'n hart van vlees** gee." (Eseg. 36:26).

Die eerste stap om te neem voordat God jou eggenoot se hart kan lei, is om God se beloftes te soek, Sy waarhede te vind en dit dan toe te pas. *Hierdie is die verse wat ek gememoriseer het en gebruik het omDan se hart terug te lei.*

"As die HERE behae het in die weë van 'n man, dan laat Hy selfs sy vyande met hom vrede hou." (Spr. 16:7).

"…en verlustig jou in die HERE; dan sal Hy jou gee die begeertes van jou hart." (Ps. 37:4).

"Laat jou weg aan die HERE oor en vertrou op Hom, en Hy sal dit uitvoer." (Ps. 37:5).

"Maar soek eers die koninkryk van God en sy geregtigheid, en al hierdie dinge sal vir julle bygevoeg word." (Matt. 6:33).

Onthou dat jy God eerste in jou lewe moet plaas; Hy wil nooit tweede plek in jou hart hê nie. Wanneer jy Hom eerste plek in jou hart gegee het, sal Hy jou begin vorm sodat jy meer soos Hy word. Dit is dan, wanneer jy sal sien hoe jou eggenoot se hart na jou gelei word.

Indien jy sukkel met die prinsiep van God se wil teenoor mens se wil, sal jy, God se Woord moet studeer en Sy beloftes in die dieptes van jou **hart** bêre, sodat dit jou siel begin hernu!

Kom ons kyk na 'n paar Bybelverse wat vir ons vertel hoe God die harte van mense en konings gelei het:

"Hy wat so iets in die hart van die koning gegee het…" (Esra 7:27–28).

"Ek sal die hart van die Egiptenaars verhard…" (Eksod. 14:17).

"Die HERE het Farao se hart verhard ..." (Eksod. 10:27).

"Die HERE lei die koning se hart waarheen Hy wil." (Spr. 21:1).

In the boek van Spreuke leer ons wysheid. Spreuke 1 vers 2 tot 7 gee vir ons 'n beskrywing van Wysheid.

Om Wysheid en tug te ken.

Om Woorde van insig te verstaan.

Om aan te neem tug wat verstandig maak, geregtigheid en reg en regverdigheid.

Die wyse luister, dan sal hy insig vermeerder, en die verstandige sal verstandige gedagtes verkry.

Die woorde van die wyse manne en hulle raaisels te verstaan.

Om aan die eenvoudiges skranderheid te gee.

Aan die jongeling kennis.

Lees Spreuke elke dag vir Wysheid! (Gaan na ons webblad seksie genoem "Daily Devotional" om elke dag bybelverse te lees.)

## Eggenote wat Onwillig is

Nie alle eggenote kom huistoe nadat God hulle harte gelei het nie. Baie eggenote, gaan teen hulle harte omdat hulle vrouens nog dieselfde is as wanner hulle, hulle vrouens gelos het. Weereens, God is *meer as instaat* om jou eggenoot se hart terug te lei na jou. Maar, as jy nogsteeds twisgierig is, vriendelike onderrig nie op jou tong is nie en jy nie 'n sagmoedige en stille gees toon nie, dan, wanneer sy hart terug gelei is na jou, sal die *ou* jy die oorsaak wees dat hy sy hart teenoor jou verhard en 'n willige besluit maak eerder as 'n hart besluit!

Maak seker dat jy hierdie boek oor en oor lees! Maak seker dat jy die Woord uitlewe. Maak seker dat jy ure in Sy Woord en in gebed spandeer. Jy moet 'n nuwe vrou wees om te veroorsaak dat jou eggenoot sy hart volg en huistoe kom! Onthou, die rede dat jou eggenoot jou in die eerste plek gelos het en met 'n ander vrou deurmekaar geraak het is omdat jou huis nie op die Rots gebou was nie. Dit was gedeel; dit was deur jou eie hande afgebreek en ook deur jou houding—met ander woorde, jou twisgierigheid en arrogante houding.

Kom ons kyk na Spreuke en 'n paar Nuwe Testament Bybelverse:

**Met eie hande.** "Die wysheid van die vroue bou die huis, maar die sotheid breek dit **met eie hande** af." (Spr. 14:1).

**Huis van die hoogmoedige.** "Die Here sal die **huis van die hoogmoedige** afbreuk." (Spr. 14:1).

**Huis wat teen homself verdeeld is.** "Elke koninkryk wat teen homself verdeeld is, word verwoes; en elke stad of **huis wat teen homself verdeeld is**, sal nie bly staan nie." (Matt. 12:25).

**Dit het nie geval nie.** "Elkeen dan wat na hierdie woorde van My luister en dit doen, hom sal Ek vergelyk met 'n verstandige man wat sy huis op die rots gebou het. En die reën het geval en die waterstrome het gekom en die winde het gewaai en teen daardie huis aangestorm, en dit **het nie geval nie**, want sy fondament was op die rots." (Matt. 7:24–25).

**Saam opgebou.** "...Jesus Christus self die hoeksteen is, in wie die hele gebou, goed saamgevoeg, verrys tot 'n heilige tempel in die Here, in wie die hele gebou, goed saamgevoeg, verrys tot 'n heilige tempel in die Here, in wie julle ook **saam opgebou** word tot 'n woning van God in die Gees." (Efe. 2:21).

**Mag geen mens skei nie.** "En Hy antwoord hulle en sê: Het julle nie gelees dat Hy wat hulle gemaak het, hulle van die begin af man en vrou gemaak het nie, en gesê het: Om hierdie rede sal die man sy vader en sy moeder verlaat en sy vrou aankleef, en hulle twee sal een vlees wees;

sodat hulle nie meer twee is nie, maar een vlees? Wat God dan saamgevoeg het, **mag geen mens skei nie.**" (Matt. 19:4–6).

**God het belowe om te genees, restoreer en die vrug van jou lippe te skep!** "Ek was toornig vanweë die ongeregtigheid van hulle hebsug en het hulle geslaan terwyl Ek My toornig verberg het; ewenwel het hulle afkerig voortgegaan op hulle eie weg. Ek het hulle weë gesien, en Ek sal hulle genees; en Ek sal hulle lei en aan hulle weer vertroosting skenk, naamlik aan hulle treuriges. Ek skep die vrug van die lippe; vrede, vrede vir die wat ver en die wat naby is, sê die HERE; en Ek sal hulle genees." (Jes. 57:17–19).

"Want miskien is hy om hierdie rede 'n tydjie *van jou* geskei, dat jy hom vir altyd kan besit, nie meer as 'n slaaf nie, maar méér as 'n slaaf [van sonde], as 'n geliefde broeder in die vlees sowel as in die Here, veral vir my, hoeveel te meer vir jou." (Filem. 1:15–16).

Jy moet toelaat dat God jou breuk en verander sodat wanneer (nie indien) God jou eggenoot se hart draai, hy 'n *nuwe* jy sal sien! (Sien *'n Wyse Vrou* vir hulp.)

*Niks is by God onmoontlik nie!*
*Die Here lei die Hart waarheen Hy Wil!*

**Persoonlike verbintenis: om God te vra om my eggenoot se hart te lei en nie te bekommer oor die mens se wil nie.** "Gebaseer op wat ek uit God se Woord geleer het, verbind ek myself om te vertrou dat God my eggenoot se hart sal lei. Ek glo nie dat my eggenoot sy eie wil het nie; daarom, sal God ingryp om my onthalwe en my gebede beantwoord. Instede, daarvan dat ek glo dat my eggenoot sy eie wil sal volg, glo ek dat God sy hart huistoe sal lei."

Datum:_____ Geteken: _____

# Want Ek Haat Egskeiding

*"Want Ek haat egskeiding,*
*sê die HERE, die God van Israel."*
—Maleagi 2:16

Hoekom eindig so baie huwelike met egskeiding? Ons het almal die statistieke op een of ander stadium gehoor...50% van **eerste** huwelike eindig in egskeiding en 80% van **tweede** huwelike eindig in egskeiding. Dit beteken dat net 20% van tweede huwelike oorleef! Die ware skande is dat daar net so baie huwelike *in* die kerk is wat in egskeiding eindig!! Christene aanvaar nou dat egskeiding 'n opsie is! Hoekom die stormloop van gebrokkelde huwelike?

"En die reën het geval en die waterstrome het gekom en die winde het gewaai en teen daardie huis aangestorm, en dit het nie geval nie, **want sy fondament was op die rots**." (Matt. 7:25). Was jou huis op die Rots gebou? "En die reën het geval en die waterstrome het gekom en die winde het gewaai en teen daardie huis aangestorm en dit het geval, **en sy val was groot**." (Matt. 7:27).

Die Rots waarop ons moet bou is die Woord van God! Hoeveel van ons het van hierdie beginsels wat ons in hierdie boek gelees het, geweet in so ver as wat die huwelik betref? Hosea 4:6 sê vir ons dat "ons te gronde gaan weens gebrek aan kennis." Dit was definitief die waarheid in my omstandighede en ek is seker dat dit ook die waarheid in jou omstandighede is!

So wanneer ons huwelik begin verbrokkel, wil ons tou op gooi en aangaan om weer dieselfde foute te maak in ons tweede of derde huwelik. God haat egskeiding, maar wanneer ons in die middel van die storm staan, dan glo ons dat dit die oplossing van al ons probleme is. Ons probeer selfs vir ander oortuig dat egskeiding God se antwoord aan ons is, want Hy sal nie wil hê dat ons moet lei nie. (Gaan terug na hoofstuk 4 toe, "Allerhande Versoekinge" indien jy nog glo dat dit waar is.)

# Die Misleiding

Waanneer ons 'n verkeerde gedagte of idee koester, sê God vir ons: "Maar elkeen word versoek as hy deur **sy eie begeerlikheid** weggesleep en verlok word. (Die definisie van begeer is 'n "verlange" vir wat verbode is, soos wanneer ons smag na egskeiding nadat God gesê het, "Ek haat egskeiding.") Daarna, as die begeerlikheid ontvang het, baar dit sonde; en as die sonde tot volle ontwikkeling gekom het, bring dit die dood voort. Moenie dwaal nie, my geliefde broeders." (Jak 1:14–16). Dit is hartseer dat so baie mense glo daar is niks verkeerd met egskeiding nie, veral in sekere omstandighede; al is dit plein om te sien wat se verwoesting dit nalaat.

**Wees aan God meer gehoorsaam as aan die mense.** Elkeen het hulle eie opinie oor egskeiding en die huwelik (wat hy of sy "dink" God vir ons in Sy Woord sê oor die huwelik). Maar, "Ons moet aan **God meer gehoorsaam** wees as aan die mense." (Hand. 5:29).

**Hy is ons enigste hoop op redding.** Moenie in 'n ander se voetstappe volg nie. Instede, wees gehoorsaam aan God; luister na Hom, omdat *Hy* ons enige hoop is op redding. Moenie Sy Woord kompliseer om te probeer uitvind "wat jy *dink* Hy bedoel" nie. **Hy bedoel presies wat Hy sê!**

**Ek skaam my nie oor die evangelie van Christus nie.** Hou asseblief by God se lering ongeag van wat populêr is of van hoe baie mense in jou kerk geskei of in hulle tweede huwelik is. "Want ek skaam my nie oor die evangelie van Christus nie, want dit is 'n krag van God tot redding vir elkeen wat glo." (Rom. 1:16).

Verstaan asseblief dat as huwlike gered moet word, ons op die waarheid moet staan! Daardie tweede huwelike wat "blyk" om gelukkig te wees, lewe eintlik in neerlaag, nie as 'n getuigskrif van God se getrouheid nie. Hulle is die oorsaak dat ander ly en lewe in minder as God se beste, veral die kinders wat die meeste ly! En dan is hulle ook die oorsaak dat ander val en harde tye in hulle huwelike ervaar. Dit is baie aanloklik om 'n tweede eggenoot te wil soek veral wanneer ander sê dat hulle geluk gevind het in hulle tweede huwelik, nadat hulle uiteindelik ontslae geraak het van hulle eerste eggenoot!

**Met sagtheid ander tugtig wat in teenstand is**. Moet asseblief nie debateer oor die uitslag van egskeiding nie. Elke persoon is verantwoordelik om die waarheid te praat, onderrig en uit te lewe. Dan sal die Heilige Gees die oortuiging doen en die Here sal hulle harte lei. "En die dwase en onverstandige strydvrae moet jy afwys, omdat jy weet dat dit twis verwek." (2 Tim. 2:23).

"En 'n dienskneg van die Here moet nie twis nie, maar vriendelik wees teenoor almal, bekwaam om te onderrig en een wat kwaad kan verdra. Hy moet die weerspanniges in **sagmoedigheid teregwys**, of God hulle nie miskien bekering sal gee tot die kennis van die waarheid nie, en hulle weer nugter kan word, vry van die strik van die duiwel, nadat hulle deur hom gevang was om sy wil te doen." (2 Tim. 2:24–26).

**Aan die vrugte word die boom geken.** Ons kan die "vrugte" sien van baie van die leiers in die kerk – die wat toegelaat het dat almal mislei word deur die "uitsondering" van egskeiding. Ons sien dat die fabel oor "ontrouheid en egbreuk" om enige rede na egskeiding gelei het! Dit gaan hand in hand met aborsie ...verkragting, bloedskande en die gesondheid van die moeder vorm minder as 1 % van die rede vir aborsies! "Aan hulle **vrugte** sal julle hulle ken." (Matt. 7:16). "Julle moet òf die boom goed maak en sy vrugte goed, òf julle moet die boom sleg maak en sy vrugte sleg; want aan die vrugte word die boom geken." (Matt. 12:33). Deur die integriteit van God se Woord te benadeel kan ons duidelike slegte vrugte sien—gebrokkelde huwelike en gebroke beloftes.

# Die Vrae

Hoekom moet ons God se Wet wat die huwelik betref, heeltemal verstaan en volg?

Omdat gesinne verwoes word, en sonder gesinne, is die grondslag waarop ons land staan verwyder, en groot sal ons val wees! Ons, as christene, sal die blaam daarvoor moet neem. Ons kan nie vinger na ander wys nie, omdat God ons belowe het dat as, "My volk, oor wie my Naam uitgeroep is, hulle verootmoedig en bid en my aangesig soek en hulle bekeer van hul verkeerde weë, dan sal Ék uit die hemel hoor en hulle sonde vergewe en hulle land *genees*." (2 Kron. 7:14).

Maar, christellike huwelike verbrokkel net so vinnig soos die mense van die wêreld s'n. Hoekom? "My volk gaan te gronde weens gebrek aan kennis…" (Hos. 4:6). Christene was mislei en hulle volg eerder in die wêreld se raad in plaas van God se raad.

Hoe weet ons dat ons mislei word oor die huwelik en egskeiding?

**Wend hulle tot fabels.** Baie mense wat in ons kerke sit, wil nie die waarheid hoor nie. "Want daar sal 'n tyd wees wanneer hulle die gesonde leer nie sal verdra nie, maar, omdat hulle in hul gehoor gestreel wil wees, vir hulle 'n menigte leraars sal versamel volgens hulle eie begeerlikhede, en die oor sal afkeer van die waarheid en hulle sal wend tot fabels." (2 Tim. 4:3–4).

Nou soek ons wêreldse oplossings vir gebrokkelde en gekwesde huwelike, in plaas daarvaan dat ons God en Sy Woord soek. "Maar julle is 'n uitverkore geslag, 'n koninklike priesterdom, 'n heilige volk, 'n volk as eiendom verkry…" (1 Pet. 2:9). Ons is nie 'n "uitverkore geslag" indien ons die pad volg wat na die egskeidingshof lei!

Julle mag nie doen wat julle wil nie. Sy Woord is altyd konsekwent; God se Woord bied weerstaand teen die wêreld se filosofieë en is somtyds moeilik om te verstaan en volg. "Maar die natuurlike mens neem die dinge van die Gees van God nie aan nie; want dit is vir hom dwaasheid, en hy kan dit nie verstaan nie, omdat dit geestelik beoordeel word." (1 Kor. 2:14). "Maar ek sê: Wandel deur die Gees, dan sal julle nooit die begeerlikheid van die vlees volbring nie; want die vlees begeer teen die Gees, en die Gees teen die vlees; en hulle staan teenoor mekaar, sodat julle nie kan doen wat julle wil nie." (Gal. 5:16-17).

**Slegte vrugte.** Weereens, kan ons al "die vrugte" van christellike huwelike wat verwoes is sien, omdat hulle al die leuens geglo het. "Aan hulle vrugte sal julle hulle ken. 'n Mens pluk tog nie druiwe van dorings of vye van distels nie! So dra elke goeie boom goeie vrugte; maar 'n slegte boom dra slegte vrugte." (Matt. 7:15–17).

## Bybelse Feite om op te Staan

Om ons kyk na nog 'n paar Bybelsverse om te sien hoe God die huwelik aanskou.

**Die huwelik is vir 'n leeftyd.** Ons het die belofte gemaak: *tot die **dood** ons skei.* "…sodat hulle nie meer twee is nie, maar een vlees? Wat God dan saamgevoeg het, mag geen mens skei nie." (Matt. 19:6). "EN HULLE TWEE SAL EEN VLEES WORD, sodat hulle nie meer twee is nie, maar een vlees." (Mark 10:8).

**God sê dat Hy egskeiding haat!** Alhoewel, party vrouens eintlik oortuig is dat God hulle gelei het om 'n egskeiding te kry! Sommiges het al gesê dat God hulle "vrygelaat het." **Hy sê**... "Want Ek haat egskeiding, sê die HERE, die God van Israel." (Mal. 2:16). Hy verander nooit nie... "Jesus Christus is gister en vandag dieselfde en tot in ewigheid." (Heb. 13:8). Jy is nie 'n uitsondering nie: "Ek sien waarlik dat God geen aannemer van die persoon is nie." (Hand. 10:34).

**Hertroue is nie 'n "opsie" nie—die Bybel sê die is "egbreuk"!** "Maar **Ek sê** [Jesus sê so] vir julle dat elkeen wat van sy vrou skei, behalwe omrede van hoerery, maak dat sy egbreuk pleeg, en elkeen wat die geskeie vrou trou, **pleeg egbreuk.**" (Matt. 5:32).

"Maar Ek sê vir julle, elkeen wat van **sy *vrou* skei**, behalwe oor hoerery, en 'n ander een trou, pleeg egbreuk; en die wat die geskeie vrou trou, **pleeg egbreuk.**" (Matt. 19:9).

**Pleeg egbreuk.** "En **Hy** sê vir hulle [Weer Jesus wat sê]: Elkeen wat van sy *vrou* skei en 'n ander een trou, **pleeg egbreuk teen haar.**" (Markus 10:11). "Elkeen wat van **sy *vrou* skei** en 'n ander een trou, **pleeg egbreuk**; en elkeen wat trou met die vrou wat van haar man geskei is, **pleeg egbreuk.**" (Lukas 16:18).

**As haar eggenoot sterwe.** "Daarom dan, as sy 'n ander man s'n word terwyl haar man lewe, **sal sy 'n egbreekster genoem word**; maar **as die man sterwe**, is sy vry van die wet, sodat sy nie 'n egbreekster is as sy 'n ander man s'n word nie." (Rom. 7:3).

**Sonder verstand.** "Hy wat owerspel pleeg, is **sonder verstand**; hy wat sy eie lewe wil verwoes, hy doen so iets." (Spr. 6:32). "En as iemand owerspel doen met 'n man se vrou, owerspel doen met sy naaste se vrou, moet hy en sy wat owerspel doen, sekerlik gedood word." (Lev. 20:10).

## Wat van die "uitsondering" Klousule?

Weereens, baie min van die egskeiding in die kerk is as gevolg van egbreuk, al was dit dalk die regte "uitsondering". Waaneer ek deur pastore vertel is dat ek 'n rede het om van Dan te skei omdat hy egbreuk gepleeg het, het ek na die waarheid begin soek. Wat ek gevind het in die Bybel was die volgende woorde, "egbreuk" en "owerspel" of "sedelike onreinheid" en hulle was gebruik asof hulle dieselfde woord was—maar ek het gevind dat hulle NIE dieselfde betekenis het nie! Die woord "egbreuk" (In Grieks of die oorspronklike taal is 3429 *Moichao*) dit beteken om intiem te wees **na** die huwelik. Maar die woord "owerspel" beteken intimiteit **voor** die huwelik. Daarom is hierdie twee verskillende sondes en moet nie met mekaar verwar word nie.

Die Bybel vertel ons in Matteus 19:9 "Elkeen wat van sy vrou skei, **behalwe** oor *hoerery*, en 'n ander een trou, pleeg egbreuk; en die wat die geskeie vrou trou, pleeg egbreuk." Hierdie uitsondering was die bedoeling dat 'n man van sy vrou mag skei, indien hy uitgevind het dat sy **voor** haar huwelik intiem gewees het met iemand—soos toe Josef in die Bybel van sy vrou wou skei (Matt. 1:19). Dit sê **nie** dat as u eggenoot egbreuk gepleeg het, wat intimiteit na die huwelik is, dat u van u eggenoot mag skei nie.

Met hierdie inligting, kan ons die vers in Matteus herskryf om soos volg te lees: "...**maar Ek** [Jesus] **sê** dat enigiemand wat van sy vrou skei, haar tot egbreuk dryf, en wie van 'n getroude vrou skei **pleeg egbreuk.**" Net wanneer daar gevind was dat die vrou voor of op haar trou dag nie 'n maagd is nie; net dan kon 'n man van sy vrou skei. En weer, Moses het net toegelaat dat mans skei: "Omdat Moses weens die hardheid van jul harte julle toegelaat het om van julle vroue te skei; **maar van die** *begin* **af was dit** *nie***so nie."** (Matt. 19:8).

Met ander woorde, *nee*, jy kannie van jou eggenoot skei vir *enige* rede nie.

**Pasop wanneer jy sê, "God het vir jou gesê!"** "Kyk, Ek het dit teen die profete, spreek die HERE, wat hulle eie tong gebruik en sê: Die HERE spreek! Kyk, Ek het dit teen hulle wat leuenagtige drome profeteer, spreek die HERE, en dit rondvertel en my volk verlei met hulle leuens en hulle grootpratery, terwyl Ek hulle nie gestuur en aan hulle geen bevel gegee het nie, en hulle vir hierdie volk hoegenaamd geen voordeel bring nie, spreek die HERE." (Jer. 23:31–32). "Want Ek **haat** egskeiding, sê die HERE, die God van Israel." (Mal. 2:16). God sal nooit vir ons vertel om teen Sy Woord op te tree nie! Hy verander nooit nie! Nooit!!

Jy moet ook baie versigtig wees wat jy oor die huwelik of oor egskeiding en hertroue sê, want dit kan dalk 'n ander persoon lei om die verkeerde besluit te maak. "Wee die wêreld weens die struikelblokke! Want dit is noodsaaklik dat daar struikelblokke kom, maar wee die mens deur wie die struikelblok kom. …Maar elkeen wat een van hierdie kleintjies wat in My glo, laat struikel, dit is vir hom beter dat 'n meulsteen aan sy nek gehang word en hy wegsink in die diepte van die see." (Matt. 18:7, 6).

**Baie was al mislei.** Indien jy glo dat God wil hê jy moet skei, is jy mislei. "En geen wonder nie! Want die Satan self verander hom in 'n engel van die lig." (2 Kor. 11:14).

**Sal uit die vlees verderf maai.** "Hy wat in sy vlees saai, sal uit die vlees verderf maai; maar hy wat in die Gees saai, sal uit die Gees die ewige lewe maai." (Gal. 6:8). Kyk bietjie hoe "gedrewe" jy is voordat jy 'n stap in geloof neem. Vleeslike begeertes voel goed in die vlees; indien jy 'n sin van "dringendheid" daaroor voel, sal jy nie genade nodig hê om die stap te neem nie. "Want die vlees begeer teen die Gees, en die Gees teen die vlees; en hulle staan teenoor mekaar, sodat julle nie kan doen wat julle wil nie." (Gal. 5:17).

**God en alleenlik God!** Watter kennis kan tot ons voordeel wees om so baie gebrokkelde en verwoeste huwelike te sien? God en alleenlik God kan 'n huwelik red en twee mense by mekaar hou! Deur gehoorsaamheid aan Sy Woord!! Maar jy moet weet wat in Sy Woord staan en dit ken voordat jy dit kan gehoorsaam. "My volk gaan te gronde weens gebrek aan kennis." (Hos. 4:6). Dit is hoekom jy hierdie boek en die Bybel, oor en oor en oor *moet* lees!! Dit is hoe julle op Sy Woord moet mediteer. Dit is hoekom jy die hele tyd in Sy Woord moet wees en nie net elke dag nie!

## As julle My liefhet

In sluiting, "As iemand iets anders leer en nie instem met die gesonde woorde van onse Here Jesus Christus en met die leer wat volgens die godsaligheid is nie, dié is verwaand en verstaan niks nie, maar het 'n sieklike sug na twisvrae en woordestryd waaruit ontstaan afguns, twis, lasteringe, bose agterdog, nuttelose stryery van mense wat verdorwe in hulle verstand en van die waarheid beroof is en dink dat die godsaligheid winsgewend is. Onttrek jou aan sulke mense." (1 Tim. 6:3–5).

"As julle My liefhet, bewaar my gebooie." (John 14:15). Indien jy sê dat jy in God glo, dan moet jy aan **Hom gehoorsaam wees**. "En wat noem julle My: Here, Here! en doen nie wat Ek sê nie?" (Lukas 6:46). Indien jy vir Jesus gevra het om jou te red maar jy is nie aan die Bybel gehoorsaam nie, dan is Hy nie jou Heer en Meester nie. Indien Hy jou Heer is, dan moet jy seker wees dat jou gedrag dit toon. Gehoorsaam God!

**Kom ons maak 'n persoonlike verbintenis om**

**GETROUD TE BLY**

**en om almal wat ons ken te bemoedig om dieslefde te doen.**

**Persoonlike verbintenis: om getroud te bly en ander aanmoedig om dieselfde te doen.** "Gebaseer op wat ek geleer het uit God se Woord,

verbind ek my tot my huwelik. Ek sal nederig wees en te alle tye die 'vredemaker' in my huwelik wees. Ek sal nie my sondes probeer wegsteek nie en ook nie die oorsaak wees dat ander struikel nie. Ek sal God se Waarheid op my lippe dra en dit aan ander vertel met 'n sagmoedige en stille geaardheid."

Datum:_____ Geteken: _____

# Die Wat God Soek

*"Ek het lief die wat my liefhet,*
*en die wat my soek, sal my vind."*
*—Spreuke 8:17*

Wanneer 'n vrou wil hê dat haar huwelik gered moet word is daar altyd **baie** vrae wat opkom gedurende haar restorasie. Laat ek jou vertel, deur die twee jaar van my restorasie en gedurende die baie jare wat ek vrouens bedien het ek nog niemand behalwe God gevind wat al die antwoorde gehad het nie. Niemand nie. Nie ek, niemand in ons ministerie, geen berader, nie jou pastoor of enigiemand anders nie. God **alleen** het die antwoorde op jou vrae.

Hierdie boek, ons ander hulpbronne, en hierdie hoofstuk sal nie vir jou al die antwoorde gee nie, want God wil Hê dat jy Hom moet soek! Soos jy die verskillende vrae lees en die Bybelse antwoorde lees, sal jy sien dat daar baie variante is vir elke situasie. Dinge kan baie gekompliseerd raak hoe meer sonde ons toegelaat het in ons lewens, en hoe meer ons van God se perfekte plan afgedwaal het.

Om terug te keer na God se perfekte plan vir jou lewe is **onmoontlik** vir jou, *maar met God is alles moontlik*!

Gedurende hierdie hoofstuk sal daar baie vrae wees waarvoor jy antwoorde sal wil hê; wanneer dit gebeur, **vra** dan **vir God** om vir jou die antwoord daarop te gee. God sal jou lei en die antwoorde gee wat jy nodig het vir **elke** vraag wat jy vra. Hier is jou belofte:

"En as iemand van julle wysheid kortkom, **laat hom dit van God bid**, wat aan almal eenvoudig gee sonder om te verwyt, en dit sal aan hom gegee word." (Jak 1:5).

# Vra vir God

Wat as my eggenoot egbreuk pleeg, mag ek dan van hom skei?

Nee. Soos ons nou net geleer het in hoofstuk 11, "Want Ek haat Egskeiding," God se Woord sê dat 'n man mag skei maar net vir die rede van **owerspel** (wat omgang is voor die huwelik) indien die *vrou* geskonde was, maak nie saak hoe jou Bybel se vertaling dit stel nie. **Die een uitsondering verwys na verlowing alleenlik.** Owerspel en egbreuk is nie dieselfde sondes nie. Indien dit so was, sou hierdie sondes nie *twee keur* in dieselde Bybelvers geskryf gewees het nie: "...geen **hoereerders** of afgodedienaars of **egbrekers**..." (1 Kor. 6:9).

**In die geheim van haar skei.** Om te skei vir die rede van owerspel was net toegelaat in die verlowings tydperk, soos in die geval van Josef en Maria. Die terme "verloofde" en "verlowing" was nie gebruik in hierdie geskiedenis tydperk nie. Die term "eggenoot" was gebruik omdat Josef hom reeds verbind het om Maria se man te word. "En Josef, haar man... het hom voorgeneem om in die **geheim van haar te skei**." (Matt. 1:19). Hierdie was voor hulle huwelik want skei was net toelaatbaar vir die rede van owerspel alleenlik.

**Verloof.** Die vorige vers verduidelik dat "skei" plaas gevind het **voor** die huwelik! "Toe sy moeder Maria **verloof** was aan Josef, **voordat** hulle saamgekom het, is sy swanger bevind uit die Heilige Gees...." (Matt. 1:18). Die laaste wat iemand kon skei was onmiddellik na die troudag, indien dit gevind was dat die **vrou** (nie die man) nie 'n maagd was nie.

Daar is hopeloos te veel kerke en pastore wat sê dat skei reg is in *sekere* omstandighede, maar God se Woord stel dit duidelik: "Elkeen dus wat een van die minste van hierdie gebooie breek en die mense só leer, sal die minste genoem word in die koninkryk van die hemele; maar elkeen wat dit doen en leer, hy sal groot genoem word in die koninkryk van die hemele." (Matt. 5:19). Daarom, moet ons, as dosente van die Woord, vir ander leer dat die verse oor skei nie gegrond is nie.

Hoe kan jy seker wees dat wat **hierdie** boek vir jou sê reg is en wat so baie van die kerke sê verkeerd is? Die Bybel waarsku ons "Maar pas op vir die valse profete wat in skaapsklere na julle kom en van binne roofsugtige wolwe is. Baie sal in daardie dag vir My sê: Here, Here, het ons nie in u Naam geprofeteer en in u Naam duiwels uitgedrywe en in u Naam baie kragte gedoen nie? En dan sal Ek aan hulle sê: Ek het julle nooit geken nie. Gaan weg van My, julle wat die ongeregtigheid werk!" (Matt. 7:15–23). Is daar nie baie huwelike in jou kerk wat besig is om te verbrokkel nie. Hierdie is slegte vrugte.

Wanneer ek met pastore gepraat het oor die onderwerp van skei en hertroue, het ek gevind dat baie van hulle veroordeel voel oor die huwelik, maar hulle wou niemand te na kom nie, veral die "kerk lede" wat in 'n tweede of derde huwelik betrokke was. Daar was een pastoor wat wel op God se Woord gestaan het, maar ongelukkig was daar 'n verdeling in die kerk deur die wat wel in 'n tweede of derde huwelik betrokke was. Hulle het dit nie waardeer dat die pastoor 'n stewige standpunt inneem oor skei en hertroue nie! Hoewel, wanneer ons voor die keuse staan, moet ons onthou, "Egbrekers en egbreeksters, weet julle nie dat die vriendskap van die wêreld vyandskap teen God is nie? Wie dan 'n vriend van die wêreld wil wees, word 'n vyand van God." (Jak 4:4).

Om 'n stewige standpunt in te neem is **nie** bedoel om die wat geskei of weer getrou het te veroordeel nie, maar om ander te keer om dieselfde fout te maak. Op dieselfde manier, sou ek nie 'n vrou ongemaklik wou laat voel omdat sy 'n aborsie gehad het nie, maar dit sal my nie keer om ander vrouens te vertel wat God se wil is en te probeer keer dat hulle dalk dieselfde fout sou maak.

**In hul gehoor gestreel wees.** Indien 'n pastoor of kerk 'n standpunt inneem teen egskeiding en hertroue, word hulle as 'n werkheilige of beoordelaar bestempel. En die wat "hulle eie ding wil doen" sal na 'n ander kerk toe gaan om te hoor wat hulle wil hoor (om in hul gehoor gestreel te wees).

"Want daar sal 'n tyd wees wanneer hulle die gesonde leer nie sal verdra nie, maar, omdat hulle **in hul gehoor gestreel wil wees**, vir hulle 'n menigte leraars sal versamel volgens hulle eie begeerlikhede, en die oor sal afkeer van die waarheid en hulle **sal wend tot fabels**." (2 Tim. 4:3–4).

Aangesien ek alreeds geskei of weer ongetroud is, mag ek dan nie weer trou of ten minste met mans uitgaan en dan vir God vra om my te vergewe nie?

**Eerstens, is jy nie *regtig* ongetroud nie.** Net iemand wat *nooit* voorheen getroud was (of 'n weduwee of wewenaar) is ongetroud, soos jy sal uitvind as jy die Bybel met 'n eerlike hart deur lees sonder om dit te probeer maak sê wat jy graag wil hê dit moet sê. "Daarom dan, as sy 'n ander man s'n word terwyl haar man lewe, **sal sy 'n egbreekster genoem word**; maar as die man sterwe, is sy vry van die wet, sodat sy nie 'n egbreekster is as sy 'n ander man s'n word nie." (Rom. 7:3).

Tweedens, wat jy saai, sal jy maai. "Moenie dwaal nie; God laat Hom nie bespot nie; want net wat die mens saai, dit sal hy ook maai." (Gal. 6:7). Jy doen gewilliglik sonde. "Wie dan weet om goed te doen en dit nie doen nie, vir hom is dit sonde." (Jak 4:17).

**'n Vreeslike ding.** Jy sal maak dat God jou swaarder straf. "Want as ons opsetlik sondig, nadat ons die kennis van die waarheid ontvang het, bly daar geen offer vir die sondes meer oor nie, maar 'n verskriklike verwagting van oordeel en 'n vuurgloed wat die teëstanders sal verteer. As iemand die wet van Moses verwerp het, sterf hy sonder ontferming op die getuienis van twee of drie; **hoeveel swaarder straf**, dink julle, sal hy verdien wat die Seun van God vertrap het en die bloed van die testament waardeur hy geheilig is, onrein geag en die Gees van genade gesmaad het? Want ons ken Hom wat gesê het: My kom die wraak toe, Ek sal vergelde, spreek die Here; en weer: Die Here sal sy volk oordeel. *Vreeslik is dit om te val in die hande van die lewende God.* (Heb. 10:26–31).

God laat Hom nie bespot nie; jy kan nooit voordeel daaruit trek deur God se Woord te ignoreer nie, ook nie deur gehoorsaamheid in te ruil vir 'n "beter huwelik" (of verhouding) met iemand anders nie; jy sal maai, wat jy gesaai het. Ja, God kan jou vergewe, maar dit sal nie die gevolge van jou verkeerde gedrag uit wis nie en die gevolge sal baie erger wees as wat dit nou is.

Gedurende die jare, het God vir my herhaaldelik gewys wat met die vrouens gebeur het wat God se Woord en Sy Waarhede verwerp. Party van die mees aakligste, afskuwelikke en hart roerende getuienisse wat ek al ooit gehoor het kom van vrouens wat "die waarheid geken het" maar besluit het om dit te ignoreer en te doen "**wat hulle wil**".

## Kan enigiemand ooit hertrou?

"'n Vrou is deur die wet gebonde so lank as haar man lewe; maar as die man ontslaap het, **is sy vry om te trou** met wie sy wil, maar net in die Here." (1 Kor. 7:39). Vir die vrouens wat weduwee's is, is dit baie belangrik om te weet dat wanneer hulle "Mnr. Reg" uiteindelik in hulle lewens verskyn, dat hy ook 'n wewenaar moet wees of nooit voorheen getroud moet wees. Onthou, satan bring gewoonlik eers sy beste, maar die Here wil hê jy moet wag todat Hy Sy beste bring! "Wag op die HERE en hou sy weg..." (Ps. 37:34).

## Maar wat as ek reeds in my tweede (of derde) huwelik is?

Begin deur God om vergifnis te vra, of jy nou tot redding gekom het voor jou huwelik of nie. Jy kan nie 'n goeie getuienis vir God wees tensy jy belydenis doen vir jou sondes nie. "Hy wat sy oortredinge bedek, sal nie voorspoedig wees nie." (Spr. 28:13). "As ons sê dat ons geen sonde het nie, mislei ons onsself en die waarheid is nie in ons nie. As ons ons sondes bely, Hy is **getrou** en **regverdig** om **ons die sondes te vergewe** en ons van **alle** ongeregtigheid te reinig." (1 Joh 1:8–9).

**Tyd om te bekeer.** "En *Ek het **haar** tyd gegee om haar van haar hoerery te bekeer*, en sy het haar nie bekeer nie. Kyk, Ek werp haar neer op 'n siekbed, en die wat met haar owerspel bedryf, in 'n groot verdrukking, as hulle hul nie van hul werke bekeer nie." (Open. 2:22). "Bely mekaar julle misdade en bid vir mekaar, sodat julle gesond kan word. Die vurige gebed van 'n regverdige het groot krag." (Jak 5:16).

Volgende, soek vir God om te sien of dit Sy Wil is dat jou huwelik gerestoreer moet word of nie. Dit is baie **belangrik** dat maak nie saak watter huwelik jy wil restoreer nie (eerste, tweede, of meer) dat jy **vir God vra** wat Hy wil hê jy moet doen. Ons het al gesien dat om van God te hoor in jou hart (dat Hy werklik jou huwelik wil herstel) dit jou sal help om "die wedloop" klaar te maak en jou help om tot die bitter einde te veg. Hy sal jou ook help om in die regte rigting te begin loop.

Indien jy nie kan hoor watter huwelik God wil hê jy moet herstel nie of vir watter eggenoot jy moet bid nie (soos dit partykeer die geval is met vrouens), dan sê God vir jou dat Hy jou net vir Homself wil hê vir 'n tyd. Hy wil hê dat jy moet weet dat Hy jou lief het en dat jy dit nooit kan verdien nie – Hy gee dit vrylik vir jou, al voel jy onwaardig. Hy wil jou genees van al jou wonde. En Hy wil hê jy moet hom leer ken en op Hom staat maak sodat jy nie 'n aardse man **nodig** het nie. Dit is hier waar alle vrouens moet wees. Wanneer ons voel ons het ons aardse eggenote nodig en aan hulle liefde vas klou – dan dryf ons hulle eintlik weg van ons af. Jy moet toelaat dat God jou eggenoot is vir 'n tyd om te sien wat ware liefde is! (Sien Jes. 54:4–6.)

**Kan my egbreuk of die feit dat ek in 'n tweede huwelik is, vergewe word?**

Ja. In Johannes 8:11 vra Jesus die vrou wat in egbreuk betrokke was, of iemand haar veroordeel het, "En sy antwoord: Niemand nie, Here. En Jesus sê vir haar: Ek veroordeel jou ook nie. Gaan heen en sondig nie meer nie.'"

Party van ons het al die vers wat sê "gaan heen en sondig nie meer nie" gelees om te bedoel dat as sy in egbreuk betrokke was, dat sy van haar eggenoot sou moes skei om weer skoon te wees. Niks is verder van die waarheid nie!

**Om die Mag van Jesus se bloed te ignoreer.** Wanneer 'n persoon glo dat God **nie** 'n tweede of derde huwelik sal vergewe nie maar sien dit as aanhoudende egbreuk, dan glo die persoon nie dat Jesus se Bloed hierdie sonde kan bedek nie.

Hierdie vers in 1 Korintiërs 6:9 wys vir ons die waarheid: "Of weet julle nie dat die onregverdiges die koninkryk van God nie sal beërwe nie? Moenie dwaal nie! Geen hoereerders of afgodedienaars of **egbrekers**... sal die koninkryk van God beërwe nie. **En dit *was* sommige van julle**; maar julle het jul laat afwas, maar julle is geheilig, maar julle is geregverdig in die Naam van die Here Jesus en deur die Gees van onse God." Hallelujah! God kan en sal egbreuk vergewe—enige en alle egbreuk! "En Jesus sê vir haar: Ek veroordeel jou ook nie. Gaan heen en sondig nie meer nie." (Joh 8:11). Onmoontlik, sê jy?

Wanneer Jesus gepraat het van "dit is makliker vir 'n kameel om deur die oog van 'n naald te gaan as vir 'n ryk man om in die koninkryk van God in te gaan. Toe sy dissipels dit hoor, was hulle baie verslae en sê: Wie kan dan gered word? Maar Jesus het hulle aangekyk en vir hulle gesê: By mense is dit **onmoontlik**, maar by God is **alle** dinge moontlik." (Matt. 19:24–26).

**Maar daar was vir my gesê dat aangesien my eggenoot al voorheen getroud was (of ek al voorheen getroud was) dat ek nou in "aanhoudende" egbreuk betrokke is.**

Indien ons verder moet gaan as Sy bloed en Sy vergifnis, deur te voel ons moet "dit reg maak" deur nie meer in 'n tweede huwelik betrokke te wees nie, (wat sal beteken dat ons weer moet skei – en God haat egskeiding), dan sou 'n persoon wat iets gesteel het dit moet "reg maak" deur dit wat hy gesteel het, weer terug te bring. Dit sou in orde gewees het indien die persoon nog gehad het wat hy gesteel het, maar as hy nie meer die geld of goedere gehad het nie dan sou hy maar seker ook kon **werk** om dit terug te betaal. Alhoewel, indien iemand 'n ander "vermoor" het en dit moes "reg maak" – hoe kon hy dit doen? Die persoon wat hy vermoor het is dood. Daarom werk die "oplossing" van "dit reg maak" glad nie, want dit geld nie vir **alle** sondes nie.

Om by te voeg, dit leer vir ons dat "werke" tot vergifnis lei maar in Titus 3:5 sê dit duidelik dat dit is "**nie**op grond van die **werke** van geregtigheid wat ons gedoen het nie, maar na sy barmhartigheid het Hy ons gered deur die bad van die wedergeboorte en die vernuwing deur die Heilige Gees…"

Daar is huwelik bedienings wat glo dat net die wat in eerste huwelike betrokke is, geseën is deur God (omdat hulle self in eerste huwelike is). Maar, hulle glo nie in Jesus se Bloed wat die krag het om **alle**sondes te bedek nie. Die waarheid word in God se liefde gevind; Hy is 'n God van hoop vir **almal** wat na Hom toe kom, maak nie saak in watter toestand hulle lewens is nie.

Om by te voeg, het God Sy Wil bevestig deur die **vele** herstelde huwelike van die wat in hulle tweede of derde huwelike is. God is nie 'n respekteerder van persone nie: Hy vergewe, en Sy Bloed bedek alle sondes sonder dat ons deur werke moet probeer om vergewe te word.

Ons is nie meer onder die Wet nie, ons lewe in God se genade. "Want wie die hele wet onderhou, maar in een opsig struikel, het aan almal skuldig geword." (Jak 2:10). "Maar God, wat ryk is in barmhartigheid, het ons deur sy grote liefde waarmee Hy ons liefgehad het, ook toe ons dood was deur die misdade, lewend gemaak saam met Christus (uit genade is julle gered)... Want uit genade is julle gered, deur die geloof, en dit nie uit julleself nie: dit is die **gawe** van God..." (Efe. 2:4–5, 8).

'n Geskenk in nie iets wat jy kan of moet **verdien nie;** dit is **vrylik en liefdevol gegee!** Toe ons probeer het om onder die Wet te lewe was dit 'n vloek, maar "Christus het ons losgekoop van die vloek van die Wet." (Gal. 3:13). Hallelujah!

Baie van die wat wil glo dat 'n tweede en daarop volgende huwelik 'n "onvergeeflike sonde" is, is die wat na die splinter in iemand anders se oog kyk en nie die balk in hulle eie oog raak sien nie. Indien jy vir iemand op hierdie manier beoordeel, onthou dat dit is hoe God jou sal beoordeel. "Want met die oordeel waarmee julle oordeel, sal julle geoordeel word; en met die maat waarmee julle meet, sal weer vir julle gemeet word." (Matt. 7:2).

**Is hertrou dan in orde onder die regte omstandighede?**

Wanneer iemand sien hoe God die vergewe wat egbreuk gepleeg het, en in 'n tweede of derde huwelik is, is dit baie aanloklik om eerder weer te wil trou as om jou bestaande huwelik te herstel, veral as dit baie pynlik is.

Maar as jy aanhou om te soek wat **jy** begeer instede daarvan om God se Wil vir jou lewe te soek, sal jy**nooit** die oorvloedige lewe ervaar wat Hy vir jou het nie.

**Moet ek hierdie huwelik herstel of terug gaan na my eerste eggenoot?**

**Sy wil.** Nadat jy, die sonde bely het dat jy voor God uit gehardloop het en weer getrou het of met iemand getrou wat reeds getroud was, moet jy, *jou* **wil** opsy sit en vir God **vra** om *Sy* **Wil** vir jou te wys ten opsigte van jou huwelik. Wil die Here hê dat jy restorasie moet soek vir hierdie huwelik wat besig is om te verbrokkel? Baie vrouens moes hierdie moeilike taak ervaar, maar God is **altyd** getrou en sal jou lei as jy Hom vra. Bid vir God se aanwysing. "Die dief kom net om te steel en te slag en te verwoes. Ek het gekom, dat hulle lewe en oorvloed kan hê." (Joh 10:10).

**'n Owerspellige fondament.** Is jou huidige huwelik as gevolg van 'n owerspellige verhouding? Was jy of jou eggenoot voorheen aan iemand anders getroud? Is jou vorige eggenoot huidiglik ongetroud? Indien jy "ja" beantwoord het op al drie hierdie vrae, is dit moontlik dat God jou vorige huwelik sal wil herstel.

Weereens, dit is **deur God te soek** vir *Sy* **Wil** in jou lewe wat vir jou vrede sal bring. Om jouself heeltemal oor te gee aan God, jou sondes te bely en om vergewe te word, gewillig te wees om ander te vergewe, en dan **geloof** te hê in God wie 'n wonderlike toekoms, hoop, en 'n oorvloedige lewe het vir die wie se hart heeltemal Syne is—dit is wat Hy van jou vra.

Moenie toelaat dat die vyand jou onder veroordeling bring nie. Jy sal weet dit is die vyand as jy 'n sin van "hopeloosheid" in jou gees voel. God veroordeel ons nie maar Hy oortuig ons saggies deur Sy Heilige Gees en genade om Sy Wil te volg.

## Wat as my eggenoot weer getrou het?

Wanneer vrouens wat geskei was, begin ervaar het hoe hulle eggenote met die ander vrou trou, het ek "gedink" dat ek die antwoord het gebaseer op die plan wat ek gehad het toe Dan vir my gesê het dat hy met die ander vrou gaan trou. Maar God het my daaraan herinner van Jesaja 55:8–9: "'Want my gedagtes is nie julle gedagtes nie, en julle weë is nie my weë nie, spreek die HERE. Want soos die hemel hoër is as die aarde, so is my weë hoër as julle weë en my gedagtes as julle gedagtes.'"

Ek het beplan (toe Dan weg was) dat as hy met die ander vrou sou trou, God besig was om vir my te sê dat ek myself aan Hom moet oorgee, en aan my kinders en die lering van jonger vrouens—dat ek nie meer na 'n herstelde huwelik moet soek nie. Die eerste gedeelte was waar: Ek moes myself oorgee aan God en my kinders en aan die lering van jonger vrouens maar die tweede gedeelte "om nie meer die restorasie van my huwelik te soek nie" sou veroorsaak het dat ek nie God se perfekte plan uit oefen nie.

God is altyd **goed**! Dit is Sy begeerte om **hoop** aan almal te gee wat Hom soek!! God het getrou Sy plan vir die vrouens wie se eggenote weer getrou het, deur twee getuienisse van herstelde huwelike geopenbaar. Ek het Hom gevra hoe om meer effektief aan hierdie groep vrouens te bedien, en Hy het my gewys. In die eerste getuienis, het God 'n vrou (wie se man weer getrou het) geloof gegee om te glo en alles te verdra tot die einde, en sy het haar eggenoot en gesin terug gekry!

Hierdie vrou het aanhou bid en glo, selfs **nadat** haar eggenoot met die ander vrou getrou het.  Maar sy het gou gevoel asof sy mal moet wees want **niemand** het met haar saam gestem nie (dit is presies hoe ek gevoel het halfpad deur my restorasie). Toe sy haar laagste punt bereik het, het sy na God **uitgeroep**en Hy het haar na Ezra 9 en 10 gelei. Dit was hier waar sy **hoop** gevind het om aan te hou glo en die toets te verduur toe die Here **haar gelei** het om haar huis aan haar gewese man en kinders te gee. Net twee weke daarna het haar eggenoot "gebreuk." Hy het sy lewe aan God gegee, sy vrou geskei, en met sy gewese vrou getrou. Bygesê, het hy 'n pastoor geword!

Ek was eers skepties, maar nadat ek die verse in Esra bestudeer het (wat God die vrou gegee het wie se eggenoot weer getrou het), het ek geloof en die waarheid gekry deurdat as God haar huwelik sou restoreer, dat Hy dit ook met ander vrouens wie se mans weer getroud was se huwelike sou doen! Hier is wat ek gevind het:

Esra 10:10–11 sê, "En die priester Esra het opgestaan en vir hulle gesê: 'Julle was ontrou en het **vreemde**vroue getrou om die *skuld* van Israel te vermeerder. Gee dan nou aan die HERE, die God van julle vaders, die eer en doen wat Hom behaag en **sonder julle af** van die volke van die land en van die vreemde vroue.'"

Dan in Esra 10:14 lees ons, "Laat tog ons owerstes vir die hele vergadering optree, dan kan almal in ons stede wat **vreemde** vroue getrou het, op vasgestelde tye kom, en die oudstes en die regters van elkeen se stad saam met hulle, **om die toorngloed van onse God, wat hierdie saak betref,** van ons af te wend."

Ek het Esra ondersoek en die terme in die woordeboek op gesoek: "buitelands" of "vreemde" vrouens, wat die mans van moes "weg bere" of "afsonder", in die oorspronklik Griekse vertaling. Wat ek gesien het was dat die woorde "buitelands" en "vreemd" in die Bybel vertaal was na "owerspellig." Toe ek die woorde "afsonder" en "weg bere" in die Bybel gesoek het was hulle vertaal na "uitmekaar." Dit beteken dat as 'n man in 'n **owerspellige** huwelik betrokke is, hy deur God se leiding gesê mag word om hierdie huwelik uitmekaar te skeur.

Hoofstuk 10 van Esra eindig met hierdie vers: "Hulle almal het vreemde vroue getrou, en daaronder was vroue wat kinders voortgebring het." (Esra 10:44). As jy die vers met jou situasie kan vereenselwig, onthou toe Sara vir Abraham gesê het om Hagar en Abraham se seun weg te stuur, het God hom gesê om vir haar te luister. "Maar God het aan Abraham gesê: Laat dit nie verkeerd wees in jou oë ter wille van die seun en van jou slavin nie. Luister na Sara in alles wat sy van jou verlang...'" (Gen. 21:12).

**God** was die een wat omgesien het vir Hagar en haar seun nadat Abraham haar weggestuur het. "Toe is Abraham die môre vroeg op, en hy het brood en 'n sak met water geneem en dit aan Hagar gegee deur dit op haar skouer te sit, en ook die kind, en haar weggestuur. Sy het toe weggegaan en rondgedwaal in die woestyn van Berséba." (Gen. 21:14). Later, toe hulle amper op sterwe was, het God vir Hagar gesê, "Staan op, tel die seun op en hou hom vas met jou hand, want Ek sal hom 'n groot nasie maak." (Gen. 21:18).

Nadat ek die eerste getuienis gekry het en die verse in Esra en Genesis asook die getuienis van Abraham bestudeer het, het ek weer gebid om seker te maak dat wat ek geglo het die waarheid is. 'n Week of twee later, het God Sy leiding bevestig toe 'n man sy getuienis aan ons gestuur het van hoe sy huwelik gerestoreer was nadat hy weer getrou het en gelei was om sy owerspellige huwelik uitmekaar te skeur. Hy was gebroke nadat hy homself in die tronk bevind het as gevolg van die ander vrou waarmee hy getrou het. (Jy kan albei getuienisse lees in "*By the Woord van Hulle Getuienis.*")

Weereens, wys dit vir ons dat dit nie saak maak wat jou situasie is nie—getroud, geskei, eggenoot weer getroud, eerste, tweede of derde huwelik—jy **moet** die Here vra om vir jou te lei in verband met restorasie! Indien jou eggenoot weer getrou het, is daar **hoop!** Gebaseer op die skei statistieke, is daar net 'n 15% kans dat sy huwelik gaan oorleef. Maar wanneer jy geloof en gebede byvoeg kan jy maklik "teen hoop op hoop glo!" (Sien Rom. 4:18.)

Terwyl jy aanhou om God te soek en Sy beginsels van restorasie volg, sal God toelaat dat jou eggenoot se huwelik in die skei hof beland.

## Genade, Genade, en Nog Genade

In afsluiting van hierdie tweede hoofstuk wat deel met skei en hertrou, mag dit voorkom asof hierdie hoofstuk die vorige hoofstuk "Ek haat Egskeiding" weerspreek—maar dit is nie die geval nie, net soos die Ou Testament nie die Nuwe Testament weerspreek nie. Die Ou Testament is die Wet wat God se mense nie kon bewaar nie; dan, in die Nuwe Testament, het Jesus gekom en Sy Bloed gestort om **alle** sonde te bedek en genade het oorvloei!

Hoekom hierdie weg vir mense leer en nie bly by "die Wet" nie? "Nie dat ons uit onsself bekwaam is om iets as uit onsself te bedink nie, maar ons bekwaamheid is uit God, wat ons ook bekwaam gemaak het as dienaars van 'n **nuwe testament**, nie van die letter nie, maar van die gees; want die letter maak dood, maar die gees maak lewend." (2 Kor. 3:6).

Hierdie hoofstuk herinner ons van God se oorvloedige genade! Hy is 'n God van tweede, derde en vele kanse! Jesus het vir ons gesê dat ons sewentig maal sewe keur moet vergewe—hoeveel meer sal God nie gewillig wees om ons te vergewe en almal wat sondig is?

Die geheim om hierdie hoofstukke te verstaan is om Hom te *soek*. Ek het nie al die antwoorde nie, *niemand* het nie, behalwe God! Selfs

Jesus, wanneer die Sadduseërs gevra het watter eggenoot die vrou gekry het wie van een broer na die ander gegee was (soos dit hulle gewoonte was wanneer 'n man gesterf het en 'n weduwee nalaat sonder kinders), het Hy hulle nie 'n direkte antwoord gegee het nie maar instede het Hy hulle berispe oor hulle begrip van die Bybel **en** hulle ongeloof in die Mag van die Here! (Matt. 22:23–33).

Dit beteken dat jy *die Here* gedurende jou restorasie moet soek en toelaat dat Hy **alle** vrae wat jy mag hê beantwoord! Moenie toelaat dat iemand jou intieme verhouding met God, of om van Hom direk te hoor, steel nie. God het hierdie toets in jou lewe toegelaat om jou nader aan Hom te bring en sodat jy**blydskap** kan ervaar in die midde van hierdie toets en alle toekomstige toetse wat jy in jou lewe mag ervaar!

### Kom ons verbind onsself om

### PERSOONLIK

### DIE HERE TE SOEK

### En ander te bemoedig om dieslefde te doen!

**Persoonlike verbintenis: om die Here te soek en te vra of ek my huidige (of vorige) huwelik moet restorer nou of in die toekoms.** "Gebaseer op wat ek geleer het uit God se Woord, verbind ek myself om God te vra of ek hierdie huwelik moet restorer of nie. Ek sal my wil opsy stel, om *Sy* wil te begeer, aangesien Hy my Here is. Ek belowe om te **wag** sdat Hy my kan lei, en intussen sal ek Hom meer intiem leer ken. Bygesê, sal ek nooit iemand beoordeel wat hulle in 'n tweede of derde huwelik bevind nie, maar sal eerder erken dat die Bloed van Jesus die sonde van egbreuk kan bedek."

### Getuienis: Gerestoreer nadat Eggenoot weer getrou het

'n Vrou van California het aan my geskryf oor die restorasie van haar huwelik. Dinge was besig om mooi te vorder en beide sy en ek was vol hoop dat haar huwelik baie gou gerestoreer sou word. Alhoewel, sy eendag deur 'n vriendin gehoor het dat haar eggenoot met die ander vrou getrou het. Sy was verpletter, en het aan my die vraag gestel, "Wat nou?" Ek het hierdie hoofstuk met haar gedeel. Sy het terug geskryf en my bedank. Sy het gesê dat toe sy haar eie wil opsy geskyf het en God se Wil vir haar lewe aanvaar het, was sy vol vreugde.

Binne 'n jaar het sy weer aan my geskryf en gesê dat haar gewese man haar weer gekontak het. Hy het besef dat hy die grootste fout van sy lewe gemaak het toe hy met die ander vrou getrou het! Hy was besig om van sy huidige vrou te skei. Hy wou geweet het of hulle mekaar weer kon sien. Hy wou weer met haar trou wanneer sy skei saak finaal afgehandel was, dit is te sê as sy hom sou terug neem!

Ek het hierdie hoofstuk met 'n hele paar vrouens gedeel, wie se eggenote weer getrou het. Almal van hulle het dit verwerp, behalwe hierdie **een** vrou wat nou 'n herstelde huwelik het! Wanneer jou eggenoot die stap geneem het om weer te trou, moet jy heeltemal terug staan en toelaat dat God die werk doen.

Eers toe haar eggenoot heeltemal alleen was, kon hy agterkom dat hy die verkeerde besluit geneem het. Hy het niks van sy gewese vrou gesien of gehoor gedurende hierdie tydperk nie en moes haar opsoek (hulle het nie kinders gehad nie). Ek vertel julle hiervan omdat daar dalk van julle is wat bang is om alles aan God oor te gee ingeval God nie jou eggenoot sal terug bring nie.

Wanneer 'n eggenoot nog in die huis is, is dit makliker om die huwelik te red as wanneer die eggenoot uit getrek het. En 'n huwelik wat uitmekaar is, is makliker om te red as een wat klaar deur 'n egskeiding is. Dit is ook waar van 'n huwelik wat nie net geskei is nie maar waar die eggenoot reeds met iemand anders getroud is. Dit vat meer geloof, meer gebede, meer intiemiteit met God, en meer beproewinge.

Met God is niks onmoontlik nie, sonder Hom kan ons niks doen nie.


Datum:_____ Geteken: _____

# ───────── Hoofstuk 13─────────

# Wonderbaar Raadsman

*"en Hy word genoem:*
*Wonderbare Raadsman,*
*Magtige God,*
*Ewige Vader,*
*Vredevors."*
—Jesaja 9:5

My eggenoot wil skei, wat moet ek maak?

Hoe kry ek iemand om my te verdedig?

Hoe kan ek myself beskerm, en veral my kinders?

Mense wat jou omstandighede ken, het dalk vir jou gesê dat jy 'n goeie christellike prokureur moet kry om jou, jou kinders en besittings te verdedig. Dit kan dalk 'n vriendin wees, 'n sielkundige of selfs jou pastoor. Toe Dan van my wou skei het ek dieselfde advies van ander christene gekry—maar **Prys die Here** dit is wat my gedryf het om die 'Wonderbaar, Raadsman' te soek!" Hier is wat ek gekry het toe ek in die Bybel gesoek het vir wat God te sê het oor hierdie onderwerp.

Ek het gevind dat Sy Woord belowe het om my te beskerm en te verdedig! Gevolglik het ek Hom gekies en gedoen wat Sy Woord vir my gesê het om te doen. Hy het meer mag gehad as enige skeihof omdat ek **alleenlik** in Hom gelgo het!

Ek het hierdie beginsels met talle ander gedeel. Elkeen van hulle het gevind dat hierdie beginsels hulle situasie omgekeer het en vreugde gebring het waar daar oorlog was.

**Wie het die gedagte van die Here geken?** "o Diepte van die rykdom en wysheid en kennis van God! Hoe ondeurgrondelik is sy oordele en onnaspeurlik sy weë! Want **wie het die gedagte van die Here geken, of wie was sy raadsman gewees?**" (Rom. 11:33–34). Praat met die Here. **Sit dan stil** en **luister** vir Hom.

**Wee die opstandige kinders.** Egipte verteenwoordig die wêreld. "**Wee die opstandige kinders,** spreek die HERE, wat 'n plan uitvoer, maar dit is nie uit My nie; wat 'n verbond sluit, en dit is nie uit my Gees nie, om sonde op sonde te stapel; wat gaan om na Egipte af te trek, en hulle raadpleeg my mond nie, om toevlug te soek onder die beskutting van Farao en om te skuil in die skaduwee van Egipte.'" (Jes. 30:1–2).

Het jy beskerming in die hof sisteem gaan soek? Vertrou jy, jou prokureur **meer** as vir die Here? "…Vervloek is die man wat op die mens vertrou en vlees sy arm maak, terwyl sy hart van die HERE afwyk." (Jer. 17:5).

**Na jou sal dit nie aankom nie.** "En hy wat met jou na die gereg wil gaan en jou onderkleed wil neem, laat hom ook die bo-kleed." (Matt. 5:38–48). Gewoonlik is ons bekommerd dat ons eggenote nie na ons sal omsien nie en dat hulle te veel sal vat, wat eerder na ons (of ons kinders) toe moet kom. Indien jy optree asof hy die vyand is en baklei, sal hy terug baklei. Het hy dit nie in die verlede gedoen nie?

Baie deel "verskriklike stories" oor ander wat geskei het, sodat jy bang genoeg word en 'n goeie prokureur soek. Onthou net, "Al val daar duisend aan jou sy en tien duisend aan jou regterhand - **na jou sal dit nie aankom nie.**" (Ps. 91:7). Instede, "Laat jou nie deur die kwaad oorwin nie, maar oorwin die kwaad deur die goeie." (Rom. 12:21). Vrywaar jou prokureur en vertrou op God **alleen** om jou te beskerm.

**Durf om voor die onregverdiges en nie voor die heiliges te gaan reg soek.** "Durf iemand van julle wat 'n saak teen 'n ander het, gaan reg soek voor die onregverdiges en nie voor die heiliges nie?" (1 Kor. 6:1). Hierdie is 'n baie ferm Bybelvers. Sal jy God uitdaag? Indien jy in die hof verskyn, dan staan jy "voor die onregverdiges."

In meeste state breek jy nie die wet indien jy nie opdaag in die hof vir 'n skeisaak nie. Jy verloor net deur afwesigheid. By sommige state moet jy teken om te sê dat jy afwesig gaan wees, en in ander (soos in die staat van Florida met die tyd van hierdie skrywe) hoef jy nie in die hof te verskyn nie en ook nie die papiere te teken nie.

Maak seker en moenie net iemand se woord daarvoor vat nie, veral as hulle vir jou vertel wat jy "moet" doen. Ek het hierdie vers te harte geneem toe ek my skei papiere gekry het. Ek het nie die papiere geteken nie en ook nie in die hof verskyn nie – en God het my verlos! Het ek 'n prokureur gehad, of in the hof verskyn, sou ek nie God se Almagtige verlossing gesien het nie!

**Ons sal engele oordeel.** "Weet julle nie dat die heiliges die wêreld sal oordeel nie? En as die wêreld deur julle geoordeel word, is julle dan onbevoeg vir die geringste regsake? Weet julle nie dat **ons engele sal oordeel** nie, hoeveel te meer die alledaagse dinge?" (1 Kor. 6:2–3). God is besig om 'n bespotting van ons te maak, en vir ons te wys hoe nietig en onbelangrik die dinge van die wêreld is in vergelyking met ons lewe saam met Hom.

**Alledaagse regsake.** "As julle dan **alledaagse regsake het,** moet julle dié persone daaroor laat sit wat in die gemeente die minste geag word. Ek sê dit tot julle beskaming. Is daar dan nie eens een wyse onder julle, wat uitspraak sal kan doen tussen sy broeders nie?" (1 Kor. 6:4,5). Die Howe van vandag volg nie die Bybel se leringe nie, soos hulle gedoen het in die ou dae nie. Gevolglik, het ons uitsprake en laste wat op ons geplaas word, wat nie van God afkomstig is nie. Indien jy die hof kies om jou te help, sal jy hulle vonnis bo God se beskerming en voorsiening plaas.

**Voor ongelowiges.** "Maar gaan die een broeder met die ander na die regbank, en dit **voor ongelowiges?**" (1 Kor. 6:6). Toe die kerk begin het om die Bybelse leringe te ignoreer, het hulle begin om die kerk se tugting ook te ignoreer.

Ek het nog **nooit** gehoor van 'n man wat van sy sondes weggedraai het nadat hy deur die kerk gekonfronteer was nie. Sommiges is vir 'n kort tydperk verander, maar in **alle** gevalle het hulle terug gekeer na die ander vrou toe! Moet asseblief nie vir jou pastoor vra om met jou man te praat nie. LaatGod toe om jou eggenoot se hart sag te maak en terug te lei na jou toe.

**Wees eerder berowe en onreg aangedoen.** "Dan is dit al werklik 'n gebrek onder julle, dat julle regsake met mekaar het. Waarom ly julle nie liewer **onreg** nie? Waarom laat julle jul nie **liewer berowe** nie? Maar julle doen onreg en pleeg roof, en dit aan broeders." (1 Kor. 6:7–8). God sê dit is beter as jy toelaat dat iemand jou berowe of onreg aandoen.

Meeste vrouens waarmee ek gesels, wat besig is om te skei, is so vas gevang in wat hulle daaruit sal kry, hoeveel geld of watter besittings hulle gaan kry. Indien jy nie toelaat dat jy liewer berowe word nie, sal jou eggenoot op die ou end baie bitter en kwaad wees. Indien jy nie toelaat dat jy met jou rug na die Rooi See staan nie, sal jy nooit die mag van God se verlossing sien nie! Onthou dat die "…sorg van hierdie wêreld en die verleiding van die rykdom verstik die woord, en hy word onvrugbaar!" (Matt. 13:22).

Ons word vertel dat Demas vir Saulus verlaat het omdat die sorge van die wêreld die Woord verstik het. Die volgende vers vertel vir ons hoe… "En by wie in die dorings gesaai is—dit is hy wat die woord hoor, maar die **sorg** van hierdie wêreld en die verleiding van die **rykdom** verstik die woord, en hy word onvrugbaar." (Matt. 13:22). Die Bybel sê spesifiek dat dit as gevolg van "sorge" en "rykdom" was." Moenie daaroor bekommer of vas gevang word in rykdom of besittings nie.

Vertrou dat God vir jou voorsienning sal maak al sê die skei papiere iets anders. Baie het al geval in hulle geloof omdat die Woord verstik was.

My skei papiere het gesê dat ek nie naastenby genoeg sou kry om vir my vier klein kindertjies en myself te sorg nie. Maar God het my eggenoot se hart sag gemaak omdat ek op Hom vertrou het. Ek hoef nie eers vir meer te gevra het of vir hom vertel het dat ons nie genoeg geld gehad het nie. God het dit in my eggenoot se hart gesit om al ons skuld te betaal tot die dag toe hy huistoe gekom het!

**'n Gebrek onder julle.** "Dan is dit al werklik **'n gebrek onder julle,** dat julle regsake met mekaar het. Waarom ly julle nie liewer onreg nie? Waarom laat julle jul nie liewer berowe nie?" (1 Kor. 6:7). Hier is jou antwoord: indien jy hof toe gaan met jou eggenoot is dit klaar 'n vernietiging vir jou. Jy sal dalk al die geld en besittings kry, maar jy sal jou eggenoot verloor!

**Niemand sal die Here sien nie.** "Jaag die vrede na met almal, en die heiligmaking waarsonder **niemand die Here sal sien nie.**" (Heb. 12:14–15). Indien jy wil optree soos Christus opgetree het (Jesus was heeltemal onskuldig) onthou, dit was Hy "...wie se mond geen bedrog gevind is nie." (1 Pet. 2:22). God kan begin om in jou eggenoot se lewe te werk omdat jou saadtjies van die lewe plant en nie langer toelaat dat satan sy verwoesting saai nie (sien 1 Pet. 3:1).

Ons wil hê dat ons eggenote Jesus in ons moet sien. Ons onderdruk die Heilige Gees wanneer ons die dinge doen wat "ons wil" doen inplaas daarvan dat ons doen wat ons "moet doen." **Doen dit op God se manier!**

**Verwyder word.** "Alle bitterheid en woede en toorn en geskreeu en lastering moet van julle **verwyder word,** saam met alle boosheid." (Efe. 4:31). Indien jy 'n prokureur het, sal lastering en boosheid plaasvind. Dit is waaroor skei gaan. Dit moet van julle verwyder word. Dit maak nie saak of jy 'n christellike prokureur het of nie—" **...die mens se hulp is vergeefse moeite!**" (Ps. 108:13).

**Die mens se hulp is vergeefse moeite.** "Gee ons hulp teen die vyand, want **die mens se hulp is vergeefse moeite.**" (Ps. 108:12–13). Ek het al talle verhale gehoor van mense wat vergeefs hulself probeer red het, en al het die hof 'n beslissing gemaak oor geld en beskerming, kon die hof dit nie regkry dat hulle eggenote die geld betaal or hulle red van fisiese aanranding nie!

Daar was al baie stories op die televisie van mense wat nie onderhoud betaal nie. Jy het al gehoor van mans wat hulle vrouens fisies aanrand om wraak te neem—en die polisie kan hulle nie help nie! Jy moet toelaat dat God jou eggenoot se hart lei (Spr. 21:1).

Jou eggenoot het nie 'n strenger straf nodig nie, maar 'n sagte hart vir jou en jou kinders. Jy het Sy belofte: "As die HERE behae het in die weë van 'n man [jou weë], dan laat Hy selfs sy vyande met hom vrede hou." (Spr. 16:7).

**By die Here te skuil.** "Dit is beter om **by die HERE te skuil** as om op mense te vertrou." Ps. 118:8. 'n Prokureur is geen plaasvervanger vir God nie. Kan 'n Christen beide 'n prokureur en God se beskerming hê, of is hulle in opposisie met mekaar? "Vervloek is die man wat op die mens vertrou en vlees sy arm maak, terwyl sy hart van die HERE afwyk. Geseënd is die man wat op die HERE vertrou, en **wie se vertroue die HERE is.**" (Jer. 17:5–8).

Ons het al in 'n skeisaak gevind dat jy of geseën of vervloek kan wees deur op God te vertrou of deur wat jy en jou prokureur doen. Jy moet die besluit neem. Ek het besluit dat ek regtig sou verloor as ek teen Dan sou baklei. Ek sou dalk meer geld gewen het, maar dank God my Vader, dat Hy vir my gelei het om my huwelik met Dan te restoreer! Gevolglik het ek besluit om **AL** my vertroue in die Here te sit en Hy het my verlos omdat ek **volle** vertroue op Hom gehad het!

**Laat staan.** "**Laat staan en weet dat Ek God is.**" (Ps. 46: 8–10). Sit dit in die Here se hande. Hou op om daaroor te bekommer; hou op om dit met almal te bespreek. Wees stil! Indien jou eggenoot alreeds met 'n skeisaak begin het, en jy nederig is en besluit het om jou sondes te bely, dan moet jy die volgende stappe neem:

**Tot vrede geroep.** Vertel jou eggenoot dat jy nie wil skei nie, maar dat jy nie in sy pad sal staan (Ps. 1:1) en dat jy ook **nie** in die hof sal baklei nie. Vertel hom dat jy hom nie "blammeer" vir die feit dat hy van jou wil skei nie. Vertel hom dat jy nogsteeds lief is vir hom (indien die "muur van haat" afgebreuk is), maak nie saak watter keuse hy maak nie. "En sy hart is julle veral toegeneë as hy hom die gehoorsaamheid van julle almal herinner, hoe julle hom met vrees en bewing ontvang het.

Maar as die ongelowige wil skei, laat hom skei. In sulke gevalle is die broeder of suster nie gebonde nie. Maar God het ons **tot vrede geroep.**" (1 Kor. 7:15).

**Gevlei van 'n vreemde tong.** Weereens, maak seker dat jy vir jou eggenoot vertel dat jy nie teen hom in die hof sal baklei nie en dat jy nie 'n prokureur sal kry om jou te verdedig nie. Indien jy 'n prokureur het, dat jy hom sal vrywaar. Vertel jou eggenoot dat jy hom vertrou en weet dat hy regverdig sal wees, en dat hy sal doen wat reg is teenoor jou en jou kinders. Die enigste manier om die oorlog te wen is deur welwillendheid en deur te **weier** om te baklei! "...vir die **gevlei van 'n vreemde tong.**" (Spr. 6:24).

**Ek haat egskeiding.** Vertel jou eggenoot dat jy in die verlede baie foute gemaak het en dat jy nie meer foute wil maak nie. Sê vir hom, jy hoop dat hy jou sal toelaat om eerder *nie* die egskeidings papiere te teken nie. Ek het vir my man vertel dat omdat ons in 'n sekere staat woon, die skeisaak deur sou gaan sonder dat ek hof toe moes gaan of die papiere moes teken. Soek nou die Here om uit te vind wat jy vir jou eggenoot moet sê en te hoor hoe Hy jou wil verlos. Onthou, die Here sê, "**Ek haat egskeiding.**" As jou eggenoot aandring daarop dat jy moet teken, stem saam met hom en bid dan vir die Here om sy hart te lei sodat jy nie hoef te teken nie. Indien jy nie dieselfde vrou is nie en jy wys dat jy nederig is, en 'n stille gees het, sal hy nie aanhou om daarop aan te dring nie. Moenie met voorstelle voorendaag kom om jou eggenoot gelukkig te hou nie; dit is vir die Here onaangenaam. Soek die Here! (Sien hoofstuk 8, "Vrouens, wees Onderdanig" onder die opskrif "Sara se Gehoorsaamheid tot die sonde toe?" in "*'n Wyse Vrou*".)

**Niks is onmoontlik.** Hoewel, indien jy 'n deelname gehad het aan die skeisaak, is alles nie verlore nie. Vra vergifnis van die Here en vra dan ook vir jou eggenoot om jou te vergewe. Demonstreer jou begeerte om jou huwelik te herstel deur jou prokureur te vrywaar en op God te vertrou. God sal onmiddellik begin om te genees: "*By God is alle dinge moontlik.*" (Matt 19:26).

Weereens, as jy 'n prokureur aangestel het om jou te verdedig, vrywaar hom onmiddellik indien jy wil hê dat die Beste jou moet verdedig. Bid dan, "Here, niemand kan help soos U tussen die magtige en die kragtelose nie; help ons, Here onse God, want op U steun ons, en in u Naam het ons teen hierdie menigte gekom; Here, U is onse God; laat geen sterfling naas U magtig wees nie." (2 Kron. 14:11).

**Erger om te oortuig.** Indien jy alreeds deur 'n egskeiding is, is bitterheid, wrok en woede sekerlik wat jou eggenoot nou teenoor jou voel. Bid dat God jou sondes sal vergewe en die slegte beeld wat hy van jou het sal uitwis (Ps. 9:5) en vervang met goeie gedagtes en beeld. Bid harder en wees vriendeliker (weereens, vriendelikheid en gaafdheid vermeerder oorredingskrag) by elke geleentheid wat jy met jou eggenoot mag hê om hom terug te wen. Onthou, "'n Broer teen wie oortree is, **is erger as 'n sterk stad**; en geskille is soos die grendel van 'n paleis." (Spr. 18:19). (Sien hoofstuk 8, "Sonder Woorde.")

**Dan sou ek dit kon dra.** God verstaan wel wat jy deurmaak. Lees Psalm 55; Hy praat direk met jou. Begin by vers 6, "Toe het ek gesê: Ag, had ek maar vlerke soos 'n duif, dan sou ek wegvlieg en wegbly! Kyk, ek sou ver wegvlug; ek sou vernag in die woestyn! Sela. Gou sou ek vir my 'n skuilplek soek teen die onstuimige wind, teen die storm." Verse 12–14: "Want dit is geen vyand wat my smaad nie, **anders sou ek dit dra**; dit is nie my hater wat hom teen my groot maak nie, anders sou ek my vir hom wegsteek; maar jy, 'n man soos ek, my vriend en my vertroude!"

**Steel, slag en verwoes.** Indien jy "weg gevlieg het" gaan terug huistoe. Satan is in sy glorie omdat hy weereens dit reg gekry het om te steel en verwoes! Vat terug die grond wat hy van jou gesteel het; hy is 'n dief! "Die dief kom net om te **steel en te slag en te verwoes**. Ek het gekom, dat hulle lewe en oorvloed kan hê." (Joh. 10:10). Gee vir God die oorwinning en die getuigskrif deur die situasie om te draai vir **Syglorie!** Instede daarvan dat jy, "jou kruis" (jou gebrokkelde huwelik) weggooi, tel dit weer op en volg Hom!

**Elke dag jou kruis opneem.** "En Hy sê vir almal: 'As iemand agter My aan wil kom, moet hy homself verloën en **sy kruis elke dag opneem** en My volg.'" (Luk. 9:23). Wees seker dat jou kruis nie swaarder is as wat dit veronderstel is om te wees nie; gooi weg al die bitterheid en onvergifnis. Dit is 'n swaar gewig om te dra en jy sal dit nie aanhoudend kan dra nie. Jy sal dalk nou nie eers jou kruis kan oplig om Hom te volg nie.

Raak ontslae van die "werke van die vlees." Die vlees sal jou moeg maak en jou aftakel. Laat staan en laat God jou restoreer. Gebruik hierdie tydperk om verlief te raak op die Here! Indien u kruis voel of dit te swaar is om te dra, is daar laste op jou kruis wat **jy** daar gesit het. Hy lieg nooit nie en Hy het belowe dat Hy vir jou nie meer sou gee as wat jy kan dra nie!

**Niemand kan help soos U.** Kom ons bid nou soos Asa gebid het in 2 Kronieke 14:11: "Here, **niemand kan help soos U** tussen die magtige en die kragtelose nie; help ons, Here onse God, want op U steun ons, en in u Naam het ons teen hierdie menigte gekom; Here, U is onse God; laat geen sterfling naas U magtig wees nie."

Hier onder is 'n paar kort getuienisse (of Vrugte van die Woord) van die wat die wêreld se weg gevolg het en ander wat God se weg gevolg het:

**Getuienis:** 'n Vrou wat na ons klas gekom het vir die eerste keer, het besluit dat sy die "bewyse" van haar man se egbreuk na haar prokureur toe sou vat. Die prokureur het gesê dat as sy die bewyse na hom toe bring, dat hy vir haar meer geld sou kry. Die les daardie aand was "Wonderbaar, Raadsman." Sonder om 'n woord te sê in die klas, het sy huistoe gegaan en die hele boks vol bewyse in die asblik gegooi. Van toe af, het haar eggenoot aangehou om haar skuld te betaal, al het hy met 'n ander vrou getrou. Sy bid nogsteeds en vertrou op die Here.

**Getuienis:** 'n Jong vrou het God geglo toe sy in die Bybel gelees het dat, "Hy ons Voorsiener is." Wanneer sy haar egskeidingsbrief gelees het, waarin gestaan het dat sy skaars genoeg geld sou hê om haar huur te betaal vir haarself en haar kinders, het sy besluit om vir God te vertrou. Sy het opgetree in geloof. Sy het haar eggenoot vertel dat sy hom vertrou en dat sy seker was dat hy vir hulle sou aanhou sorg soos hy gedoen het in die verlede. Hy het aangehou om alle skuld te betaal en het ook af en toe vir haar geld gegee uit die ander vrou se spaar rekening! Die ander vrou en die prokureur het probeer om bedrog te pleeg deur die skei papiere te vervals maar hulle kon dit nie reg kry nie. God het haar eggenoot se hart gelei. Die egskeiding het deur gegaan, maar kort daarna, het hulle weer getrou.

**Getuienis:** 'n Vrou het ons gekontak nadat haar man haar gedagvaar het om te skei. Sy was in trane. Sy het vertel dat sy ook 'n vriendin het wat ook van haar man wou skei. Sy het gesê dat sy jammer was oor sy nie met haar vriendin gedeel het oor haar eie verbrokkelde huwelik en dat sy op God vertrou om haar te help nie.

'n Paar weke later het sy die skokkende nuus gehoor: Haar vriendin se eggenoot het probeer om sy vrou dood te maak voordat hy haar sou laat gaan. Maar hy het in 'n vuur beland en is dood en hulle hele huis het afgebrand.

**Getuienis:** 'n Ouerige dame het na Restore Ministries toe gekom nadat haar skeisaak finaal was (haar vriendin het haar vir maande lank gesmeek om te kom!). Sy het die ander sy van skei met ons gedeel, sy het in die hof geveg om te kry wat sy wou hê. Sy het alles gekry wat sy wou gehad het: die huis, 'n nuwe kar en onderhoud. Maar haar gewese man wou niks met haar te doen hê nie. Hy was baie verbitterd oor die geld wat hy aan haar en haar prokureur moes betaal.

**Getuienis:** 'n Vrou het na 'n bid groep gekom (nie Restore Ministries nie) en gevra dat hulle vir haar skeisaak bid. Hulle het gebid dat die Regter goed sou sorg vir haar en vir haar kinders. God het hulle gebede gehoor en die hof het vir haar baie geld gegee. Na 'n paar maande het sy weer vir gebed gevra, aangesien haar gewese eggenoot nog nie 'n sent aan haar betaal het nie! Weereens het hulle gebid dat die hof ferm sou wees met haar gewese eggenoot. Die hofbeslissing was weereens in haar guns.

Weke later het sy haar gebeds groep gevra om te bid dat die polisie haar eggenoot sal "kry" en hom terug bring! Hy het land uit gevlug om te verhoed dat hy betaal. Op die stadium het die polisie hom in die tronk gegooi. Die bid groep het nie op God vertrou vir haar beskerming nie, of vir die leiding van haar eggenoot se hart nie. "En *my* **God** sal elke behoefte van julle vervul na sy rykdom in heerlikheid deur Christus Jesus." (Fil. 4:19). Net God se weg sal "oorwinning" bring.

Moenie die wêreld se weg volg nie; vertrou op die Here. Ek belowe dat Hy jou nooit in die steek sal laat nie. Net as jy in die vlees staat maak om jou te beskerm, sal dinge verkeerd loop. Nogtans, dit kos baie om saam met God deur die vuur te loop sodat jy oorwinning bereik. Hy wag vir jou. Sal jy, jou kruis optel en Hom volg?

Hoeveel geloof het jy? Het jy genoeg geloof om die stap te neem om God toe te laat om vir jou te veg, sonder 'n prokureur? My geliefde sister in Christus, vrywaar jou prokureur, en vat die hand van Jesus.

**Persoonlike verbintenis: om op God alleen te vertrou.** "Gebaseer op wat ek uit God se Woord geleer het, verbind ek my om op God te vertrou om die oorlog vir my te veg. Ek sal my prokureur vrywaar (indien ek een het) en ek sal nie in die hof verskyn nie (tensy dit nie anders kan nie)."

Datum: _____ Geteken: _____

# Eerste 'n Klip op Haar Gooi

*"Laat dié een van julle*
*wat sonder sonde is,*
*die eerste 'n klip op haar gooi."*
*—Johannes 8:7*

## Egbreuk:
## Gronde vir Skei
## Of
## Gronde vir Vergifnis

Kan egbreuk vergewe word?

Ja. Jesus het vir die vrou gevra wat egbreuk gepleeg het: "Het niemand jou veroordeel nie? …Ek veroordeel jou ook nie. Gaan heen en sondig nie meer nie." (Joh 8:10–11). Eintlik, is **egbreuk *nie*** rede om te skei nie, dit is 'n **rede om ander te vergewe** soos Christus ons gewys het in Johannes 8:10 hierbo.

Ons het ook 'n voorbeeld van 'n eggenoot wat egbreuk gepleeg het, en wat vergewe was in Hosea 3:1. "En die HERE het vir my gesê: 'Gaan nog 'n keer, bemin 'n vrou wat bemin word deur haar vriend, maar wat owerspel bedrywe…' "Dan in 1 Korintiërs 6:9–11, wanneer God verwys na hoereerders en egbrekers, sê Hy: "En dit **was** sommige van julle; maar julle het jul laat afwas, maar julle is geheilig, maar julle is geregverdig in die Naam van die Here Jesus en deur die Gees van onse God." Ons word skoon gewas deur die bloed van Sy vergifnis.

Maar, baie pastore beweer dat egbreuk 'n rede is vir skei. "Julle het gehoor dat aan die mense van die ou tyd gesê is: Jy mag nie egbreek nie. Maar Ek sê vir julle dat elkeen wat na 'n vrou kyk om haar te begeer, reeds in sy hart met haar egbreuk gepleeg het." (Matt. 5:27–

28). Indien dit waar is dat ebgeuk 'n rede is om te skei, dan moes meeste vrouens al geskei gewees het omdat meeste mans vrouens op die televisie of in 'n tydskrif al begeer het!

Indien jy al egbreuk gepleeg het, moet jy, jou sonde aan jou eggenoot bely indien hy nie daarvan weet nie. "Hy wat sy oortredinge bedek, sal nie voorspoedig wees nie; maar hy wat dit bely en laat staan, sal barmhartigheid vind." (Spr. 28:13).

Moet my eggenoot se egbreuk vergewe word?

Wat het Jesus gedoen? Jesus het vir die vrou wat egbreuk gepleeg het gesê, "Het niemand jou veroordeel nie? ...Ek veroordeel jou ook nie. Gaan heen en sondig nie meer nie." (Joh 8:10–11). Het jy, jou eggenoot veroordeel?

Maar hy doen dit "aanhoudend"!

Wat het Jesus gesê toe Petrus na Hom kom en sê: "Here, hoe dikwels sal my broeder teen my sondig en ek hom vergewe? Tot sewe maal toe? Jesus antwoord hom: Ek sê vir jou, nie tot sewe maal toe nie, maar tot sewentig maal sewe toe." Dit is 490 keer! (Sien Matt. 18:22). Dit is wanneer vrouens se eggenote aanhoudend dieselfde sonde pleeg (soos myne het) dat 'n pastoor of beraader die vrou oortuig dat haar eggenoot **nooit** sal verander nie; alhoewel dit **nie** Skriftuurlik is nie.

Indien dit waar was, sou meer as 9 uit 10 van ons gerestoreerde vrouens, nie vandag gerestoreer gewees het nie. **Meeste** van ons gerestoreerde huwelike is huwelike waar die eggenoot aanhoudend egbreuk gepleeg het, met ander woorde nie 'n "enkel aand verhouding" situasie nie. Meeste, indien nie almal van hulle, was baie tyd gegee om hulle sondes te bely, maar het geweier... maar God... God het die uitroep van die vrou gehoor wie in die bres getree het vir haar eggenoot en God het 'n werk in haar eggenoot se lewe gedoen en sy hart heeltemal gedraai. (Vir meer inligting, lees hoofstuk 17 wat jou leer om Bybelverse te bid en om "in die bres te tree" en hoofstuk 16 wat jou leer oor die beginsels van bid en hoe om te "vas en te bid.")

**Is jy sonder sonde, dat jy die eerste moet wees om jou eggenoot met 'n klip te gooi?** Jesus het ook aan die mense gesê wat die vrou wou stenig, wie egbreuk gepleeg het, "Laat dié een van julle wat sonder sonde is, die eerste 'n klip op haar gooi." (Joh 8:7). Is jy sonder sonde dat jy die eerste klip op jou eggenoot moet gooi? Die waarheid is, "As ons sê dat ons geen sonde het nie, mislei ons onsself en die waarheid is nie in ons nie." (1 Joh 1:8).

**Maar my sonde was nooit so erg nie!** Laat my asseblief toe om jou te wys dat God jou sonde net so erg ag, as die van jou eggenoot. Dit is hoe God sonde sien: "En die werke van die vlees is openbaar, naamlik (Syne?) owerspel, hoerery, onreinheid, ongebondenheid; afgodery, dronkenskap...; (en nou joune?) vyandskap, twis, jaloersheid, afguns" (Gal. 5:19–20).

**En as ek hom nie vergewe nie?** Dan sal jou oortredinge ook nie vergewe word nie! "Maar as julle die mense hulle oortredinge nie vergewe nie, sal julle Vader julle oortredinge ook nie vergewe nie." (Matt. 6:15).

**Waanneer God verwys na hoereerders en egbrekers, sê Hy,** "En dit *was* sommige van julle; maar julle het jul laat afwas, maar julle is **geheilig,** maar julle is geregverdig in die Naam van die Here Jesus en deur die Gees van onse God." (1 Kor. 6:9–11). "Want die ongelowige man is **geheilig** deur die vrou." (1 Kor. 7:14). Aangesien jy en jou eggenoot een vlees is, wil ons hier by Restore Ministries vir jou aanraai om nader aan God te beweeg, sodat jy meer na Sy beeld gevorm word. Iets ongeloofliks sal in jou eggenoot begin gebeur, aangesien julle een vlees is—hy sal geheilig word! Hoewel, solank as wat altwee van julle in sonde lewe, sal julle altwee ongeheilig bly.

**Maar egbreuk het voorheen gebeur!** Laat ons weereens onthou wat Jesus vir ons gesê het toe Hy gevra was, oor hoeveel keer ons iemand moet vergewe. "En as hy sewe maal op 'n dag teen jou sondig en sewe maal op 'n dag na jou terugkom en sê: Ek het berou—moet jy hom vergewe." (Luk. 17:1–4). (Sien hoofstuk 9, "Sagmoedige en Stille Gees" oor die paragraaf oor "harde liefde.") Sien ook hieronder, hoekom dit aanhou.

**Maar hy het nogsteeds nie sy sondes bely nie!** Toe Jesus op die kruis gehang het vir *jou* sondes, het Hy uitgeroep, "Vader, vergeef hulle, want hulle weet nie wat hulle doen nie." Luk. 23:34. (Weereens, sien hoofstuk 9, "Sagmoedige en Stille Gees" oor "Vergifnis.")

**Oorwin die kwaad deur die goeie.** God het spesifiek vir Sy profeet Hosea gevra om weereens met sy vrou te trou, selfs nadat sy so oop en bloot ongetrou was aan hom. Hosea 2:1 sê, "Want sy is nie my vrou nie, en Ek is nie haar man nie..." Dan in vers 7, "Dan sal sy sê: 'Ek wil heengaan en terugkeer na my vorige man, want toe het ek dit beter gehad as nou.'" Later in vers 3:1, "En die HERE het vir my (Hosea) gesê: 'Gaan nog 'n keer, bemin 'n vrou wat bemin word deur haar vriend, maar wat owerspel bedrywe.'" God gebruik die storie van Hosea en om vir ons te wys hoe sterk Sy verbintenis is aan Sy bruid, die kerk (sien die boek van Hosea). En ook Lukas 15: die ouer seun antwoord en sê vir sy vader: "...toe hierdie seun van u kom, wat u goed met hoere deurgebring het, het u vir hom die vetgemaakte kalf geslag." Toe sê die pa vir sy ouer seun: "Ons moet tog vrolik en bly wees, want hierdie broer van jou was dood en het weer lewendig geword, en hy was verlore en is gevind." Wat sal jou eggenoot vind wanneer hy jou bel of kom kuier? Die vetgemaakte kalf, of sal hy veroordeel word?

**Kan ek hom ooit weer vertrou?** God sê dat ons, ons vertroue in **Hom** moet sit, en ons sal geseënd wees met 'n getroue eggenoot. "So sê die HERE: Vervloek is die man wat op die mens vertrou en vlees sy arm maak... Geseënd is die man wat op die HERE vertrou, en wie se vertroue die HERE is." (Jer. 17:5–7). Mense vra altyd vir my hoe ek my eggenoot kan vertrou. Ek antwoord deur te sê, "Ek vertrou nie my eggenoot nie—ek vertrou in die Here!" Dit is die Here wat my eggenoot se hart lei en hom getrou maak aan my. Prys die Here!

**Hoe kan ek my eggenoot help?** Help hom deur te bid! "Waak en bid, dat julle nie in versoeking kom nie. Die gees is wel gewillig, maar die vlees is swak." (Mark. 14:38). Elke vrou wat **God** *toegelaat* het om haar eggenoot se hart te lei, het getuig dat God die dwalende oë en ontrouheid verwyder het. (Hierdie is vrouens wie se eggenote al jare terug is by die huis!)

God sal dalk ander toetse in ons lewens bring, vir seker, maar nooit egbreuk nie. Wanneer God genees, sê Hy, "Dit is klaar." Dit is 'n totale genesing van egbreuk. Maar, onthou, indien jy in die vlees saai, sal jy in die vlees maai. Dames, indien jy, jou eggenoot ooreed of dwing om huistoe te kom, sal jy die gevolge daarvan moet dra. Leer om te wag. Wanneer dit van God af kom, sal daar geen hartseer wees nie! (Sien Spr. 10:22.)

Wat sê Sy Woord moet ons doen (of nie doen) as ons eggenote in egbreuk betrokke is?

**Die egbreker vlei; ons moet opbou.** Spreuke 29:5 sê, "'n Man wat sy naaste vlei, sprei 'n net uit voor sy voetstappe." "Laat daar geen vuil woord uit julle mond uitgaan nie, maar net 'n woord wat goed is vir die nodige stigting." (Efe. 4:29). Die verskil tussen vlei en opbou is die hart. Wanneer iemand vlei, is die hart of die motivering "om iets te kry." Die motivering van iemand wat opbou is om iets te gee—sonder om iets terug te verwag. Twee vrouens kan dieselfde ding sê, maar die verskil is in hulle harte. Watter tipe hart het jy? Kerm jy oor dit wat jou eggenoot nie gedoen het nie toe jy aan hom so gaaf was en hom vergewe het? Of hy jou gekerm hoor of nie, is nie belangrik nie. God hoor dit en Hy kyk na jou hart.

**God sal wraak neem; jy moet dit nie doen nie!** "Maak dood dan julle lede wat op die aarde is, naamlik hoerery, onreinheid, hartstog, slegte begeertes en gierigheid, wat afgodediens is, waardeur die toorn van God oor die kinders van die ongehoorsaamheid kom." (Kol. 3:5–6). "Want ons ken Hom wat gesê het: 'My kom die wraak toe, Ek sal vergelde', spreek die Here; en weer: Die Here sal sy volk oordeel. Vreeslik is dit om te val in die hande van die lewende God." (Heb. 10:30–31). Indien jy nog nie jou eggenoot vergewe het nie sal jy dalk bly wees wanneer God begin wraak neem. Hoewel, God waarsku ons: "As jou vyand val, verheug jou nie; en as hy struikel, laat jou hart nie juig nie, dat die HERE dit nie sien en dit miskien verkeerd is in sy oë en Hy sy toorn van hom afwend nie." (Spr. 24:17,18).

**Moenie mislei word nie—jy hoef nie te weet wat jou eggenoot doen nie.** "Want daar is niks verborge wat nie openbaar sal word nie, of weggesteek wat nie bekend sal word en in die lig sal kom nie." (Luk. 8:17). Dit is weggesteek van jou deur God wat jou wil beskerm. Daar is 'n **tragiese** einde vir die wat God se beskerming teenwerk deur op hulle eggenote te spioeneer; moet asseblief nie dieselfde fout maak nie!

"Want wat in die geheim deur hulle gedoen word, is skandelik **selfs om te noem.**" (Efe. 5:12). En dames, hou op om oor jou eggenoot se sondige lewe te gesels. Dit verheerlik nie vir God nie. Net die vyand sal bly wees dat jy so gewillig is om namens hom te praat!

# Wat kan ons uit die Bybel leer

# Omtrent Egbreuk en die Egbreker?

**Dit is vleiende woorde wat 'n man na egbreuk lei.** "Want die **lippe** van die vreemde vrou drup heuningstroop, en haar **verhemelte** is *gladder* as *olie,* maar op die end is sy bitter soos wilde-als, soos 'n swaard aan weerskante skerp. Haar voete daal na die dood toe af, haar treë streef na die doderyk toe. Dat sy die pad na die lewe nie sou inslaan nie, *wankel haar gange sonder dat sy dit weet.*" (Spr. 5:3–6). Terwyl jy besig is om hom af te kraak, is die ander vrou besig om hom te vlei. Terwyl jy nie saam stem nie, stem sy saam. Het dit verander?

**Sy gebruik mooipraatjies om hom te verlei, ten koste van sy lewe.** "*Sy* het *hom* verlei deur haar baie mooipraatjies, deur die gladheid van haar lippe het sy hom verlok. Hy loop **skielik** agter haar aan soos 'n bees wat na die slagpaal gaan—sonder om te weet dat dit ten koste van sy lewe is." (Spr. 7:21–23). Baie keer is dit baie skielik dat hy haar volg. Vele vrouens wie se eggenote in die pit van egbreuk geval het, vertel dat hulle, hulle eggenote gewaarsku het, maar dat hulle nie geluister het nie. (Sien hoofstuk 8, "Sonder Woorde" oor hoekom eggenote hulle vrouens se waarskuwings ignoreer.)

**Dit is haar vleiende woorde wat 'n man lei na egbreuk.** "Sodat hulle jou kan bewaar vir die vreemde vrou, vir die ontugtige wat met haar **woorde vlei.**" (Spr. 7:5). Wanneer was die laaste keur dat jy, jou eggenoot geprys het vir enigiets? Hom ondersteun het? Opgewonde geraak het oor wat hy gesê het? Is dit enige wonder dat hy so maklik deur die ander vrou gevlei word?

**Haar vleiende woorde is die oorsaak dat hy tot 'n stuk brood verval.** "Om jou te bewaar vir 'n slegte vrou, vir die **gevlei van 'n**

**vreemde tong**. Begeer haar skoonheid nie in jou hart nie, en laat sy jou nie vang met haar ooglede nie; want vir 'n hoer **verval 'n mens tot 'n stuk brood,** en 'n ander se vrou maak jag op 'n kosbare lewe. Kan iemand vuur in sy skoot dra sonder dat sy klere verbrand? Of kan iemand op gloeiende kole loop sonder dat sy voete brandwonde kry? Hy wat owerspel pleeg, is *sonder verstand*; hy wat sy eie lewe wil verwoes, hy doen so iets; slae en skande sal hy kry, en sy smaad sal nie uitgewis word nie." (Spr. 6:24–33). Baie vrouens is verbaas oor hulle eggenoot se dade en oor wat hulle sê terwyl hulle egbreuk pleeg. Die Bybel stel dit duidelik: op die stadium is hy *sonder verstand* en besig om *sy lewe te verwoes*.

**En God sê dat hy finansieël sal swaar kry.** "'n Man wat met hoere omgaan, **bring die goed deur**." (Spr. 29:3). Baie vrouens glo dat omdat hulle eggenote soveel geld het en hulle eie besighede het, sal dit nooit met hulle gebeur nie. God se Woord is op almal van toepassing. Elke vrou wat oor hierdie beginsel gedebateer het, het later vertel hoe haar eggenoot se geld deur die ander vrou gemors was en hoe hy alles verloor het!

Die egbreker is uit om die man te vang. Sy is buite (buitekant die huis) om dit te doen! "Daar kom 'n vrou hom tegemoet, soos 'n hoer aangetrek en listig van hart—sy is onrustig en losbandig, haar voete kan nie in haar huis bly nie." (Spr. 7:10,11). Is hierdie 'n beskrywing van hoe jy is? Is jy luidrigtig? Is jy rebels? Spandeer jy meer tyd weg van jou huis as om by die huis te bly? "Want 'n hoer is 'n diep kuil, en 'n ontugtige vrou is 'n nou put. Sy lê ook en loer soos 'n rower en vermeerder die ontroues onder die mensdom." (Spr. 23:27). (Lees asseblief hoofstuk 13, "Die Werksaamhede van Haar Huis" in "*'n Wyse Vrou*" vir meer inligting.)

**Die egbreker is mislei om te dink dat sy geen sonde gedoen het nie.** "So is die weg van 'n vrou wat owerspel bedryf; sy eet en vee haar mond af en sê: '**Ek het geen sonde gedoen nie**.'" (Spr. 30:20). Vrouens wat hulp kom soek het vir hulle huwelike het ook al gesê, "Ek het geen sonde gedoen nie." Het jy verantwoordelikheid geneem vir jou huwelik wat besig is om te verbrokkel? Tensy jy lank en hard kyk na wat jy verkeerd gedoen het in jou huwelik en ophou om jou eggenoot se sondes raak te sien, sal jy nie gerestoreer word nie.

**Die egbreker is 'n vyand van God!** "Egbrekers en egbreeksters, weet julle nie dat die vriendskap van die wêreld vyandskap teen God is nie? Wie dan 'n vriend van die wêreld wil wees, word **'n vyand van God.**" (Jak 4:4).

**God sal vir haar tyd gee om haar sondes te bely en haar dan in groot verdrukking plaas!** "En Ek het haar tyd gegee om haar van haar hoerery te bekeer, en sy het haar nie bekeer nie. Kyk, Ek werp haar neer op 'n **siekbed,** en die wat met haar owerspel bedryf, in 'n **groot verdrukking**, as hulle hul nie van hul werke bekeer nie." (Open. 2:21,22). Ons sien dit baie. Alle mans wat in 'n owerspelige verhouding gebly het, het onder groot verdrukking gekom. Dit is hoekom jou huis vol vreugde moet wees, sodat hy na 'n rustige plek kan terugkeer. Hy *moet* weet dat die twisgierige vrou weg is! Indien God hom nie huistoe gebring het nie, is jy nie gereed daarvoor nie. God kan enige tyd 'n krisis in jou man se lewe toelaat sodat hy kontak maak met jou. As daar eers verandering is, sal God getrou wees om hom huistoe te bring. Tot dan wil God hê dat verandering in jou moet plaasvind en Hy wil jou hart verander.

Ons het ook al gesien dat daar tenminste vier gevalle was waar die ander vrou wat nie haar sondes bely het nie, baie siek geraak het (kanker, ens).

"En haar *kinders sal Ek sekerlik doodmaak*, en al die gemeentes sal weet dat dit Ek is wat niere en harte deursoek, en Ek sal aan elkeen van julle gee volgens sy werke." (Open. 2:23). Ons het al twee gevalle gehad waar 'n kind dood is. Een vrou het 'n miskraam gehad, wat die dokters beskryf het as 'n "parasiet." Ons by Restore Ministries het nou net gehoor van 'n ander geval waar 'n vrou aangehou het om egbreuk te pleeg met iemand anders se man, nadat sy daarteen gewaarsku was. Haar oudste seun is dood aan kanker!

**Hierdie is 'n Geestlike Oorlog. Dit moet in die Gees geveg word.** Lees asseblief weer hoofstuk 8, "Sonder Woorde" om meer te verstaan oor Geestelike Oorlog. Ons het voorbeelde van gebede in hoofstuk 17 wat baie kragtig is, en gebid kan word vir egbreuk. Ignoreer altyd die versoeking om in die vlees te veg. Boeke, televisie, en wel-bedoelende vriendinne sal dalk probeer om jou te ooreed om "harde liefde" te gebruik, maar dit sal lei na meer seerkry en totale verbrokkeling van jou huwelik. En om meer verleidelik te wees ook. Beide keuses is nie 'n oplossing vir hierdie sonde nie. Dit is 'n **Geestelike Oorlog.** Dit moet geveg en **gewen** word *in die Gees.* Liefde, soos beskryf in 1 Korintieërs 13, is altyd die regte antwoord!

As jou eggenoot eers voel dat hy jy kan vertrou (omdat hy weet jy hom nie gaan probeer ooreed om terug te kom na jou toe nie) is dit nou die tyd om hom te lok soos beskryf in die boek van Hosea.

Verlei is baie anders as om op te bou. Opregte en liefdevolle woorde is opbou. Vergifnis is opbou. Iemand vol vreugde is opbouend. Moenie vergeet om jou eggenoot op te bou met liefdevolle woorde en dade nie, wat dit duidelik stel dat jy hom vergewe het. "Daarom, kyk, Ek sal haar **lok** en haar in die woestyn lei en na haar hart spreek." (Hos. 2:13).

Wees *opgewonde* wanneer jou eggenoot bel of kom kuier. Dit is nie najaging om opgewonde te raak nie. Laat hom weet deur die opgewondenheid in jou stem, en met entoesiasme dat hy baie spesiaal is en dat jy hom baie liefhet. Hoewel, indien jy hom nooit laat gaan het nie, sal dit hom wegdryf. Jy moet *eerste*seker wees dat hy *weet* dat jy hom regtig laat gaan het, en dan begin om hom op te bou met jou vriendellike woorde.

**Met ooreenstemming.** Baie vra wat hulle moet maak as hulle eggenote met hulle intiem wil wees. "Maar vanweë die hoererye moet elke man sy eie vrou hê, en elke vrou moet haar eie man hê. Die man moet aan die vrou die verskuldigde welwillendheid bewys, en net so ook die vrou aan die man. Die vrou het nie mag oor haar eie liggaam nie, maar die man; en net so ook het die man nie mag oor sy eie liggaam nie, maar die vrou. Onttrek julle nie aan mekaar nie, *behalwe* **met wedersydse ooreenstemming** vir 'n tyd lank *om julle aan vas en gebed te kan wy*; en kom weer bymekaar, sodat die Satan julle nie in versoeking bring deur julle gebrek aan selfbeheersing nie." (1 Kor. 7:2–5).

Indien jy steeds getroud is, maar jy weier om intiem te wees, weier dat hy in jou bed slaap of in 'n aparte kamer slaap (vir watter rede ookal), is jy besig om reg in die vyand se hande te speel en saam met hom te werk. 'n Ongelowige vrou sal definitief seker maak dat haar eggenoot uit haar bed en huis gegooi word. "En as julle dié liefhet wat vir julle liefhet, watter dank het julle? Want die sondaars het ook dié lief wat vir hulle liefhet." (Luk. 6:32).

Wanneer 'n sondaar of iemand wat "nie skoon is" na Jesus toe kom, is Hy altyd liefdevol en vreindelik en raak selfs altyd aan hulle. Hy sê dat almal wat na Hom toe kom; sal Hy nooit uitwerp nie! (Sien Johannes 6:37.) Maak nie saak hoeveel keer 'n sondaar na die Here toe kom nie, sal Hy hulle altyd terug verwelkom, al weet Hy dat hulle hom net weer gaan verwerp. Tree jy soos Christus op?

Die verse hierbo is vir getroudes, maar as 'n egskeiding reeds plaasgevind het mag jy nie intiem verkeer met jou gewese eggenoot nie.

**Persoonlike verbintenis: om te vergewe.** "Gebaseer op wat ek uit God se Woord geleer het, verbind ek myself om op die Here te vertrou en nie in die vlees te baklei nie. Ek sal my eggenoot daagliks vergewe en ook almal wat betrokke is. Ek sal 'n sagmoedige en stille geaardheid toon terwyl ek met die gesindheid van vergifnis wandel."

Datum: _____ Geteken: _____

# Venster van die Hemel Oopmaak

*"Beproef My tog hierin, sê die HERE van die leërskare,*
*of Ek vir julle nie die vensters van die hemel sal oopmaak en*
*op julle 'n oorvloedige seën sal uitstort nie."*
*—Maleagi 3:10*

Hierdie is 'n baie kragtige verklaring van God. Nêrens in die Bybel sê God vir ons dat ons Hom moet beproef nie, behalwe in hierdie vers. Wat is dit wat God sê sal die oorsaak wees dat Hy die vensters van die Hemel oop maak en Sy seëninge in oorvloed oor ons te stort?

"Bring die hele tiende na die skathuis, sodat daar spys in my huis kan wees; en beproef My tog hierin, sê die HERE van die leërskare, of Ek vir julle nie die vensters van die hemel sal oopmaak en op julle 'n oorvloedige seën sal uitstort nie'" (Mal. 3:10).

Sien jy dit? Om jou tiende na die skathuis te bring sal meebring dat God die vensters van die Hemel oopmaak en Sy seëninge oor jou lewe uitstort!

Baie Christene probeer wegskram daarvan om soveel moontlik van hierdie belangrike beginsel te leer, maar moet dit asseblief nie mis kyk nie! God wil hê dat ons moet getrou en gehoorsaam moet wees in alle dinge, en wanneer ons kies om ongehoorsaam te wees in een area van ons lewe, dan vloei dit oor na ander areas van ons lewens ook.

**Wat beteken dit om 'n tiende te gee?** Dit is om 10 % van jou wins / salaris terug te gee aan God.

Ons gemeenskap in geheel is onbewus van hierdie beginsel. Baie kerke faal hulle lede deur hulle te weerhou van die belangrike lering rondom tiendes. Hoekom is dit so ernstige saak? Want God word kwaad as ons faal om aan Hom terug te gee wat geregtiglik aan Hom behoort. "Die aarde behoort aan die HERE en die volheid daarvan, die wêreld en die wat daarin woon" (Ps. 24:1). Om jou tiende te gee is 'n gebaar van aanbidding.

Daar is te veel Christene wat in armoede lewe of met net soveel skuld as 'n ongelowige. God wil elke gelowige "die kop maak en nie die stert" nie. Hy wil hê jy moet "bo" en nie "onder" skuld of enige iets anders wees wat jou lewe beheer. (Deut. 28:13). Ons word vertel, "Wees aan niemand iets skuldig nie, behalwe om mekaar lief te hê . . ." (Rom. 13:8). "Die ryke heers oor die armes, en hy wat leen, is 'n slaaf van die man wat uitleen" (Spr. 22:7).

Die meeste Christene is met so baie geseën, veral as ons kyk na ander nasies en die vlak van armoede waarin meeste van die mense in die wêreld lewe. Ons spandeer ons inkomste op plesier terwyl ons kerke, sendelinge en bedienings finansieel sukkel om deur te kom. Hoekom? Want ons probeer vashou aan dit wat nie geregtiglik ons s'n is nie.

Ons vat maar gee min terug. "Maar dink daaraan: Wie **spaarsaamlik saai,** sal ook **spaarsaamlik maai**; en wie **volop saai,** sal ook **volop maai.** Laat elkeen gee soos hy hom in sy hart voorneem, nie met droefheid of uit dwang nie, want God het 'n blymoedige gewer lief" (2 Kor. 9:6,7).

Ons vra en wonder hoekom ons nie ontvang nie. "Julle bid en julle ontvang nie, omdat julle verkeerd bid, om dit in julle **wellus deur te bring**" (Jak 4:3).

God wou sy mense **seën,** maar hy het nie want hulle was ongewillig om na Sy Skathuis te bring. Hy sê vir hulle in Hag. 1:6–7, "Julle het baie gesaai, maar min ingebring; julle het geëet, maar nie tot versadiging nie; julle het gedrink, maar nie genoeg gekry nie; julle het jul geklee, maar nie warm geword nie; en wie hom vir loon verhuur, verhuur hom om dit in 'n stukkende beurs te steek. So sê die Here van die leërskare: Gee ag op wat julle wedervaar het!"

"Julle het uitgesien na baie, en kyk, dit het min geword; en julle het dit in die huis gebring, maar Ek het dit**weggeblaas.** Waarom? spreek die HERE van die leërskare. Ter wille van my huis wat in puin lê, terwyl elkeen van julle vir sy eie huis hardloop" (Hag. 1:9).

# Verstaan Tiendes

Dit is ironies dat so baie Christene verkeerdelik glo dat hulle nie kan "bekostig" om hulle tiendes te gee en God te seën daarmee nie. Die waarheid is dat hulle eenvoudig te vasgevang is in 'n bose sirkel wat slegs gehoorsaamheid en geloof kan genees. Hulle kan nie bekostig om te gee nie want hulle beroof God om sy mense te betaal, maar eintlik beroof hulle hulleself van 'n finansiële seëning!

Dis juis wanneer ons finansieel swaarkry dat God ons vra om te gee. Die Christene in Macedonië het hierdie beginsel om te gee verstaan en aangewend. "Dat onder baie beproewing deur verdrukking hulle oorvloedige blydskap by hulle diepe armoede oorvloedig was in hulle ryke milddadigheid" (2 Kor. 8:2). Dit klink 'n bietjie soos baie van ons, nie waar nie?

Hoekom 10%?

Die woord tiende in Hebreërs is **"ma'asrah,"** wat vertaal kan word as "'n tiende." So wanneer God met ons in Sy Woord praat van "tiende," sê Hy dat ons 'n tiende aan Hom moet gee.

Hoekom moet ek eerste my tiende gee, voordat ek my rekeninge betaal?

Dit is die beginsel van die "eerste vrugte" van ons arbeid. Deuteronomium 18:4 vertel ons, "Die**eerstelinge van jou koring**, jou mos en jou olie en die eerstelinge van die skeersel van jou kleinvee moet jy aan hom gee." Dan, in Eksodus 34:24 en 26, sê God, "Want Ek sal nasies voor jou uitdrywe en jou grondgebied uitbrei . . . Die beste van die **eerstelinge** van jou **grond** moet jy in die huis van die HERE jou God bring."

Dit word weereens bevestig in die Nuwe Testament wanneer Jesus ons vertel in Matteus 6:33, "Maar soek**eers** die koninkryk van God en sy geregtigheid, en **al** hierdie dinge sal vir julle bygevoeg word."

# Waar moet ek my tiende gee?

Maleagi 3:10 sê vir ons, "Bring die hele tiende na die **skathuis,** sodat daar spys in my huis kan wees; en beproef My tog hierin, sê die HERE van die leërskare, of Ek vir julle nie die vensters van die hemel sal oopmaak en op julle 'n oorvloedige seën sal uitstort nie."

Jou **skathuis** is waar jy geestelik gevoed word. Baie Christene maak die fout om te gee waar hulle nie geestelik gevoed word nie of gee eerder waar hulle sien daar nood is-maar dit is dwaasheid. Dit is soos om na 'n restaurant te gaan, 'n maaltyd te bestel maar wanneer die rekening kom dan vertel jy die kassier dat jou eerder vir die restaurant onder in die straat sal gee wat nie so goed doen nie!

Indien jy 'n kerk waar jy geestelik gevoed word, bywoon, dan behoort jy ten minste 'n tiende van jou inkomste daar te gee. Dit beteken as jy 'n ander kerk bywoon en gelei voel om in ons bediening in te saai (of enige ander bediening of sendings organisasie) dan is dit 'n offerande "bo en behalwe" jou tiende. Ons wil nie van jou kerk steel om in ons bediening in te saai nie "want dit sal nie-winsgewend wees vir jou nie" (Heb. 15:17).

Alhoewel baie van ons ledemate wat nie 'n kerk bywoon **nie** (vir verskeie redes) en gevoed word deur ons bediening gee hulle tiendes deur in die restorasie van huwelike insaai, sedert dit die plek is waar hulle geestelike gevoed word.

Weereens, soos ek jou dwarsdeur die boek bemoedig, soek **God.** Dit geld vir alles, insluitende jou finansies. Wees gehoorsaam en gelowig aan **Hom!**

Moenie die fout maak om al die beginsels getrou na te volg maar tog nalaat om jou tiende te gee nie, en vind jou huwelik word nie gerestoreer nie aangesien jy God beroof.

Onthou, Maleagi 3:8,9 sê vir ons, "**Mag 'n mens God beroof?** Want julle beroof My, en julle sê: Waarin het ons U beroof? In die **tiendes *en* die offergawe**. Met die vloek is julle belaai, en tog beroof julle My, julle, die hele nasie!"

Maar sedert ek nie onder die wet staan nie en ek lewe deur genade, is 10% nie meer 'n vereiste nie, is dit?

God se genade verdien dat ons meer gee, nie minder nie. Ons het sy vergifnis ontvang, Sy genade, Sy liefde en Sy opoffering deur Sy bloed waardeur ons deelnemers is van Sy glorie, dit sal ons gewillig maak om meer te gee en definitief nie minder nie.

"Julle het dit verniet ontvang, **verniet moet julle dit gee**. (Matt. 10:8)"

"Hy wat selfs sy eie Seun nie gespaar het nie, maar Hom vir ons almal oorgegee het, hoe sal Hy nie saam met Hom ons ook alles **genadiglik skenk nie?**" (Rom. 8:32).

Hoewel, "Wie **spaarsaamlik saai**, sal ook **spaarsaamlik *maai;*** en wie volop saai, sal ook volop maai. Laat elkeen gee soos hy hom in sy hart voorneem, nie met droefheid of uit dwang nie, want God het 'n blymoedige gewer lief" (2 Kor. 9:6).

## Beginsels van Rentmeesterskap

Soos ons gesien het, is tiendes 'n belangrike beginsel in die Bybel. God verwag van ons om 'n gedeelte aan Hom terug te gee van wat hy so vrygewiglik aan ons gegee het. Alles wat Hy vir ons gegee het is steeds syne. Ons is Rentmeesters wat Hy toevertrou om vir die aarde en alles daarin te sorg. Hoe ons te werk gaan met dit wat Hy aan ons toe vertrou het-ons geld, ons talente, ons tyd-demonstreer ons gehoorsaamheid aan Sy Woord, ons vertrou in Sy belofte om te voorsien en die belangrikste, ons geloof in Hom.

Die manier hoe jy jou finansies sien en hanteer is die basiese van jou Christelike groei en die begrip van God se beginsels van rentmeesterskap sal jou help om volwasse te raak in jou geestelike pad en die nalatenskap van seëninge wat God vir jou lewe het.

Soos jy tot dusver in hierdie boek gelees het, deel God met baie areas in jou lewe wat direk jou huwelik beinvloed. Restore Ministries wil geestelike groei aanmoedig in alle areas van jou lewe. Dit is nie genoeg om eksklusief te konsentreer op slegs huweliks beginsels nie, maar weereens gebruik God hierdie toets in jou huwelik om jou te verander meer na Sy beeld soos jy nuwe beginsels leer en nuwe prioriteite stel in jou lewe.

Die rykdom van God is nie vir ons om "ryk te word" op die manier waarop die wêreld rykdom soek nie, maar instede is Sy seëninge deel van ons erfenis. God wil ons seën (Jer. 29:11) solank Hy weet ons gebruik ons erfenis wys sonder om toe te laat dat rykdom ons ruineer. Om `n motor vir `n kind te gee wat te jonk is, sal sekerlik in `n tragedie eindig. Eers wanneer die ouer volwassenheid sien by die kind is die ouer gewillig om die sleutels aan die kind te gee.

God wil hê ons moet 'n volwasse houding hê teenoor geld want dit het die krag om ons vermoë om wyse besluite te maak te affekteer. "Twee dinge vra ek van U; onthou dit nie aan my voordat ek sterf nie: Hou valsheid en leuentaal ver van my af; gee my nie armoede of rykdom nie, laat my geniet die brood wat vir my bestem is; dat ek nie, as ek oorversadig geword het, U verloën nie, en sê: Wie is die HERE? En dat ek nie, as ek arm geword het, steel en my aan die Naam van my God vergryp nie" (Spr. 30:7–9).

Dit is tog duidelik dat dit God se begeerte is om Sy kinders te seen. Hier is nog verse wat God se hart openbaar teenoor jou as een van Sy eie:

"Die *seën van die HERE*—dit **maak ryk**, en moeitevolle arbeid voeg daar niks by nie" (Spr. 10:22).

"Die loon van nederigheid is die vrees van die HERE, is rykdom en eer en die lewe" (Spr. 22:4).

"en deur *kennis* word die kamers gevul met allerhande kosbare en **lieflike** goed" (Spr. 24:4).

"'n **Betroubare man** is *ryk* **aan seëninge**; maar hy wat *haastig is om ryk te word*, sal nie ongestraf bly nie" (Spr. 28:20).

Hierdie verse wys dat daar voorwaardes is vir finansiële seëning (geestelike volwassenheid) en dat dit waarlik 'n hartsaak is ('n gebrek aan gierigheid).

Almal van ons wil God se seëning op ons lewe hê, maar het jy geweet dat hoe jy finansiële seëninge hanteer speel 'n groot rol hoe jy groei in God en tot watter mate God in jou lewe kan werk?

"Niemand kan twee here dien nie; want òf hy sal die een haat en die ander liefhê, òf hy sal die een aanhang en die ander verag. Julle kan nie God én Mammon dien nie! (misleidende rykdom, geld, besittings, of wat ook al vertrou word)" (Matt. 6:24).

"Hy wat getrou is in die minste, is ook in die grote getrou; en hy wat onregverdig is in die minste, is ook in die grote onregverdig. As julle dan nie getrou was in die onregverdige Mammon nie, wie sal julle die ware goed toevertrou? En as julle nie getrou was in 'n ander se goed nie, wie sal aan julle jul eie gee?" (Luk. 16:10–11).

Om in ons vermoë te groei om deur God gebruik te word, wat geestelike rykdom is en die *groter* dinge (om God se krag en teenwoordigheid in ons lewens te hê) hang gedeeltelik af hoe ons finansies hanteer.

Om dit verder te bewys, daar is ongeveer 500 verwysings in die Bybel na gebed, maar daar is meer as 2000 verse wat verwys na ons finansies! Addisioneel tot die geestelike wette wat deur God in plek gestel is toe God die heelal (sien hoofstuk 1) geskep het, het God ook finansiële wette ingestel, wat Hy met ons deel in.

Sy Woord. Dit is tot ons voordeel dat ons die wette navolg ander lei dit tot nagevolge as ons dit nie doen nie. Dit maak nie saak of ons nie kennis gedra het daarvan of net eenvoudig besluit het om dit te ignoreer nie. Hierdie wette, nes swaartekrag bestaan en kan nie gedebatteer word nie.

**Beginsel #1: Ons maai wat ons saai.**

Een van die mees belangrikste beginsels van eienaarskap is saai en maai. Om 'n oes in te samel moet ons eers saai. Daar is baie skrifte wat ons insig gee in die onderwerp van saai en maai. Hier is net 'n paar:

"Maar dink daaraan: **Wie spaarsaamlik saai, sal ook spaarsaamlik maai**; en wie **volop saai**, sal ook**volop maai**" (2 Kor 9:6).

"Die wat met trane saai, sal met gejubel maai" (Ps. 126:5).

"Moenie dwaal nie; God laat Hom nie bespot nie; want net wat die mens **saai,** dit sal hy ook **maai"** (Gal. 6:7).

"Hy wat **in sy vlees saai**, sal uit die **vlees verderf maai**; maar hy wat **in die Gees saai**, sal uit die Gees die **ewige lewe maai**" (Gal. 6:8).

"En laat ons nie moeg word om **goed te doen nie**, want op die regte tyd sal ons **maai** as ons **nie verslap nie**" (Gal. 6:9).

Wanneer ons saai met die kennis van hierdie beginsel en met geloof in die Here en Sy Woord, moet ons**verwag** om 'n oes in te samel waar ons gesaai het. Dit is baie opwindend!

Geen boer sal die tyd of geld gebruik om te saai as hy **nie** 'n verwag om 'n **oes** in te samel nie. Om by te voeg, as hy 'n mielies wil **oes,** sal hy mielies **saai.** En as hy koring wil **oes,** sal hy koring **saai.**

So, as jy vriendelikheid wil oes, saai dan vriendelikheid. As jy vergifnis wil oes, saai dan vergifnis. As jy**restorasie** van jou huwelik wil **oes,** saai dan in restorasie en **verwag** 'n oes, want God se beginsels en Sy beloftes is waar en Hy is getrou!!!!!

Ons kan ook God se belofte glo wat sê as ons in Sy werk saai dat ons belê in ons ewige toekoms. "Moenie vir julle skatte bymekaarmaak op die aarde, waar mot en roes verniel en waar diewe inbreek en steel nie; maar maak vir julle **skatte bymekaar in die hemel**, waar geen mot of roes verniel nie en waar diewe nie inbreek en steel nie; want waar julle skat is, daar sal julle hart ook wees" (Matt. 6:19–21). Meer belangrik, wat ons met ons geld hier op aarde doen is 'n aanduiding waar ons harte lê.

"En mag Hy wat saad verskaf aan die saaier, ook brood verskaf om te eet en julle **saad vermeerder** en die vrug van julle geregtigheid laat toeneem, sodat julle in alles ryk kan word tot alle milddadigheid, wat danksegging aan God deur ons bewerk" (2 Kor. 9:10–11).

Met ander woorde, as God ons 'n oorvloedige oes gee, is dit nie om selfsugtig te wees en dit vir onsself te hou nie, maar dat ons nog meer kan saai in die Koninkryk van die hemel.

Die skatryk Christene van vandag is die kanale wat bedieninge aan die gang hou, want sendelinge na vreemde lande stuur en ons kerke laat floreer sodat hulle die verlorenes vir God kan bereik. Hulle gebruik nie hulle geld vir hulle eie gerief nie, maar het gevind om te gee vir die werk van God, het hulle ware vreugde en tevredenheid gevind.

Christene moet tevredenheid vind in enige en alle situasies. Die apostel Paul herinner ons in Filippense 4:12: "Ek weet om verneder te word, ek weet ook om oorvloed te hê; in elke opsig en in alle dinge is ek onderrig: om versadig te word sowel as om honger te ly, om oorvloed te hê sowel as om gebrek te ly." Daar is beslis tye wanneer God Sy heiliges roep om te deel in leiding, marteling of armoede (soos die arme weduwee wat twee munstukke gegee het—alles wat sy gehad het) sodat Hy kan verheerlik word. Wanneer Hy ons roep om te deel in armoede of leiding, gee Hy ons die genade om dit met vreugde en danksegging te verdra (en sonder om te murmureer en te kla).

Alhoewel, armoede en skuld trek gewoonlik nie die belange of aandag van jou familie, vriende en bure nie. Ons moet by ander getuig sonder om hulle te preek of hulle lewens te veroordeel deur toe te laat om God in ons lewens te sien. "Julle is ons brief, geskrywe in ons harte, geken en gelees deur alle mense ..." (2 Kor. 3:2). Ons moet die vrugte demonstreer van wie ons Vader is. Ons moet vrede hê ten spyte van probleme, ons vyande seen, vryelik vergeef en in oorvloed wandel.

". . . en laat hulle altyddeur sê: Groot is die *HERE* wat 'n **welbehae het in die vrede van sy kneg!**" (Ps. 35:27).

### Beginsel #2: Alles behoort aan God.

Psalm 24:1 (NIV) sê eenvoudig, "Die aarde behoort aan die HERE en die **volheid daarvan** . . ." Alles wat ons het behoort aan God.

"Aan U, HERE, kom toe die grootheid en die mag en die heerlikheid en die roem en die majesteit, ja, **alles** in hemel en op aarde; aan U, HERE, kom toe die koningskap en die selfverhoging as Hoof oor alles" (1 Kron. 29:11).

"Aan **My** behoort die silwer en aan **My** die goud, spreek die HERE van die leërskare" (Hag. 2:8).

Alles wat ons het, is aan ons geleen-ons is rentmeesters. Weereens is dit hoe ons dit wat aan ons toevertrou is, hanteer (soos verduidelik in Lukas 16) wat sal bepaal of Hy ons seën met meer of dat Hy gaan wegneem wat ons reeds het.

### Beginsel #3: God voorsien alles.

". . . en jy in jou hart dink: My krag en die sterkte van my hand het vir my hierdie rykdom verwerwe. Maar dink aan die HERE jou God, **dat dit Hy is wat jou krag gee om rykdom te verwerwe**, dat Hy sy verbond kan bevestig wat Hy aan jou vaders met 'n eed beloof het, soos dit vandag is. Maar as jy nogtans die HERE jou God vergeet en agter ander gode aan loop en hulle dien en voor hulle neerbuig, dan verseker ek julle vandag dat julle sekerlik sal omkom" (Deut. 8:17–19).

"Want wie is ek tog, en wat is my volk, dat ons in staat sou wees om sulke vrywillige gawes te skenk? Want dit kom **alles** van **U**, en uit **U** hand het *ons dit aan* U gegee. Want ons is vreemdelinge en bywoners voor u aangesig soos al ons vaders; ons dae op die aarde is soos 'n skaduwee, en daar is geen verwagting nie. HERE onse God, hierdie **ganse rykdom** wat ons berei het om vir U, vir u heilige Naam, 'n huis te bou—**dit kom uit *U* hand** en dit behoort **alles aan *U***" (1 Kron. 29:14–16).

"En **my  God** sal elke behoefte van julle vervul na *Sy  rykdom* in heerlikheid deur Christus" (Fil. 4:19).

Of jy dit verdien het deur jou werk of dit aan jou gegee is, wie is die Bron van alles wat jy het? God.

**Beginsel #4: God wil die eerste gedeelte hê van wat Hy aan jou gee.**

Baie Christene gee aan hulle kerk en ander liefdadigheidsorganisasies maar is nie geseënd nie want hulle verstaan nie hierdie belangrike beginsel nie. God is duidelik deur die hele Bybel en Hy wil **eerste** wees in alle areas van jou lewe.

As jy rekeninge betaal voordat jy eers Sy gedeelte teruggegee het, is God nie eerste in jou lewe nie en sal jy die seëning mis. Ons het geleer in hoofstuk 5, "Eerste Liefde," dat God van ons verwyder wat ons bo Hom stel.

"Vereer die HERE uit jou goed en uit die **eerstelinge** van al jou inkomste; dan sal jou skure vol word van oorvloed en jou parskuipe oorloop van mos" (Spr. 3:9). Die beginsel is duidelik, ons **moet eerste vir God gee**.

Baie keer as Christene begin oorweeg om hul tiendes te gee, kan hulle onmoontlik sien hoe hulle dit kan doen aangesien hulle nie met hulle geld gaan uitkom nie. Dit is omdat hulle onoplettend is wat besig is om te gebeur met hulle finansies. Haggai 1:9 sê dat God "blaas weg" wat jy huis toe bring en Hy laat die**sprinkaan** kom en neem wat geregtiglik aan Hom behoort.

"Bring die hele tiende na die skathuis, sodat daar spys in my huis kan wees; en beproef My tog hierin, sê die HERE van die leërskare, of Ek vir julle nie die vensters van die hemel sal oopmaak en op julle 'n oorvloedige seën sal uitstort nie. **Ek  sal** ook  die **sprinkaan** vir julle **afweer,** sodat hy die opbrings van julle grond nie sal verwoes nie; ook die wynstok op die land sal vir julle nie onvrugbaar wees nie, sê die HERE van die leërskare" (Mal. 3:10–11).

Elke maand het Christene "onverwagte" uitgawes, soos herstelwerk en ander behoeftes wat hulle nie voorsien het nie. Maar dis slegs omdat hulle nie bewus is van hierdie beginsel nie. Want as God eerste is in jou **lewe-eerste** in jou hart, eerste in jou dag en eerste in jou finansies— dan (en slegs dan) sal God vir jou die vensters van die Hemel oopmaak, en 'n seëning uitstort wat oorvloedig is, and getrou die "sprinkaan vir jou vermaan."

Hulle wat hulleself verneder deur hulle tiende en offerandes aan God te gee sal hulleself verbly in **oorvloedige** welvaart. "Die *ootmoediges* daarenteen sal die aarde besit en hulle verlustig oor **groot**vrede*" (Ps. 37:11). Sy Woord vertel ons, "Die onheil vervolg die sondaars, maar Hy sal die **regverdiges**met goed **vergelde**" (Spr. 13:21).

**Beginsel #5: Wat doen jy met jou eerste gedeelte bepaal wat God met die res gaan doen.**

Toe God vir Abraham sy Seun gevra het, het hy hom nie teruggehou nie; met die resultaat het God vir hom gesê, "want nou weet Ek dat jy God vrees en jou seun, jou enigste, van My nie teruggehou het nie... omdat jy dit gedoen het en jou seun, jou enigste, nie teruggehou het nie, dat Ek jou **ryklik sal seen** . . ." (Gen. 22:12, 16).

God het vir die weermag wat Jerigo ingeneem het gesê dat hulle nie mag die buit van die eerste stad neem nie, dan sal God die res aan hulle gee. God wil altyd eerste wees om ons harte te toets. "Die smeltkroes is vir die silwer en die oond vir die goud, maar die HERE toets die harte" (Spr. 17:3). Alhoewel een van die soldate, Akin, kon dit nie weerstaan nie en het van die buit geneem. Toe hulle die volgende stad, Ai moes inneem was hulle verslaan en Ai was baie kleiner en moes makliker oorwin word. (Sien Joshua 6.)

Hierdie beginsel is nie net vir jou finansies nie, of vir jou restorasie nie, maar vir elke area in jou lewe. As ons faal om eerste vir God te gee, dan beroof ons God waarvoor Hy vra. Hy wil geen ander gode bo Hom hê nie: nie ons geld, ons gade, ons huwelike of ons beroepe nie. Wat jy doen met die eerste van alles sal bepaal wat God met die res doen- dit seën of vervloek.

## Is jy in `n finansiële krisis?

"Maar soek eers die koninkryk van God en sy geregtigheid, en al hierdie dinge sal vir julle bygevoeg word" (Matt. 6:33).

Het jy God gesoek omtrent jou finansies. In Fil. 4:19, leer die Bybel ons duidelik dat dit God is wat in **al**ons behoeftes sal voorsien. Hoewel, as ons na ander gaan met ons behoeftes eerder as om God te soek-as ons faal om Hom **eerste** te soek-dan sal "al hierdie dinge" nie bygevoeg word nie.

Volg jy die beginsels vir finansële sekuriteit wat in God is? Die Skrifte onderrig ons dat ons moet tiendes gee om "met baie gevul te word" en "oorvloei" (Spr. 3:9–10). Ons word ook aangemoedig om te "saai" as ons wil maai. (Gal. 6:7, 2 Kor. 9:6). Saai jy en gee jy getrou jou tiende? Neem die tyd en lees hierdie Skrifte oor en oor, bid dan dat God jou sal wys hoe Hy jou wil verander in hoe jy op Hom vertrou terwyl hy Sy opdrag aan alle gelowiges vervul en dit is deur 'n gedeelte aan Hom terug te gee.

As jy getrou jou tiende gee en steeds in 'n finansiële krisis verkeer, maak seker dat jy God se wette volg. Daar is baie verwysings in die Skrif vir aksies wat tot armoede lei, insluitende om nie te vra nie, (Jak 4:2), om te vra met die verkeerde motiewe (Jak 4:3), owerspel (Spr. 6:26), drankmisbruik of gierigheid (Spr. 21:17, Spr. 23:21), luiheid (Spr. 10:4, Spr. 14:23, Spr. 28:18–20), om nie vermaning en korreksie te aanvaar nie. (Spr. 13:18), oorhaastige besluite te maak (Spr. 21:5), die armoediges te onderdruk (Spr. 22:16), en, natuurlik, terug te hou wat aan God behoort.

Terwyl ons aan God teruggee deur tiendes en offerandes, moet ons seker wees dat ons ook die eer aan ons eggenote gee wat hulle verdien. "Die hart van haar man **vertrou op haar, en aan wins sal dit hom nie ontbreek nie**" (Spr. 31:11). As jou man 'n moeilike tyd gehad het om te voorsien, is jy seker jy kan hom vertrou? Het hy jou gevra om van jou kredietkaart ontslae te raak, maar jy het dit gehou? Is jy verantwoordelik met die aankope wat jy doen en kyk jy goed na die weë van jou huishouding? Het jy hom by ander verneder? Maak seker jou hart is rein en getrou aan jou eggenoot in alle opsigte.

Toe ek in 'n finansiële krisis was as 'n enkelma van vier kinders, het ek die beginsel geleer om my tiende te gee. Al was my lewe baie naby aan 'n vlak van armoede, het ek die eerste keer in my lewe my tiende begin gee. Ek het nie net 'n tien persent gegee van die klein bedraggie wat ek ontvang het nie, maar het ook gesaai in die lewens van vroue wat tragedie in hul lewens ervaar het (deur vir hulle te vertel van God se vermoë om hulle huwelike te restoreer).

Deur te gee aan God het dit 'n standard gestel in ons huis terwyl my man weg was. God het dit geëer en kort nadat Dan teruggekeer het huis toe het God hom gelei om sy tiende te begin gee en dit sonder dat ek enigiets aan hom gesê het. As jy sukkel om so baie te gee, mag dit jou help om te weet dat alles aan God behoort ". . . dat dit Hy is wat jou krag gee om rykdom te verwerwe, dat Hy sy verbond kan bevestig wat Hy aan jou vaders met 'n eed beloof het . . ." (Deut. 8:18). Daarom moet jy seker maak dat jy **eerste** aan God gee om te bevestig dat Hy **eerste** in jou lewe is!

## Sal jy God of mammon (geld) dien?

Te veel van ons skram weg van die lering om te gee as gevolg van die mishandeling en hulle wil nie "geldsoekers" genoem word nie, maar dit elimineer nie die waarheid van die boodskap nie. Soek self vir die waarheid. Toets God om te sien of Hy getrou is aan Sy belofte. Gee eerste aan God, bring jou tiende na die skatkamer (waar jy geestelike gevoed word), en kyk of jou lewe verander en dat jy in alle areas van jou lewe geseën word.

God is die een wat vir ons bediening en familie voorsien. Ons saai in die lewens van hulle wie se harte gebroke is en gee aanhoudende ondersteuning deur ons bediening, maar dit is God wat vermeerder. Ons kyk na niemand om in ons behoeftes te voorsien nie, maar slegs na God.

Om nie hierdie beginsel behoorlik te onderrig nie, word die skape en herders weerhou van ondersteuning, hulp en rigting.

Jesus het gesê om sy skape te voed, en God sê in Hosea: "My volk gaan te gronde weens gebrek aan kennis" (Hos. 4:6). Baie wat na ons toe kom is nuwe christene of het 'n kerk bygewoon waar hierdie beginsel en ander beginsels van restorasie nie verkondig word nie. Ons werk is om dissipels vir God te maak, om vir hulle die gereedskap te gee wat hulle nodig het om hulle lewens om te keer.

Vir jou wat nog nooit jou tiende aan God gegee het nie, mag God aan jou bewys dat jy meer kan doen met 90% van jou inkomste as die 100% wat jy beheer het. Ek wil 'n stap van geloof neem, nes toe jy gekies het om jou huwelik te red eerder as om aan te beweeg, deur te sê dat jou lewe nooit weer dieselfde gaan wees nie.

Vir die van jou wat wel gee (maar God is nie eerste nie), mag jou prioriteite herrangskik word in elke area van jou lewe om te wys dat God eerste in jou lewe is.

God is 'n God wat verlang om genade te betoon teenoor ons; Hy verlang om ons te seën! ". . . laat hulle altyddeur sê: Groot is die HERE **wat 'n welbehae het in die vrede van sy kneg!"** (Ps. 35:27).

Laat ek afsluit met hierdie wonderlike **belofte:** "Die wat met trane **saai,** sal met gejubel maai" (Ps. 126:5).**Hallelujah!!**

**Persoonlike verbintenis: om te gee:** "Baseer op wat ek in die Woord geleer het, verbind ek myself om die Here te vertrou en te seën met my finansies. Ek sal die Here soek omtrent hoe en waar ek my tiende moet gee. Ek sal saai in restorasie van huwelike deur die goeie nuus oor restorasie te verkondig aan hulle wat God in my lewe inbring en soos God my lei en getrou aan my voorsien finansieel ook aan ander te gee."


Datum:_____ Geteken: _____

# Hoofstuk 16

# Sleutels van die Koninkryk van die Hemel

*"En Ek sal jou die sleutels van die koninkryk van die hemele gee..."*
*—Matt. 16:19*

**Jesus het vir ons die sleutels van die hemele gegee om die aarde mag te "bind" en die hemel te "ontbind".** "En Ek sal jou die **sleutels** van die koninkryk van die **hemele** gee; en wat jy ook op die aarde mag **bind**, sal in die hemel **gebonde** wees, en wat jy ook op die aarde mag **ontbind**, sal in die hemel**ontbonde** wees." (Matt. 16:19).

**Boei eers die sterk man.** Soek 'n vers wat van toepassing is op wat jy wil verwyder. Wanneer iemand in sonde "geboei" is, moet jy eerstens daardie "sterk man" of sonde bind, wat die persoon vir wie jy bid in sonde vashou. Soek 'n vers wat jy kan bid. Hier is die beginsel: "*Niemand* kan in die huis van 'n sterk man ingaan... **as hy nie *eers* die sterk man boei nie...**" (Mark. 3:27). Bind en breek die sonde wat die persoon gebonde hou. "Sy eie ongeregtighede vang hom, die goddelose, en in die vangstrikke van sy sonde word hy vasgehou." (Spr. 5:22).

**Vervang die sonde met iets goeds.** Dit is baie belangrik! "Wanneer die onreine gees uit die mens uitgegaan het, gaan hy deur waterlose plekke en soek rus; en as hy dit nie vind nie, sê hy: *Ek sal teruggaan na my huis waar ek uitgegaan het.* En hy kom en vind dit uitgevee en versierd. Dan gaan hy en neem sewe ander geeste, slegter as hy self, en hulle kom in en woon daar; en **die laaste van daardie mens word erger as die eerste.**" (Luk. 11:24–26).

**Indien jy nie vervang nie.** Indien jy nie vervang wat jou verwyder het nie, sal die situasie baie erger word as wat dit aanvanklik was voordat jy begin bid het. Jy moet altyd iets boos vervang met iets goed. Dit is die rede hoekom baie mense wat 'n dieet volg eintlik net vetter word. Hulle stop om die slegte te eet of probeer glad nie eet nie. Hulle vervang nie dit wat weggeneem is met iets goeds nie, byvoorbeeld, gebed, om te stap, oefening of om iets te eet wat goed is vir hulle. 'n Ander voorbeeld is wanneer iemand 'n baie vetterige vel het. Sy was haar gesig met seep en sit miskien iets op om die olie uit te droog. Dan, na 'n paar ure is dit meer olierig. Dermatoloë sal sê jy moet die olie wat jy verwyder het vervang met 'n room.

**Vervang die leuens met die waarheid.** Die waarheid kan net in God se Woord gevind word. Tensy wat jy hoor, wat jy lees, of wat iemand jou vertel saamstem met die beginsels wat jy in God se Woord vind, **is dit leuens**!

**Vervang die "arm van die vlees" met die "Here."** Vervang vertroue in "die arm van die vlees" (jouself, 'n vriendin, wie ookal) met volle vertroue in die Here. "Eindelik, my broeders, word kragtig in die Here en in die krag van sy sterkte." (Efe. 6:10).

**Vervang weghardloop met na die Here hardloop!** "God is vir ons 'n toevlug en sterkte; as hulp in benoudhede is Hy in hoë mate beproef." (Ps. 46:2). Hardloop na die boek van Psalms! *Lees Psalms (en Spreuke) elke dag. Lees die Psalm wat ooreenstem met die dag van die maand, tel dan elke 30ste Psalm totdat jy by die einde van die boek kom, lees dat die hoofstuk van Spreuke wat ooreenstem met die datums (b.v., elke 5de dag van 'n maand, sal jy Psalms 5, 35, 65, 95, 125 en Spreuke hoofstuk 5 lees.) 'n Maklike manier om dit te onthou is om te skryf waarheen jy volgende moet gaan lees onder aan die bladsy van elke Psalm (b.v., einde van die 6de Psalm sal jy "36" skryf en aan die einde van die 36ste Psalm sal jy "66" skryf. Wanneer jy by Psalm 126 kom, sal jy "Spr. 6" skryf.) Aangesien Psalm 119 so lank is, kan dit op die 31ste van elke maand gelees word.*

**Vervang uitroep aan ander mense met na God uitroep!** Hy belowe om jou te hoor en jou onmiddellik uit jou omstandighede op te tel! Maar jy **moet** eers uitroep! Moenie vir jouself dink, "Wel, God het my nog nooit voorheen gehelp nie!" Indien Hy nie gehelp het nie, is dit dood eenvoudig omdat jy nie gevra het nie. "**Bid**, *en vir julle sal gegee word*; soek, en julle sal vind..." (Matt. 7:7).

# Berei voor vir Oorlog

Sit daagliks jou wapenrusting aan soos beskryf in Efesiërs 6:10–18.

**Bly staande teen die liste van die duiwel.** "Eindelik, my broeders, word kragtig in die Here en in die krag van sy sterkte. Trek die volle wapenrusting van God aan, sodat julle staande kan bly teen die liste van die duiwel." (Efe. 6:10–11). Onthou wie die regte vyand is: Satan, en nie jou eggenoot nie.

**Volle wapenrusting van God.** "Want ons worstelstryd is nie teen vlees en bloed nie, maar teen die owerhede, teen die magte, teen die wêreldheersers van die duisternis van hierdie eeu, teen die bose geeste in die lug. Daarom, neem die volle wapenrusting van God op, sodat julle weerstand kan bied in die dag van onheil en, nadat julle alles volbring het, staande kan bly." (Efe. 6:12–13). Weerstaan die **vrees** wat veroorsaak dat jy weghardloop of moed opgee. Staan vas! Psalm 37 is goed om te lees wanneer jy vol vrees is.

**Staan dan vas.** "Staan dan vas, julle lendene met die waarheid omgord..." (Efe. 6:14). Mense praat oor – "uitstap in geloof". Hou op beweeg en staan vas. Dit kan die verskil wees om God te vertrou. Soms voel dit of ons geloof het maar eintlik gooi ons onsself van 'n hoë rots af soos Satan vir Jesus gesê het om te doen.

Ons moet nie 'n stap in geloof vat nie maar eerder stilstaan in die geloof. Ons moet staan en glo wat reg is. As ons 'n stap in geloof vat kan ons dalk afval van die hoë rots. Maar later in die les sal jy opmerk dat God ons partykeer vra om uit die skuit te klim en op die water te loop. Oordeel word hier benodig. Een reël wat dalk kan help is die dringendheid van die situasie. Ons "vlees" bring gewoonlik daarmee saam 'n dringendheid, maar God sê gewoonlik ons moet wag.

**God se geregtigheid.** "...met die borswapen van die geregtigheid aan..." (Efe. 6:14). God praat van Sy geregtigheid en nie joune nie. Hy vertel ons in Sy Woord dat al ons geregtighede soos 'n besoedelde kleed is. (Jes. 64:6).

**Evangelie van vrede.** "en as skoene aan julle voete die bereidheid vir die evangelie van vrede." (Efe. 6:15). Jy kan hierdie belofte aangryp in Matteus 5: "Salig is die vredemakers!" Wees rustig met **almal** ten **alle** tye!

**Die skild van geloof.** "Behalwe dit alles neem die skild van die geloof op waarmee julle *al die vurige pyle van die Bose sal kan uitblus*." (Efe. 6:16). Jy moet geloof hê—nie in jouself nie—geloof in God alleen! Omstandighede het niks met geloof te doen nie. Glo in Sy Woord alleen vir die waarheid van jou situasie.

**Helm van verlossing.** "En neem aan die helm van verlossing…" (Efe. 6:17). Jy moet een van Sy kinders wees om die Geestelike stryd te oorwin. Dit is so maklik as om nou hier te sit en met God te praat. Vertel Hom net in jou eie woorde dat jy Hom baie nodig het, doen dit nou. Vra Hom om Homself vir jou te wys. Gee vir Hom jou lewe, 'n lewe wat jy 'n totale gemors van gemaak het en vra die Here om dit te vernuwe.

Vertel Hom dat jy sal doen wat Hy vra, aangesien Hy nou jou Here is. Vra Hom om jou sondes te vergewe. Dankie dat Hy gesterf het aan die kruis en vir jou sondes betaal het. Jy kan glo dat jy nie meer alleen is nie en dat God altyd daar is vir jou.

**Swaard van die Gees.** "Vat…die swaard van die Gees—dit is die woord van God…" (Efe. 6:17). Gebruik Sy Woord om die stryd te wen. Wanneer die stryd die Here s'n is, is die oorwinning ons s'n. Skryf die versies neer wat jy nodig het om jou te help in jou stryd. Hou dit altyd by jou. Wanneer jy voel vrees oorweldig jou, lees die versies. (Sien Romeine 8:15 en Psalm 23 vir wonderlike verse teen vrees.) Roep uit na God. Staan sterk in die geloof. "Laat staan en weet dat Ek God is" (Ps. 46:11).

**Bid by elke geleentheid in die Gees.** "Terwyl julle met alle gebed en smeking by elke geleentheid bid in die Gees" (Efe. 6:18). Bid uit die dieptes van jou Gees. Bid drie maal 'n dag. Dit is waarom Daniël in die leeukuil gegooi is. Moenie bekommer nie – as jy in die leeukuil gegooi word sal God die leeus se bekke toesluit!

**Waak met alle volharding.** "…en juis daartoe waak met alle volharding en smeking vir al die heiliges." (Efe. 6:18). Bid vir iemand anders wanneer die vrees jou oorweldig. "My genade is vir jou genoeg, want my krag word in swakheid volbring. Baie liewer sal ek dus in my swakhede roem, sodat die krag van Christus in my kan woon. Daarom het ek behae in swakhede, in mishandelinge, in node, in vervolginge, in benoudhede, om Christus wil. Want as ek swak is, dan is ek sterk." (2 Kor. 12:9–10). Nadat jy vir iemand gebid het, bel hulle en vertel hulle daarvan.

**Bid vir diegene wat jou vervloek.** God vra dat ons moet bir vir ander mense: ons vyande, elkeen van hulle. Bid vir hulle en vra God om jou te wys wat jy moet doen om hulle te seen. Dit was eers nadat Job gebid het vir sy vriende, dat die Here vir hom teruggegee het wat hy verloor het. "En die Here het die lot van Job verander toe hy vir sy vriende gebid het; en die Here het Job se besittings vermeerder tot dubbel soveel as voorheen." (Job. 42:10). "Maar Ek sê vir julle: Julle moet jul vyande liefhê; seën die wat vir julle vervloek…" En Jesus gaan aan om vir jou te vertel hoekom jy dit moet doen. "…sodat julle kinders kan word van julle Vader wat in die hemele is." (Matt. 5:44–45).

# Ken God se Woord

**Sy Woord sal nie leeg terugkeer nie.** Jy moet God se Woord ken en verstaan – daardeur sal jy die beloftes van God sien. Die grondslag is uit Sy Woord en wanneer ons met Hom praat deur Sy Woord en gebed sal dit nie kragteloos terugkom nie.

Dit is God se belofte aan jou! "So sal my woord wees wat uit my mond uitgaan: *dit sal nie leeg na My terugkeer nie*, maar **doen** wat My behaag en **voorspoedig wees** in alles waartoe Ek dit stuur." (Jes. 55:11). Sy begeerte is day jy die bose oorwin. Jy moet doen wat Godself waarborg. Aanvaar geen namaaksels of afbeeldings.

**Soek grondslae in die Bybel. Soek wysheid.** God sê dat as jy soek sal jy vind. Deur God se woord kry jy wysheid. Hoe dieper jy na iets kyk hoe beter sal jy dit verstaan. "En Ek sê vir julle: Bid, en vir julle sal gegee word; **soek,** en **julle sal vind**; klop, en vir julle sal oopgemaak word." (Luk.11:9). Sodra jy weet wat om te doen kan jy dit toepas in jou lewe. "Deur **wysheid** word 'n huis *gebou*, en deur **verstand** word dit *bevestig*; en deur **kennis** word die *kamers gevul* met allerhande *kosbare* en *lieflike goed."* (Spr. 24:3–4).

**Lees die Bybel met diepe insig. Merk die verse in jou Bybel.** "**Verlustig** jou in die HERE; dan sal Hy jou gee die begeertes van jou hart." (Ps. 37:4). Merk die versies sodat jy dit vinnig kan kry as jy dit nodig het (of wanneer jy ander na die waarheid lei). In Luk. 4:4–10, hoe het Jesus geantwoord toe Satan Hom probeer tempteer? "Maar Jesus antwoord en sê vir hom: 'Daar is geskrywe'… 'Daar is geskrywe' 'Daar is geskrywe…'" *Gebruik 'n spesifieke kleur potlood vir die verskillende beloftes.*

**Memoriseer. Oordink Sy wet dag en nag.** Memoriseer die beloftes wat by jou bly sodat dit diep in jou hart insink. Jy moet God se beloftes ken indien jy alleenlik op Hom wil staat maak. "Maar sy behae is in die wet van die HERE, en hy **oordink Sy wet dag en nag**. En hy sal wees soos 'n boom wat geplant is by waterstrome, wat sy vrugte gee op sy tyd en waarvan die blare nie verwelk nie; en alles wat hy doen, voer hy voorspoedig uit." (Ps. 1:2,3).

**Maak nie saak hoe erg dinge lyk nie – God is altyd in beheer.** Ons kan ons berus in die wete dat God in beheer is—ons is nie en Satan defenitief ook nie. "Simon, Simon, kyk, die Satan het **vurig** *begeer* om julle soos koring te sif. Maar Ek het vir jou gebid, dat jou geloof nie ophou nie; en as jy eendag bekeerd is, moet jy jou broeders versterk." (Luk. 22:31–32).

**Beproewing.** Jesus het geweet wat die uitkoms gaan wees, maar Petrus moes nogsteeds deur 'n tyd van beproewing gaan, om gereed te wees vir God se roep op sy lewe. Sal jy gereed wees wanneer Hy jou roep? "Maar die lydsaamheid moet tot volle verwerkliking kom, sodat julle volmaak en **sonder gebrek kan wees** en in *niks kortkom nie.*" (Jak. 1:4).

# Geestlike Oorlog

**Neem elke gedagte gevangenne. Jou stryd sal gewen of verloor word in jou** *gedagtes.* "Terwyl ons **planne verbreek** en **elke skans wat opgewerp word** teen die kennis van God, en **elke gedagte gevange neem** tot die gehoorsaamheid aan Christus, en ons gereed hou om elke ongehoorsaamheid te straf wanneer julle gehoorsaamheid volkome is." (2 Kor. 10:5–6). Moenie toelaat dat die vyand jou manipuleer nie. Wees versigtig waaroor jou dink. Neem jou gedagtes gevangenne!

# Die Krag van Drie

**Wanneer twee of drie saamstaan.** Kry twee ander **vrouens** wat saam met jou kan bid. "En telkens as Moses sy hand ophou, was Israel die sterkste; maar as hy sy hand laat sak, was Amalek die sterkste. Maar die hande van Moses het swaar geword; daarom het hulle 'n klip geneem en dit onder hom neergelê, dat hy daarop kon sit. En Aäron en Hur het sy hande ondersteun, die een duskant en die ander anderkant. So het sy hande dan vas gebly tot sononder." (Eksod. 17:11–12).

Vra vir God om **twee** ander **vrouens** oor jou weg te stuur wat saam met jou kan staan sodat jy nie te moeg raak nie. Vra vir God om vir jou twee geskikte persone te help kies.

**Die krag van drie.** "En as iemand die **een** *aanval*, kan **altwee** hom *teëstand bied*; en 'n **driedubbele** lyn*word nie gou verbreek nie.*"(Pred. 4:12).

**Om jou maat op te tel.** "**Twee** is *beter* as **een,** want hulle het 'n *goeie beloning vir hulle moeitevolle arbeid.* Want as hulle *val, kan die een sy maat optel*, maar wee die een wat val sonder dat daar 'n tweede is om hom op te tel." (Pred. 4:9–10).

**Hy is in hul midde.** "Want waar **twee of drie** in my Naam *vergader*, daar is Ek in hul midde." (Matt. 18:20). "Toe het koning Nebukadnésar verskrik geword en haastig opgestaan; hy het sy raadsmanne toegespreek en gesê: Het ons nie **drie manne** geboeid binne-in die vuur gegooi nie? Hulle antwoord en sê aan die koning: Sekerlik, o koning! Hy antwoord en sê: Kyk, ek sien **vier manne** los binne-in die vuur wandel sonder dat daar 'n letsel aan hulle is; en die voorkoms van die **vierde** *lyk soos dié van 'n godeseun!*'" (Dan. 3:24). Jy is nooit alleen nie!

**Stem saam.** "Weer sê Ek vir julle: As **twee** van julle *saamstem* op die aarde oor **enige saak** wat hulle mag vra, dit sal hulle ten deel val van my Vader wat in die hemele is." (Matt. 18:19). Wanneer jy sukkel om vrede te hê, kry iemand wat glo om saam met jou te bid.

**In die bres staan.** "En Ek het onder hulle 'n man gesoek wat 'n muur kan bou en voor my aangesig **in die bres kan staan** vir die land, sodat Ek dit nie sou verwoes nie; maar Ek het *niemand* gevind nie." (Esek. 22:30).

**Bid vir mekaar.** "Bely mekaar julle misdade en *bid vir mekaar*, sodat julle gesond kan word. Die vurige gebed van 'n regverdige het groot krag." (Jak. 5:16). Belydenis is die beste manier om 'n suiwer hart te kry.

**Doen belydenis.** Esra het geweet wat om te doen terwyl hy bid: "En terwyl Esra bid en hy wenende neerval en **belydenis doen** voor die huis van God… "(Esra. 10:1). Hou aan om die waarheid te bely.

**Wanneer hou jy op met bid? Nooit!** Ons het 'n wonderlike voorbeeld daarin, dat God nie altyd nee sê wanneer ons gebede nie onmiddellik beantwoord word nie.

**Groot is jou geloof.** Die Kanaänitiese vrou het aangehou om Jesus te vra om haar dogter gesond te maak. Die resultaat: "Toe antwoord Jesus en sê vir haar: o Vrou, **groot is jou geloof**; laat dit vir jou wees soos jy wil hê. En haar dogter het gesond geword van daardie uur af." (Matt. 15:28). Wanneer ons vir iets bid volgens God se wil en dit lyk of Hy nie die gebed verhoor nie of ons dink Hy sê "nee", wil God dalk hê ons moet aanhou vra, pleit, vas en glo!

**Die stryd is vir sy siel.** Die stryd in jou huis is vir jou man se siel! Onthou dat jy hierdie belofte het: "…en jou hele huis gered sal word."

(Hand. 11:14). Onthou, **'n man is geheilig deur sy vrou.** "Want die ongelowige man is *geheilig deur die vrou...* Want hoe weet jy, vrou, of jy die man sal red?" (1 Kor. 7:14–17).

# Gebed en Vas

**Gebed** *en* **vas.** Jesus het Sy apostels vertel, "Maar hierdie geslag gaan nie uit *behalwe* deur **gebed en vas** nie." (Matt. 17:21). As jy vurig gebid het en gekyk het of jou bedoeling rein is, dan is vas dalk die volgende stap. Daar is verkillende maniere om te vas:

**Drie dae vas.** Dit is hoe Ester gevas het. "Gaan heen, versamel al die Jode wat in Susan te vinde is, en **vas**julle om my ontwil; en julle moet nie eet en drink nie, *drie dae* lank, nag en dag; ek ook met my dienaresse sal net so **vas.**" (Ester 4:16). Hierdie vas (of die sewe dag vas) het ook 'n ander voordeel, vir die twisgierige vrou, of die wat te veel praat: jy sal te swak voel om te stry of argumenteer!!

**Dag vas.** Die dag vas begin in die aand na u aandete. Jy drink net water totdat die 24 uur verby is, dan eet jy die volgende dag se aandete. Jy vas en bid. Dit kan 'n paar keer 'n week gedoen word.

**Sewe dag vas.** Die vas is sewe dae lank (sewe dae beteken gewoonlik die einde van iets). "En toe ek hierdie woorde hoor, het ek gesit en ween, en ek het dae lank getreur; en ek het **gevas en gebid** voor die aangesig van die God van die hemel." (Neh. 1:4). Gewoonlik wanneer jy in diep smart is vas jy vir sewe dae.

**My knieë knik van vas.** Wanneer jy honger of swak is, maak tyd om Sy Woord te lees en te bid. "**My knieë knik van vas**, en my vlees het maer geword, sonder vet." (Ps. 109:24).

**Deur mense gesien kan word.** Wanneer jy vas moet jy dit so stil as moontlik hou. Moenie kla of enige aandag op jousself vestig nie. "En wanneer julle **vas**, moenie **lang gesigte trek** soos die *geveinsdes* nie; want hulle mismaak hul gesigte, sodat dit deur die **mense gesien kan word** dat hulle vas. Voorwaar Ek sê vir julle, *hulle het hul loon weg.* Maar jy, as jy vas, salf jou hoof en was jou gesig, *sodat jy nie die mense laat sien dat jy vas nie*, maar jou Vader wat in die verborgene is; en *jou*

*Vader wat in die verborgene sien, sal jou in die openbaar vergelde."* (Matt. 6:16–18).

Baie mense sê hulle kannie vas nie. As dit om mediese redes of swangerskap is kan jy enige goeie ding vas." Dit is nie 'n verskoning om nie te kan vas omdat jy werk nie!

**Bly staan en aanskou.** Wanneer jy klaar gebid het, doen dan wat die Bybel sê: "Julle hoef daarby nie te*veg* nie; staan gereed, *bly staan en aanskou* die redding van die Here by julle."* (2 Kron. 20:17).

**Niemand mag roem nie. God sê ons is hardnekkig.** Wanneer die geveg gewen is of die oorlog verby is moet ons trots wees op God. Laat ons nederig bly. "Want uit genade is julle gered, deur die geloof, en dit nie uit julleself nie: dit is die **gawe van God**; nie uit die werke nie, *sodat niemand mag roem nie."* (Efe. 2:8–9).

"Moet dan nie in jou hart spreek en sê: Die HERE het my ter wille van **my geregtigheid** ingebring om hierdie land in besit te neem nie; want weens die goddeloosheid… verdryf die HERE hulle voor jou uit. Nie ter wille van jou geregtigheid en die **opregtheid van jou hart** kom jy in om hulle land in besit te neem nie, maar weens die *goddeloosheid van hierdie* want jy is **'n hardnekkige volk**. was julle wederstrewig teen die HERE."* (Deut. 9:4–7).

Ons het almal sonde en het nie genoeg lof vir God. Ons moet dit onthou wanneer die geveg gewen is. Ons geregtigheid is soos besoedelde kleed. Loof die Here!

**Die krag van jou beproewing is 'n teken dat jy naby aan oorwinning is.** Jou beproewings mag kragtig wees wanneer jy naby aan oorwinning is. "Daarom, wees **verheug**, o hemele en die wat daarin woon; wee die bewoners van die aarde en die see, want die duiwel het na julle neergedaal met groot woede, omdat hy *weet* dat hy **min tyd** het."* (Open. 12:12).

**Jy moet stry op die regte manier.** Doen wat God sê; dit *sal* werk! Moenie probeer om jouself te verdedig nie, dit veroorsaak meer kwade gevoelens. "En eindelik, wees almal eensgesind, medelydend, vol broederliefde en ontferming, vriendelik. Vergeld *geen kwaad met kwaad* of *skeldwoorde met skeldwoorde nie*, maar **seën inteendeel**, omdat julle weet dat julle hiertoe geroep is, sodat julle **seën kan beërwe**." (1 Pet. 3:8,9). Stap daardie ekstra tree en seën jou eggenoot. Vra vir God hoe Hy jou eggenoot wil seën.

**Hierdie is 'n geestelike oorlog.** "Of dink jy dat Ek nie nou my Vader kan bid en Hy vir My meer as twaalf legioene van engele beskikbaar sal stel nie?" (Matt. 26:53). Ons Hemelse Vader sal al die engele bymekaar roep om oorlog te doen in die "hemele". Dit is daar waar die ware oorlog is. "Want ons worstelstryd is **nie teen vlees en bloed nie**, maar teen die owerhede, teen die magte, teen die wêreldheersers van die duisternis van hierdie eeu, **teen die bose geeste in die lug**." (Efe. 6:12).

**Jou eggenoot is nie die vyand nie.** "Weet julle nie dat aan wie julle julself as diensknegte tot beskikking stel om hom gehoorsaam te wees, julle diensknegte is van hom aan wie julle gehoorsaam is nie òf van die sonde tot die dood, òf van die gehoorsaamheid tot geregtigheid?" (Rom. 6:16). Iemand wat vol sonde is, is 'n slaaf van die duiwel.

Ons mag dink dat een wat sonde het buitengewoon is, maar so is ons ook as ons aanhou wraak neem. (Onthou, dit behoor aan God alleen!) "Want hoewel ons in die vlees wandel, voer ons die stryd nie volgens die vlees nie; want die **wapens van ons stryd** is nie vleeslik nie, maar **kragtig deur God** om*vestings neer te werp*." (2 Kor. 10:4). Laat ons eerder by die wortel van die kwaad begin as die simptoom.

**Wees bedrewe.** Wees bedrewe en los die uitslae oor aan God. "As onse God wat ons dien, in staat is om ons te verlos, dan sal Hy ons uit die brandende vuuroond en uit jou hand, o koning, verlos; maar so nie, laat dit u dan bekend wees, o koning, dat ons u gode nie sal dien nie en die goue beeld wat u opgerig het, nie sal aanbid nie." (Dan. 3:17,18).

Die seuns het geglo dat God hulle sal oorgee maar hulle het steeds God gehoorsaam. Al sou hulle self sterf, sou hulle steeds gedoen het wat God wou gehad het hulle moes doen. Die seuns het nie doodgegaan, die tou wat hulle vasgehou het het losgegaan toe hulle in die vuur stap. Het jy 'n tou wat jou bind (sondes, bekommernis) – God sal help. **Dit is Sy oorlog! Roep na die Here; Hy is ons verlosser.**

**Persoonlike verbintenis: om die "sleutels" van die hemele te gebruik.** "Gebaseer op wat ek uit God se Woord geleer het, verbind ek my om die sleutels van die koningkryk van die hemele te gebruik om oorlog te doen. Ek sal nie in die vleeslike beveg nie, maar gebed en vas gebruik om dit te beveg wat teen my huwelik, familie en my is."

Datum: _____ Geteken: _____

# Hoofstuk 17

# Staan in die Gaping

*"Ek het iemand tussen hulle gesoek*
*wat 'n muur sou bou en vir die stad*
*in die bres sou tree*
*dat dit nie vernietig word nie,*
*maar Ek het niemand gekry nie."*
—Esegiël 22:30

Daar is **niks** meer **kragtig** as om God se Woord en beloftes vir Hom terug te bid nie. Terwyl ek vir God gewag het om my huwelik te herstel en het begin om in God se Woord in my hart weg te steek deur 3X5 kaartjies te maak en dit 'n paar keer elke dag te lees. Baie gou het my gebede meestal Sy Woord geword. Die manier van bid is baie kragtig. Gebruik die gebede in die hoofstuk om jou te leer hoe om die verse wat jy nou hart wegbêre te bid.

"Liefste Hemelse Vader, ek kom in my binnekamer en nou dat ek die deur gesluit het, bid ek vir U, my Vader, in geheim. As U my hier is die geheim sien, sal U my openlik beloon. Dit staan geskrywe dat alle dinge wat ons in gebed sal vra, as on glo, ons dit sal ontvang."

"O God, U is my God, vroeg sal ek U soek, my siel smag na U in a droeë en dorstige land, waar geen water is nie. Here, daar is niemand behalwe U nie. U kan die swakke teen 'n oormag help. Help ons, Here ons God! Ons steun op U, en in U Naam trek on teen diè menigte op. U is on God, Here; moenie dat 'n mèns teen U seëvier nie."

"U oë, Heer, is oral op die aarde sodat U diè wat met hulle hele hart op U vertrou kan help. Ondersoek my hart."

"Al leef on in 'n menslike liggaam, voer on nie stryd met menslike wapens nie, want die wapens van ons stryd is nie die wapens van die mens nie, maar die kragtige wapens van God wat vestings kan vernietig. Daarmee vernietig ons die redenasies en elke hooghartige aanval wat teen U kennis gerig word. Ons bring elke gedagte gevange om dit aan U gehoorsaam te maak. Ons is ook gereed om met elke ongehoorsaamheid af te reken sodra julle ons gehoorsaamheid volkome is."

"Maak 'n end aan al die bose dade van die goddelose mense en stel die onskuldiges in die gelyk. Vir slegte tyding is ek nie bevrees nie, ek is gerus, ek vertrou op U. U laat my veilig voel, ek in nie bevrees nie ek sal die neerlaag van my vyande aanskou."

"Laat my man se fontein geseënd wees en laat hy hom verheug oor die vrou van sy jeug. Laat my, dierbare Here, soos 'n liefdevolle takbok wees, soos 'n ribbok. Laat my die innerlike skoonheide innerlike skoonheid hê met blywende beskeidenheid en kalmte van gees wat by U groot waarde het, want die mens se lewe lê oop voor die Here, elke tree wat ons gee, sien U."

"Wat julle ook al op die aarde toesluit, sal in die hemel toegesluit bly; en wat julle ook al op die aarde oopsluit, sal in die hemel oopgesluit bly. Ek vra U Hemelse Vader, om vir Satan the vervloek en te bind in die naam en deur die bloed van my Here Jesus Christus. Versper sy pad met doringtakke en kamp hom af sodat hy nie sy paaie kan vind nie. Dan sal U my liefste Here sê: 'Gaan, wees lief vir 'n man soos wat 'n vrou vir hom moet lief wees" Daarom sal ek sagkuns met hom praat. 'n sal sy vader en moeder verlaat en saam met sy vrou lewe, en hulle sal een word."

"Toe daar geen hoop meer was nie, het Abraham nog gehoop en geglo, en so die vader van baie nasies geword volgens die belofte wat U hom gegee het. Sy geloof het nie verswak nie. Hy het nie in ongeloof begin twyfel aan die belofte van God nie, maar hy is in sy geloof versterk en het aan God die eer gegee. Hy was ook ten volle daarvan oortuig dat God mag het om te done wat Hy beloof het.

"Ons is immers gered, en ons het nou hierdie hoop. Wat 'n mens al sien, hoop jy tog nie meer nie. Wie hoop nog op wat hy reeds sien? Maar ons hoop op wat ons nie sien nie, wag daarop met volharding. As ek darem nie geglo het dat ek die goedheid van Here sal sien in die land van die lewendes nie...! Vertrou op die Here! Wees sterk en hou goeie moed! Ja, vertrou op die Here! Maar diè wat op die Here vertrou, kry nuwe krag. Hulle vlieg met arendsvlerke, hulle hardloop en word nie moeg nie, hulle loop en raak nie afgemat nie."

"Van ouds af het niemand so iets gehoor nie, het niemand so iets verneem nie, het geen oog 'n god gesien wat vir diè wat op hom vertrou, doen wat U doen nie. U goedheid en liefde sal my lewe lank by my bly en ek sal tuis wees in die huis van die Here tot in lengte van dae. Amen"

## Gebed vir die in Egbreuk

"Ek vra U Vader, vervloek en bind Satan in naam en deur die bloed van die Here Jesus Christus. Ek vra dat U sy pad sal toemaak met doringtakke rondom hom en that enige een wat in hom belangstel, belangstelling sal verloor en hom verlaat. Ek basseer my gebed op die gebod in U Woord wat sê: "Wat God saamgevoeg het, mag 'n mens nie skei nie" Ek dank U, Vader, dat U my gebed hoor en verhoor. Amen."

"Daarom gaan Ek sy pad versper met doringtakke en hom afkamp, sodat hy nie sy planne kan uitvoer nie en as hy dan sy minnaarresse probeer opsoek en hulle nie raakloop nie, hulle soek en nie kry nie, sal hy dalk sê: 'Ek sal na my eie vrou toe teruggaan, want ek was by haar beter versorg as nou!' Tog sal Ek weer begin om hom die hof te maak. Ek sal haar na die woestyn toe bring en mooi dinge vir hom sê. Ek sal sorg dat hy die name van die Baäls nie weer noem nie en hulle nooit weer aanroep nie. Toe sê die Here vir my: 'Gaan knoop weer 'n liefdesverhouding met 'n man wat egbreuk pleeg." *Uit Hosea 2,3*

"Jy het tog self 'n vrou, jy het tog self 'n put met water: drink die strome uit jou eie fontein. Moet jou fonteine dan ook die wêreld vol loop, jou strome water oral heen vloei? Hulle is tog net joune, en jy sal hulle nie met 'n ander wil deel nie. Sing die lof van jou eie fontein, verheug jou oor jou eie vrou, so vol liefde, so mooi soos 'n takbok, soos 'n ribbok. Geniet voluit van haar liefkosings, laat dit jou deurentyd bedwelm. Waarom sou jy jou laat bedwelm deur 'n slegte vrou, my seun, waarom sou jy in die arms van 'n ander vrou gaan lê? Kan jy kole vuur in die vou van jou klere inhark sonder dat jou klere aan die brand raak? Kan jy op brandende kole loop sonder dat jy jou voete verbrand? Net so min kan jy by 'n ander man se vrou slaap sonder om gestraf te word, jy sal nie vry kom as jy met haar lol nie. 'n Mens se lewe lê oop voor die Here, elke tree wat jy gee, sien Hy." *Uit Spreuke 5.6*

"Bly weg van haar af, moenie naby haar huis se deur kom nie dat jy nie jou mooiste jare verspil nie, jou beste jare aan 'n hartelose mens gee nie, dat vreemdes hulle nie vol eet aan die vrug van jou arbeid nie, dat dit waarvoor jy gewerk het, nie in die huis van 'n ander beland nie. Jy kan 'n prostituut kry vir 'n stuk brood, maar owerspel kan jou lewe kos. 'n Man wat wat hom met prostitute ophou, vermors sy besittings." *Uit Spreuke, 5,6,29*

"Laat jou hart nie afwyk na haar weë nie, want die hart is in die hand van die HERE soos waterstrome: Hy lei dit waarheen Hy wil. Dwaal nie rond op haar paaie nie. Want baie is die gesneuweldes wat sy laat val het, en talryk almal wat deur haar vermoor is. Haar huis is weë na die doderyk, wat afdaal na die kamers van die dood. Die mond van die vreemde vroue is 'n diep kuil; hy op wie die HERE vertoornd is, sal daarin val. Want 'n hoer is 'n diep kuil, en 'n ontugtige vrou is 'n nou put." *Uit Spreuke*

"Hy wat owerspel pleeg, is sonder verstand; hy wat sy eie lewe wil verwoes, hý doen so iets; Sy lê ook en loer soos 'n rower en vermeerder die ontroues onder die mensdom. Soos 'n voël wat ver van sy nes af rondvlieg, so is 'n man wat ver van sy tuisplek af rondswerwe." *Uit Spreuke 6,27*

"So is die weg van 'n vrou wat owerspel bedryf; sy eet en vee haar mond af en sê: Ek het geen sonde gedoen nie. want die lippe van die vreemde vrou drup heuningstroop, en haar verhemelte is gladder as olie, maar op die end is sy bitter soos wildeals, soos 'n swaard aan weerskante skerp. Haar voete daal na die dood toe af, haar treë streef na die doderyk toe. Dat sy die pad na die lewe nie sou inslaan nie, wankel haar gange sonder dat sy dit weet." *Uit Spreuke 5,30*

"Egbrekers en egbreeksters, weet julle nie dat die vriendskap van die wêreld vyandskap teen God is nie? Wie dan 'n vriend van die wêreld wil wees, word 'n vyand van God. en hou nie gemeenskap met die onvrugbare werke van die duisternis nie, maar bestraf dit liewer. Want wat in die geheim deur hulle gedoen word, is skandelik selfs om te noem." *Uit Jakobus 4; Efesiërs 5*

"Want hoewel ons in die vlees wandel, voer ons die stryd nie volgens die vlees nie; want die wapens van ons stryd is nie vleeslik nie, maar kragtig deur God om vestings neer te werp, terwyl ons planne verbreek en elke skans wat opgewerp word teen die kennis van God, en elke gedagte gevange neem tot die gehoorsaamheid aan Christus" *Uit 2 Korinthiërs 10:3-5*

"Nou is ek bly, nie omdat julle bedroef was nie, maar omdat julle bedroef was tot bekering, want julle was bedroef volgens die wil van God, sodat julle deur ons in niks skade gely het nie. Want die droefheid volgens die wil van God werk 'n onberoulike bekering tot redding, maar die droefheid van die wêreld werk die dood." *Uit 2 Korinthiërs 7:9-10*

"En dit alles is uit God wat ons met Homself versoen het deur Jesus Christus en ons die bediening van die versoening gegee het, naamlik dat God in Christus die wêreld met Homself versoen het deur hulle hul misdade nie toe te reken nie en die woord van die versoening aan ons toe te vertrou. Ons tree dan op as gesante om Christus wil, asof God deur ons vermaan. Ons bid julle om Christus wil: Laat julle met God versoen." *Uit Korinthiërs 5*

"Kyk, Ek werp haar neer op 'n siekbed, en die wat met haar owerspel bedryf, in 'n groot verdrukking, as hulle hul nie van hul werke bekeer nie. Bely mekaar julle misdade en bid vir mekaar, sodat julle gesond kan word. Die vurige gebed van 'n regverdige het groot krag. Hy wat sy oortredinge bedek, sal nie voorspoedig wees nie; maar hy wat dit bely en laat staan, sal barmhartigheid vind." *Uit Openbaring 2; Jakobus 5; Spreuke 28*

"Daar sal net so blydskap wees in die hemel oor een sondaar wat hom bekeer, meer as oor negen-en-negentig regverdiges wat die bekering nie nodig het nie. Daar is blydskap voor die engele van God oor een sondaar wat hom bekeer. Jesus sê: 'Laat dié een van julle wat sonder sonde is, die eerste 'n klip op haar gooi. Ek veroordeel jou ook nie. Gaan heen en sondig nie meer nie.'" *Uit Lukas 15; Johannes 8*

"Ek veroordeel jou ook nie" *Uit Johannes 8*

# Gebed om te Herstel

Hoor, HERE, my gebed, en luister na my hulpgeroep; swyg nie by my trane nie. Hou my trane in u kruik; is hulle nie in u boek nie? Al is ek ellendig en behoeftig — die Here dink aan my; U is my hulp en my redder; my God, vertoef tog nie!" *Uit Psalm 39;40 en 56*

"Die man wat met my in vrede lewe, op wie ek vertrou het, wat my brood eet, het die hakskeen teen my opgelig. Want dit is geen vyand wat my smaad nie, anders sou ek dit dra; dit is nie my hater wat hom teen my groot maak nie, anders sou ek my vir hom wegsteek; maar jy, 'n man soos ek, my vriend en my vertroude! Ons wat innig met mekaar omgegaan het." *Uit Psalm 41;55*

Laat tog die boosheid van die goddelose mense 'n einde neem, maar bevestig U die regverdige. Hulle voet is gevang in die net wat hulle gespan het. Verklaar hulle skuldig, o God! Laat hulle val deur hul planne; dryf hulle weg oor die menigte van hul oortredinge, want hulle is wederstrewig teen U. Laat hulle beskaamd staan en rooi van skaamte word. Laat hulle wat behae het in my onheil, agteruitwyk en in die skande kom. Laat hulle vanweë hul beskaming verskrik wees! HERE, laat my nie beskaamd staan nie, want ek roep U aan; laat die goddelose beskaamd staan, laat hulle verstom in die doderyk! By U, o HERE, skuil ek. Bevry my deur u geregtigheid. *Uit Psalm 5,7,9,31,40*

"Want hulle het U met onheil bedreig; hulle het 'n listige plan uitgedink sonder om iets uit te rig. My vyande sal agteruitwyk, struikel en omkom van voor u aangesig. U het hulle naam uitgedelg vir ewig en altyd. En nog 'n klein rukkie en die goddelose sal daar nie wees nie; ja, jy sal ag gee op sy plek, maar hy sal daar nie wees nie. Die ootmoediges daarenteen sal die aarde besit en hulle verlustig oor groot vrede."*Uit Psalm 21*

U omring my met welbehae soos met 'n skild. Ek wil in vrede gaan lê en meteens aan die slaap raak; want U, o HERE, alleen laat my in veiligheid woon. Offer dank aan God, en betaal jou geloftes aan die

Allerhoogste; en roep My aan in die dag van benoudheid: Ek sal jou uithelp, en jy moet My eer." *Uit Psalm 4,5,50*

"Wees sterk, en laat julle hart sterk wees, almal wat op die HERE wag! Wees vir hulle 'n herder en dra hulle tot in ewigheid. o, As ek nie geglo het dat ek die goedheid van die HERE sal sien in die land van die lewendes nie ... Wag op die Here! Wees sterk en laat jou hart sterk wees! Ja, wag op die HERE!" *Uit Psalm 27,28,31*

"Want jou Maker is jou Man; HERE van die leërskare is sy Naam; en die Heilige van Israel is jou Verlosser. Hy sal die God van die hele aarde genoem word. Want soos 'n verlate vrou en 'n bedroefde van gees het die HERE jou geroep, en soos 'n vrou uit die jeugtyd as sy versmaad was, sê jou God." *Uit Jesaja 54:5-6*

**Mag die Here vir jou Oorwinning Gee!**

**Persoonlike verbintenis: om in die Gees te baklei vir my man en my huwelik.** "Gebaseer op wat ek vandag geleer het van God se Woord, verbind ek my om oorlog te voer in die Gees in plaas van die flees. I erken dat wanneer ek in die the vlees baklei, ek die geestelike geveg verloor. Daarom, verbind ek om my energie, tyd en gedagtes te gebruik in die geestelike stryd teen my huwelik and gesin."

Vir aanmoediging en om jou geloof te bou, sal jy bladsye for getuienisse kry wat op ons webwerf geplaas is of jy kan on boeke van herstelde huwelike bestel, *Deur die Woord van hulle Getuienis,* deur on ministerie boekwinkel.

As jou huwelik herstel deur die boek of deur ons ministerie, skryf asseblief vir ons sodat ons dit kan plaas op ons webwerf en publiseer dit in ons boek van getuienisse. Laat ons **Hom** die lof gee wat Hy verdien, en laat ons die wêreld vertel wat God in ons lewe doen om ander te bemoedig. "En hulle het hom oorwin deur die bloed van die Lam en deur die woord van hulle getuienis..." (Open. 12:11)

Datum: _____ Geteken: _____

# Oor die Skrywer

Erin Thiele is geseënd om die ma te wees van vier seuns, Dallas, Axel, Easton en Cooper en drie dogters, Tyler, Tara, and Macy. Haar reis om 'n Wyse Vrou vir haar dogter te wees het begin toe Tyler net twee jaar oud was. In 1989 het Erin se man haar gelos en later van haar geskei. RMI was gestig toe Erin elke denomonisie in haar area opgesoek het, maar nie die hulp of hoop kon vind wat sy nodig gehad het nie.

Die boek en die werkboek *'n Wyse Vrou* was oorspronklik een groot boek wat sy geskryf het soos die Here haar gelei het om haar huis reg te kry vir haar man se terugkeer. Later was die herstel gedeelte van haar boek uit die *Wyse Vrou* geneem om die baie vroue te help wat die Here gestuur het wat in krisis was.

Erin het baie boeke geskryf met haar kenmerkende styl deur bybelverse te gebruik om die wat gebroke harte het en die geestelike gevangenisse te bedien. "Hy het sy woord uitgestuur, dat Hy hulle kon gesond maak en hulle uit hul kuile red." (Ps. 107:20)

Ons het baie hulpbronne vir vrouens om jou te help ongeag die krisis waarin jy jouself bevind. Om all haar boeke te vind, besoek asseblief:

www.encouragingbookstore.com of www.Amazon.com.

As God in jou lewe en huwelik beweeg, kom na ons webwerf en word 'n lid: **Uiteindelikhoop.com, RestoreMinistries.net or RMIEW.com.**

DIE Gees van die Here HERE is op My,

omdat die **HERE** My gesalf het

om 'n **blye boodskap** te bring aan die ootmoediges;

Hy het My gestuur om te **verbind** die gebrokenes van hart,

om vir die gevangenes 'n **vrylating** uit te roep

en vir die geboeides **opening** van die gevangenis;

om uit te roep 'n jaar van die welbehae van die HERE

en 'n dag van die wraak van onse God;

om al die **treurendes** te **troos**;

om vir die treurendes in Sion te beskik

dat aan hulle gegee word **sieraad** vir as,

**vreugde-olie** vir treurigheid,

'n **gewaad van lof** vir 'n verslae gees;

sodat hulle **genoem** kan word terebinte van geregtigheid,

'n **planting** van die HERE,

TOT SY VERHEERLIKING.

En hulle sal die ou puinhope **bou**,

die verwoeste plekke uit vroeër dae **weer oprig**

en die verwoeste stede weer **nuut** maak

wat **woes** was van geslag tot geslag.

—Jesaja 61:1-4

# Restore Ministries International

# POB 830

# Ozark, MO 65721

# USA

Vir Meer Hulp
Besoek een van die volgende Webwerwe:

**Uiteindelikhoop.com**

**EncouragingWomen.org**

**HopeAtLast.com**

**RestoreMinistries.net**

RMIEW.com

RMIOU.com

AjudaMatrimonial.com (Portugees)

AyudaMatrimonial.com (Spaans)

Zachranamanzelstva.com (Slovak)

Aidemaritale.com (Frans)

EncouragingMen.org

www.ingramcontent.com/pod-product-compliance
Lightning Source LLC
LaVergne TN
LVHW051233080426
835513LV00016B/1561